成乐高速公路改扩建工程设计与施工成套技术

四川省交通建设集团股份有限公司
四川成乐高速公路有限责任公司 编著

西南交通大学出版社
·成　都·

图书在版编目（CIP）数据

成乐高速公路改扩建工程设计与施工成套技术 / 四川省交通建设集团股份有限公司，四川成乐高速公路有限责任公司编著. —成都：西南交通大学出版社，2021.5
ISBN 978-7-5643-8042-7

Ⅰ. ①成… Ⅱ. ①四… ②四… Ⅲ. ①高速公路－改建－道路工程－设计－四川②高速公路－扩建－道路工程－设计－四川③高速公路－改建－道路施工－四川④高速公路－扩建－道路施工－四川 Ⅳ. ①U418.8

中国版本图书馆 CIP 数据核字（2021）第 101588 号

Cheng-Le Gaosu Gonglu Gai-kuojian Gongcheng Sheji yu Shigong Chengtao Jishu
成乐高速公路改扩建工程设计与施工成套技术

四川省交通建设集团股份有限公司
四川成乐高速公路有限责任公司　编著

责任编辑　姜锡伟
封面设计　曹天擎

出版发行　西南交通大学出版社
（四川省成都市金牛区二环路北一段 111 号
西南交通大学创新大厦 21 楼）
邮政编码　610031
发行部电话　028-87600564　028-87600533
网址　http://www.xnjdcbs.com
印刷　四川煤田地质制图印刷厂

成品尺寸　185 mm×260 mm
印张　16.75
字数　354 千
版次　2021 年 5 月第 1 版
印次　2021 年 5 月第 1 次
定价　98.00 元
书号　ISBN 978-7-5643-8042-7

一、编写委员会

主　　编　宁建刚

副 主 编　刘　慧　刘　东　王剑波

编写人员　史玉波　曾　东　刘成杰　刘亚洲　余　强
　　　　　杨杰夫　郑　果　罗　一　陶炫均　蹇　波
　　　　　赵　平　罗　章　蒋　跃　陈　俊　段凌云

二、审定委员会

主　任　陈良春

副主任　尹　山　罗祖义　王洪明

委　员　王　元　付　晓　刘春涛　余　伟　何纪国
　　　　莫志强　耿建宇　刘　东　黄文悦　许金华

前言

四川省自第一条高速公路建成通车以来已年过20余载，这期间全省的高速公路建设呈加速发展态势，截至2020年末，全省高速公路通车总里程已突破8 000千米，初步形成了覆盖全省各市、州并连通周边5省、市的高速公路网。然而，由于同期也是我国经济社会快速发展和国家实施西部大开发战略的关键时期，四川省的机动车保有量和道路交通运输量均增长迅猛，导致部分早期建成的高速公路陆续趋于交通饱和，交通拥堵频发，通行效率和服务水平明显下降，亟待进行扩容改造建设。

成乐高速公路是四川省首批实施扩容建设的最大规模在役高速公路，建设项目采用设计施工总承包（EPC）发包模式和边通车边施工的建设方式，要求设计与施工高度融合，施工与运营高度协调。为了探索在工程设计、施工、监理和公路运营、交通及公安行政管理等多方参与下的高速公路非封闭扩容建设相关技术及方法，四川成乐高速公路有限责任公司联合四川省交通建设集团股份有限公司，在扩容建设项目的青龙场至眉山E1试验段施工期间，对建设工程的设计、施工和交通运营安全作了全面深入研究与实践，并编写了《成乐高速公路改扩建工程设计与施工成套技术》和《成乐高速公路扩改施工交通安全管理》两书。

本书是上述两本书中的一本。全书共分7章，对成乐高速公路扩容建设试验段的项目概况、工地建设、施工期间的交通组织方法，以及相关桥梁工程、路基工程、路面工程的设计与施工技术作了详细介绍，并对EPC模式下的设计管理与优化进行了分析探讨。

本书由四川省交通建设集团股份有限公司和四川成乐高速公路有限责任公司的相关专业技术人员负责编写，并得到了四川交通职业技术学院公路交通安全省级高校重点实验室的鼎力支持，实验室的王剑波教授对全书作了修改统稿，王洪明教授进行了审稿。此外，本书还参考了大量国内外文献。在此谨向上述参与编写人员和文献作者致以诚挚谢意！

本书编写委员会

2021年3月11日

目录

第 1 章　项目介绍

1.1　概　述

成都至乐山高速公路（G0512）简称成乐高速，是《国家公路网规划（2013 年—2030 年）》中重要的联络线之一，也是连接成都至眉山、乐山两市最为便捷的高速公路大通道，地理区位十分重要（图 1-1）。成乐高速自建成通车以来，交通量一直保持较高增长速度。其中青龙场—眉山段 2015 年的现状观测交通量为 37 153 pcu/d*，达到设计交通量的 70%。随着天府新区建设的深度推进，该段的交通需求势必更加旺盛。

图 1-1　项目地理位置

为提高成都至乐山公路通道的通行能力及服务水平，四川省发展和改革委员会于 2017 年 5 月批复同意成乐高速扩容建设项目。项目建成后将有效缓解该路线的交通压力，优化路网布局，强化机场衔接，对完善和强化成都市主枢纽功能和地位有非常重要的作用和意义。

成乐高速是四川省境内首条大规模实施改扩建的在役高速公路，由于该路交通量巨大，通道地位凸显，对其实施扩容建设势必对高速公路的自身运营和区域路网交通带来较大影响。要确保扩容建设工程施工顺利推进，同时维护受施工影响区域的高速公路交通安全、畅通和有序，工程施工过程除了要做好交通组织，以最大限度保持施工路段的通行能力和服务水平，减少施工对公路运营与交通安全、畅通的影响外，还必须要采用合理的施工技术方案来支撑交通组织方案的确定和实施。

* 注：pcu 代表标准车当量数。

为了研究成乐高速原路加宽改造所面临的施工交通组织和工程技术等方面的难题，探索总结改扩建工程施工技术和交通组织经验，为整个工程建设项目得以稳步推进打下坚实基础、提供有益参考和借鉴，项目先期选取了靠近成都的青龙场—眉山段作为工程建设项目的试验段。该路段的地形条件好，路网发达，影响公路加宽的大型建筑物少，地方政府积极支持扩容建设，将其作为试验段进行先期开工的条件较成熟。

1.2 技术标准

试验段原路为 25 m 宽度路基、沥青混凝土路面。按照成乐高速改扩建工程建设项目的批复要求，以及该项目在区域路网中的功能、作用和经济社会发展需要，根据中华人民共和国行业标准《公路工程技术标准》（JTG B01—2014）的规定，试验段采取原路加宽改造施工，并拟定以下工程设计与施工技术标准：

（1）设计速度：100 km/h。

（2）整体式路基宽度：41 m。

（3）设计洪水频率：特大桥 1/300，大、中、小桥、涵洞及路基 1/100。

（4）交通工程及沿线设施等级：A 级。

根据试验段的原有公路状况，结合区域建设条件、拟定的工程设计与施工技术标准，最终运用的各项主要工程技术指标见表 1-1 所示。

表 1-1 技术指标运用情况

序号	指标名称	单位	技术指标规范值	技术指标采用值	备注
1	公路等级		高速公路	高速公路	
2	设计速度	km/h	100	100	
3	平曲线最小半径	m/处	700	3 000/2	
4	平曲线占路线总长比例		—	33.47%	
5	最大纵坡坡度		4%	1.06%	
6	最小坡长	m	250	530	
7	凸形竖曲线最小半径	m/处	10 000	27 000/1	
8	凹形竖曲线最小半径	m/处	4 500	40 000/1	
9	大、中桥上最大纵坡坡度		4%	1.04%	
10	竖曲线占路线总长比例		—	49.36%	

1.3 路线概况

1.3.1 路线起讫点

成乐高速改扩建项目试验段的路线总体呈南北走向，起于成都市青龙互通附近

（K43+000）并与青龙场枢纽互通相接，向南经眉山市的彭山区设置彭山互通，达到终点眉山互通以南（K71+000）。试验段改扩建路线全长 28.0 km。

1.3.2　中间控制点

成乐高速改扩建项目试验段沿线乡镇密集，主要经过地包括眉山市的彭山区、东坡区以及青龙、公义、观音、谢家、彭溪、悦兴、太和等其他多个乡镇，并跨越眉州河和通济堰 2 条河流，如图 1-2 所示。根据公路原有技术状况，除起终点外，路线按原路走向设置，以青龙、彭山、眉山为中间控制点。

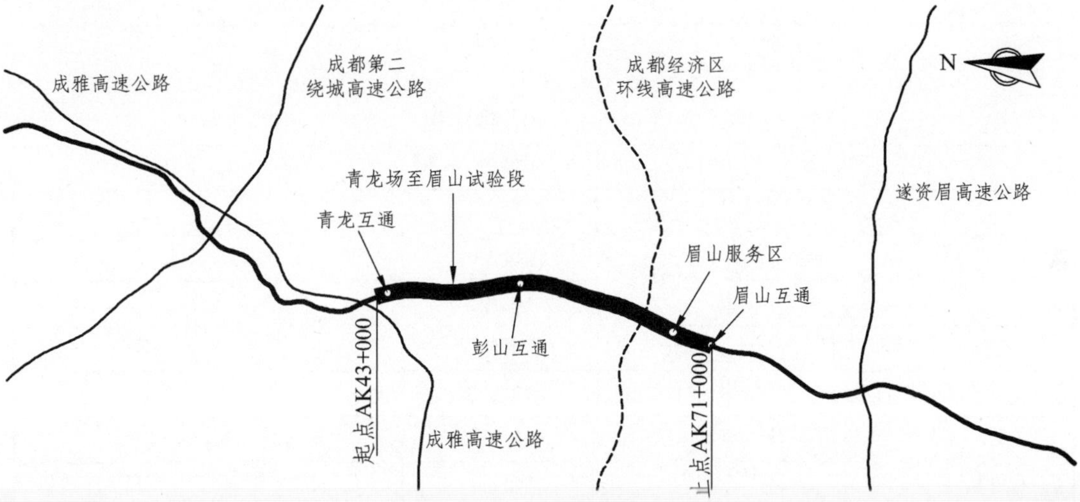

图 1-2　路线平面图

1.3.3　沿线主要公路、铁路

1.3.3.1　公　路

成乐高速改扩建项目试验段沿线区域的公路网络较为密集，除试验段外，还包括成都经济区环线高速公路（在建）国道 G245 线（原省道 S103 线）、国道 G351 线（原省道 S307 线）、工业大道（在建）等主要公路。其中：国道 G245 线与本项目大致平行，纵贯南北，是成都通往乐山的大件运输通道，也是四川省水陆联运的主要通道之一；国道 G351 线经洪雅、丹棱、眉山、仁寿横贯东西，是连接眉山市东西各区县的重要通道，总体呈东西走向，与本项目在眉山互通（K69+700）交叉，采用桥梁上跨成乐高速公路。

在上述公路中，除国道 G245 线和国道 G351 线外，还有一些其他地方县道和机耕道路与成乐高速改扩建项目试验段交叉，并且主要采用高速公路建桥上跨及设置主线下穿分离式桥，维持原有路网畅通。

1.3.3.2 铁 路

试验段的沿线地区有成绵乐客运专线和成昆铁路两条铁路，路线均与试验段大致平行，未发生交叉。

1.3.4 工程概况

试验段的主线有大中桥 7 座、车行天桥 11 座、互通 3 处、服务区 1 处，涉及主要工程量如表 1-2 所示，共计需要砂石换填 135 万立方米、土石方 230 万立方米、预制梁板 687 片、钢箱梁 4 785 吨、泡沫轻质土 3.4 万立方米、路面水泥稳定碎石 88 万吨、沥青混合料 54 万吨，以及路面病害处置沥青混合料 1.8 万吨。项目初步设计概算价为 13.48 亿元，实际合同造价为 12.38 亿元。

表 1-2 主要工程规模

<table>
<tr><th colspan="2">项 目</th><th>单位</th><th>工程数量</th><th>备注</th></tr>
<tr><td colspan="2">路线全长</td><td>km</td><td>28</td><td></td></tr>
<tr><td rowspan="2">路基土石方</td><td>填方</td><td rowspan="2">$\times 10^4\ m^3$</td><td>184.337</td><td>含主线及互通</td></tr>
<tr><td>挖方</td><td>66.722</td><td>含主线及互通</td></tr>
<tr><td colspan="2">排水及防护工程</td><td>$\times 10^4\ m^3$</td><td>4.13</td><td>含主线及互通</td></tr>
<tr><td colspan="2">沥青混凝土路面</td><td>$\times 10^4\ m^3$</td><td>128.29</td><td>含主线及互通</td></tr>
<tr><td rowspan="4">桥 梁</td><td>合计</td><td rowspan="4">m/座</td><td>893.28/32</td><td>含互通区主线段</td></tr>
<tr><td>大桥</td><td>88/1</td><td>含互通区主线段</td></tr>
<tr><td>中桥</td><td>362.06/6</td><td>含互通区主线段</td></tr>
<tr><td>小桥</td><td>443.22/26</td><td>含互通区主线段</td></tr>
<tr><td colspan="2">涵 洞</td><td>道</td><td>130</td><td>含互通区主线段</td></tr>
<tr><td colspan="2">通 道</td><td>道</td><td>69</td><td>含互通区主线段</td></tr>
<tr><td colspan="2">互通式立交</td><td>处</td><td>3</td><td>永丰枢纽由三绕实施</td></tr>
<tr><td colspan="2">服务区</td><td>处</td><td>1</td><td></td></tr>
<tr><td colspan="2">分离式立交</td><td>m/处</td><td>1 181/11</td><td></td></tr>
<tr><td colspan="2">人行天桥及渡槽</td><td>处</td><td>13</td><td></td></tr>
<tr><td colspan="2">占地（新增）</td><td>hm^2</td><td>91.24</td><td>不含分离式占地</td></tr>
<tr><td colspan="2">造 价</td><td>亿元</td><td>19.578 1</td><td></td></tr>
</table>

1.3.5 沿线自然地理特征

1.3.5.1 地形、地貌

试验段沿线属岷江西岸Ⅰ级阶地（阶地宽约 4.5 km，线路处距离岷江边约 1.4 ~ 2.2 km），地貌成因属侵蚀堆类型，地势平坦开阔，地面标高介于 413 ~ 443 m，地表出露地层为第四系全新统冲洪积堆积层，且均为水田及村民居住区，挖掘有众多的灌溉沟渠。

1.3.5.2 地 震

试验段沿线主要位于龙泉山背斜 NW 翼和熊坡背斜的 SE 翼内，皱褶、断裂不甚发育，受龙泉山西断裂和新桥断层的影响，成都南侧曾发生 6.5 级地震。未见大的断裂，近期构造活动迹象不大明显，属于相对稳定地区，不具备发生强震的构造条件。

1.3.5.3 气候、水文

试验段沿线属亚热带湿润气候区，具春早夏长多绵雨特点。多年平均气温在 15.1 ~ 16.8 °C，并以 7 月份最热且由西向东略增，其中，极端最低气温为−4.8 °C（大邑 1959 年 1 月 11 日），极端最高气温为 37.7 °C（雅安 1951 年 5 月 30 日）。多年平均相对湿度为 79% ~ 84%，平均绝对湿度为 1.5 ~ 1.66 kg/m^3，并一般以每年 3 ~ 6 月较小。多年平均蒸发量（水面）为 645.5 ~ 850.9 mm，平均降雨量为 952.5 ~ 1805.4 mm，并且降雨量由西向东略增，南北变化不大，最小年降雨量为 755.4 mm（大邑 1969 年），最大年降雨量达 2 367.2 mm（雅安 1966 年），其中，4 ~ 10 月降雨量占年降雨总量的 80%，并尤以 7、8、9 三个月最集中。

试验段沿线主要属于岷江水系，河流不仅是地表径流的汇集地带，亦是地下水排泄汇集的场所。据多年水文观测资料，岷江五通桥水文站多年的年平均流量为 772.6 亿吨；多年月平均最大流量（7 月份）达 5 319.2 t/s，占全年总流量的 18.18%；最小流量（2 月份）为 626 t/s，年径流模数为 19.35 L/（s · km^2）。

1.4 项目特点

1.4.1 采用 EPC 发包模式

试验段是四川省内首条采用设计施工总承包（EPC）模式发包的高速公路改扩建项目，由四川省交通建设集团股份有限公司与四川省公路规划勘察设计研究院有限公司成立联合体中标。具体涉及的参建单位和项目分工为：四川成乐高速公路有限责任公司（业主单位）、四川省交通建设集团股份有限公司（施工单位）、中公交通监理咨询河南有限公司（监理单位）、四川省交通运输厅公路规划勘察设计研究院（设计单位）、四川公路工程咨询监理有限公司（监理实验室单位）。

由于改扩建工程与 EPC 发包模式交织，要求工程项目不仅要在设计与施工上高度融合，而且还要同时兼具新建和养护两方面特点。而这些对于试验段改扩建项目的各参与方来说均属全新领域，在理念和认知上都存在较大分歧和偏差，使得在改扩建项目的工程设计、施工和施工路段的运营、管理以及地方政府、居民诉求等各种问题上出现冲突、碰撞，给项目的推进带来了较大困难，需要在项目的实施过程中不断探索研究解决方法。

1.4.2 征地拆迁难度大

试验段所处位置为平原地势，沿线经济发达，人口稠密，给公路的征地拆迁带来了极大困难，并突出表现在如下三个方面：首先，公路两侧大多为经济作物种植区，而试验段进行两侧扩建拼宽所需的征地面积虽少但地形狭长，导致征地范围内的拆迁房屋以及临线房屋、经济作物众多；其次，因试验段原路为低路堤设计，桥涵净空普遍较矮，给当地出行以及排水带来了较大制约，导致在扩建过程中需要解决的沿线居民诉求和历史遗留问题较多；最后，试验段需拆迁杆管线共 200 余处，其中长输天然气管道多达 12 处，且多为沿路基纵向布置或通过既有桥涵穿越，征拆协调难度大，征拆周期长，成本高。

1.4.3 交通保障难度大

成乐高速车流量大、货车比例高，日均车流量 4 万余辆，其中约一半为货车，同时超过 20 t 的重型货车比例约 20%，折算为标准车流量约为 9 万辆，远远超过同期实施改扩建工程施工的南柳高速（4 万）、济青高速（6 万）和泸黄高速（5 万），交通拥堵情况比较严重。在此情况下进行改扩建施工，工程施工与公路运营的矛盾比较突出，不仅施工容易严重降低公路运营的服务水平，而且公路运营也会给工程施工增加难度和安全风险。出于公路沿线地方经济社会运行需要以及公路运营方面的要求，地方政府和上级公路运营公司都要求试验段扩建工程项目“边施工，边通车”，原则上必须保证双向四车道通行。鉴于高速公路改扩建工程无相关的施工技术规范、安全管理规范，公安交通管理部门和交通执法部门对施工路段的交通组织方案的审批尺度都难以掌握。相对于成彭高速的全封闭施工、泸黄高速的半幅封闭施工而言，成乐高速试验段的边通车边施工过程交通组织难度大，安全管控难度大，安全风险高。

1.4.4 建设工期短、任务重

合同总工期为 27 个月，其中施工图勘察设计周期 3 个月，施工工期 24 个月，实际开工指令为 2017 年 9 月 1 日，2019 年 11 月 27 日主线 K43+000 ~ K71+000 共 28 km 及眉山互通、永丰互通完工通车，12 月 17 日新建青龙互通完工通车。而同期省外在建或已建的改扩建高速公路施工工期一般控制在 40 个月左右，如济青高速为 42 个月，杭金衢高速为 42 个月（其中设计 6 个月，施工 36 个月），柳南高速为 42 个月。相比而言，本项目的合同工期短，交通与施工组织任务重。

1.4.5 技术处置难度大

成乐高速的原路为低路堤设计，桥涵净空不足，地方上跨通道较少，加之沿线多为农业观光园区、经济作物区，纵向借道或临时征地新建纵向便道较为困难，且初步设计文件中未规划纵向新建通道，便道预算不足，在实施过程中，纵横向施工通道对施工制约较大。与此同时，成乐高速的软基分布广泛，结构物密集，例如试验段软基段落总长约 11 km，占线路长的约 40%；主线桥涵 234 座（涵洞 202 道、桥梁 32 座），平均每 120 m 有 1 座；加之公路运营多年，原有桥涵结构物及路面病害多，调查处置难度大。

1.4.6 施工成本高

一方面，试验段所在地区域为平原地带，红线内无可利用方，均为挖弃方，但沿线基本无大规模弃土场，须分散、远运弃置；另一方面，试验段沿线亦无较大页岩山体，页岩填料普遍通过政府配置，从较远距离挖取，加之临时用地政策收紧、采取环水保措施、地方及施工通道限制，实施过程中弃土采取分散、远运弃置，页岩填料远距离挖取供应对施工进度有较大制约，增加了施工成本和组织难度。此外，2017 年 6 月以来，受试验段周边砂石料场环保措施不达标等因素影响，扩建项目沿线及周边地区砂石材料供应十分紧缺且价格大幅上涨，给项目推进造成严重制约。

1.4.7 社会关注度高

成乐高速公路沿线的眉山市和乐山市均是四川省传统的重点旅游目的地，区域内拥有三苏祠、彭祖山、乐山大佛、峨眉山等重要景区，旅游优势资源丰富。因而，成乐高速公路也成为四川省境内一条重要的黄金旅游通道，过往的国内外游客较多，对扩建工程的文明施工形象和环境保护、运营保畅、安全管控和施工进度等都提出了更新更高的要求。

第 2 章　工地建设

2.1　场站建设标准化

2.1.1　项目部驻地建设

成乐高速扩容建设试验段 E1 项目部位于眉山市彭山区凤鸣镇临近 S103 线省道边，因各方面客观条件限制造成项目部驻地建设未达到标准化要求。为打造项目部驻地建设标准化亮点，成乐高速扩容建设 E2-SG1 项目经理分部在总结 E1 项目部选址经验与教训的基础上，以眉山市东坡区金园中路以南、农林路以西（原成乐高速公路旁的金园中路）与农林路交叉口为项目部驻地，如图 2-1 所示。

图 2-1　项目部正门全景

E2-SG1 项目经理分部驻地总面积为 11 332 m^2，设置办公室、生活区、停车区。其中，办公区面积为 1 278 m^2，整体结构形式为钢结构及砖砌墙面并喷绘真石漆；食堂面积为 411 m^2，结构形式为钢结构，外装饰为砖砌墙面并喷绘真石漆，如图 2-2 所示；工地试验室面积约 400 m^2，结构形式为优质板房；住宿区面积为 1 588 m^2，结构形式为防火环保板材型板房，如图 2-3 所示。所有建筑物顶棚均采用灰色彩钢瓦。

图 2-2　项目部食堂

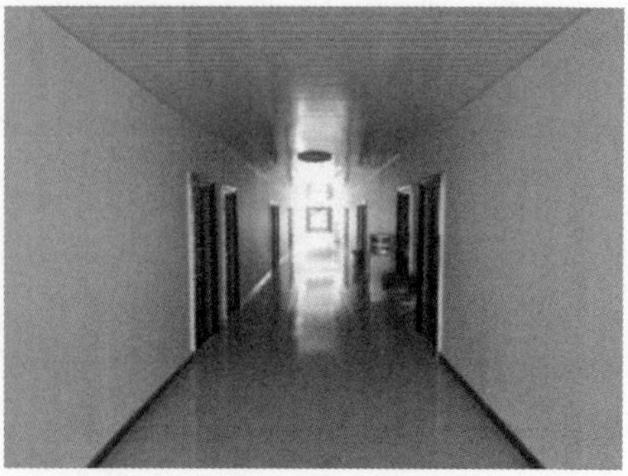

图 2-3　项目部宿舍

E2-SG1 项目经理分部驻地内部道路硬化面积为 1 765 m^2，硬化方式为 18 cm 厚 C20 混凝土面层；绿化面积为 2 832 m^2，绿化形式主要为草坪、灌木及部分红线内可利用树木；设有机动车停车位 45 个，以及篮球场等体育、文化设施，如图 2-4 所示。

图 2-4　项目部篮球场

2.1.2　预制场标准化

成乐高速扩容建设试验段在青龙设有占地 5 hm^2 的预制梁场，承担预制梁板 669 片和制梁台座 43 个。场地内布设混凝土拌和站、全封闭钢筋房、制梁区、存梁区、办公区等，如图 2-5 ~ 图 2-8 所示。其中：梁板养护配备标准喷淋系统；梁场内水电管线全部采取地埋的方式，以减少地面管线裸露，做到场地清爽干净。

图 2-5　青龙预制梁场拌和站（一）

图 2-6　青龙预制梁场拌和站（二）

图 2-7　青龙预制梁场制梁、存梁区

图 2-8　钢筋自动弯曲机

为达到节能减排的目的，青龙预制梁场内均安装太阳能路灯，并设有水循环系统，将雨水、养护用水收集后经过三级沉淀，重新用于梁板养护，如图 2-9、图 2-10 所示。

图 2-9　青龙预制梁场三级沉淀池

图 2-10　青龙预制梁场水循环系统

为防止污染和美化环境，混凝土拌和站除了采用雾炮降尘、在梁场设置自动洗车装置，预防车辆带泥入场（图 2-11），以及配备砂石分离机，将施工剩余的混凝土经过分离，所得砂石材料重新用于混凝土生产（图 2-12）外，还将场地内不能用于生产的边角空地栽种灌木、草种，以提高工作环境舒适性（图 2-13）。

图 2-11　青龙预制梁场自动洗车设备

图 2-12　混凝土回收砂石分离设备

图 2-13　青龙预制梁场绿化草坪

2.1.3 碎石加工厂标准化

成乐高速扩容建设试验段在眉山设有占地约 5 hm^2 的全封闭式生产碎石加工厂(图 2-14)。该碎石加工厂的碎石加工设备是目前眉山地区规模最大、技术最先进、节能环保智能型的大型成套联合碎石加工设备。相比传统设备，该套设备具有以下优势：

图 2-14　眉山碎石加工厂全封闭式生产

（1）设备安排紧凑有序，能有效节约土地面积约 30%。

（2）设备采用了全液压、全电脑智能化监控操控系统，操作简单，易于控制和维修。

（3）设备采用了国内最先进的三级破碎设备系统，主要由 SJPE500×900 型颚式破碎机、SK1800 型单缸圆锥破碎机以及 2 台 JH-9500 型立式冲击破碎机和 7 台振动筛组成，具有产量大（额定产量 500 t/h）和产品规格多（6 种）、产品质量好等特点。

（4）配备如图 2-15 所示的新型专利尾水环保治理系统，采用物理方式分离泥和水，取代常规的化学药品分离方式，生产用水完全循环利用，节约水资源，达到了污染物零排放标准。

（a）　　（b）

图 2-15　沙石洗涤尾水环保治理系统

2.2 梁板预制标准化

2.2.1 梁板钢筋制作标准化

成乐高速扩容建设试验段的梁板钢筋笼采用定型台架集中制作，桁架整体吊装就位工艺。为满足 16 m 空心板、20 m 空心板以及 25 m、30 m、40 m 小箱梁的梁板预制，本项目采用钢筋自动弯曲机和定制了 3 套钢筋台架。通过自动弯曲和台架集中制作预制梁板钢筋，既节省了场地，将人工效率提高 100%，同时又保障了钢筋间距，便于技术人员检查验收，如图 2-16、图 2-17 所示。

（a）　　（b）

图 2-16　预制钢筋网片台架

图 2-17　钢筋自动弯曲机

钢筋笼整体吊装过程利用桁架多点连接，使吊装过程变形小，在就位后可立即安装模板，减少钢筋校正时间，同时采用钢绞线自动穿束，较大幅度提高了工作效率，如图 2-18、图 2-19 所示。对于梁板的外露钢筋，则在钢筋制作期间采取浸渍水泥浆防锈处理，避免在梁板存放、安装期间外露钢筋锈蚀，如图 2-20 所示。

图 2-18　桁架整体吊装钢筋笼

图 2-19　钢绞线自动穿束

图 2-20　外露钢筋涂刷水泥浆防锈

2.2.2　模板安装标准化

梁板预制的底模采用 4 mm 不锈钢板，内模采用如图 2-21 所示的抽拉式芯模。因梁体内部高温，以往拆芯模大概需要 2～3 h，工人每次进入梁体只能持续作业 20 min 就必须换人。而采用抽拉式芯模可大大提升效率，解决了工人易中暑及施工效率低的痛点。

（a）

（b）

（c）

图 2-21　抽拉芯模施工

2.2.3　预应力施工标准化

预应力工程采用自动穿束、智能张拉、循环压浆工艺。其中，采用自动穿束机布设钢绞线操作方便，性能可靠，效率显著，极大地减轻了工人劳动强度，提高了生产效率。以往 25 m 箱梁至少需要 5 ~ 6 人，每天最多下料穿索 2 片箱梁，在使用钢绞线穿束机之后，2 名工人每天可以完成 2.5 片箱梁的下料穿索。

2.3　安全培训标准化

成乐扩容建设工程是在通车的在役高速路侧施工，施工过程安全尤为重要。为了提高所有参建人员的安全意识和养成安全习惯，项目部建成交了占地 400 m^2 的安全体验馆，如图 2-22 所示。

图 2-22　安全体验馆实景

如图 2-23 所示，安全体验馆内包含了如下 13 项安全培训、体验和展示项目：应急急救培训、倾斜平台体验、平台固定体验、洞口坠落体验、安全带使用体验、安全帽撞击体验、灭火器体验、爬梯体验、护栏倾倒体验、钢丝绳使用体验、综合用电体验、平衡木体验、安全防护用品展示。

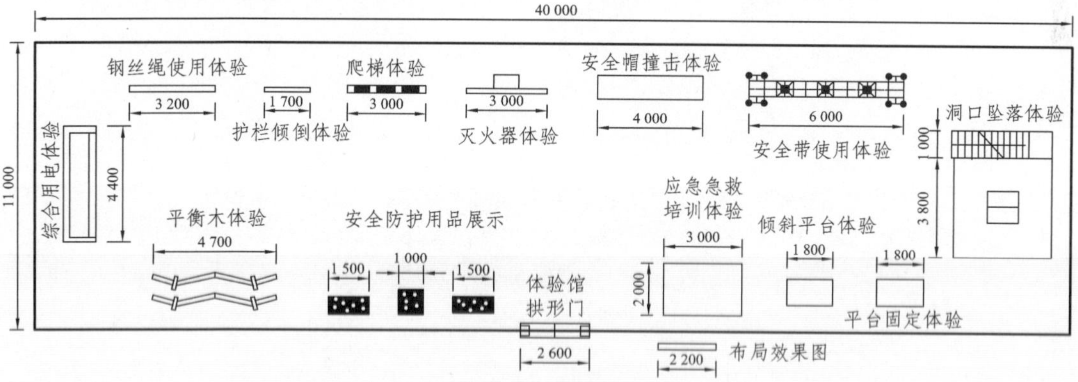

图 2-23　安全体验馆平面图（单位：mm）

安全体验馆引进了如图 2-24 所示的多媒体安全培训系统。该系统包含安全培训、安全演示、安全考试等模块，可以支持 30 人同时进行安全考试，为成乐扩容安全生产提供了理论基础和保障，如图 2-25 所示。

图 2-24　多媒体安全培训系统

图 2-25　多媒体安全培训现场

2.4 项目管理信息化

为提高工程建设项目管理的信息化和智能化水平，试验段项目部开发了“成乐高速公路改扩建施工管理信息化系统”（简称“智慧工地”），并获得了国家计算机软件著作权登记，如图 2-26 和图 2-27 所示。智慧工地软件平台将施工现场的应用和硬件设备集成到一个统一的信息管理平台上，并将产生的数据汇集，形成数据中心。基于智慧工地平台，各个应用之间可以实现数据的互联互通并形成联动，同时平台将关键指标、数据以及分析结果集中呈现给项目管理者，从而实现施工现场数字化、在线化、智能化的综合管理。

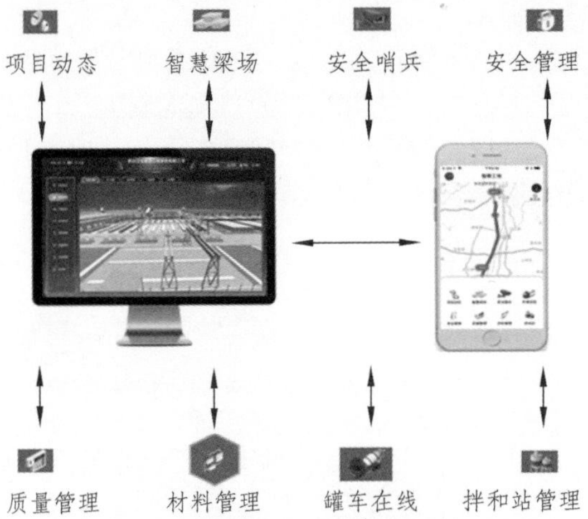

图 2-26　智慧工地软件框图

中华人民共和国国家版权局

计算机软件著作权登记证书

软 件 名 称：成乐高速公路改扩建施工管理信息化系统
［简称：智慧工地］
V1.0

著 作 权 人：四川交投建设工程股份有限公司；四川隧唐科技股份有限公司

开发完成日期：2018年04月11日

首次发表日期：未发表

权利取得方式：原始取得

权 利 范 围：全部权利

登 记 号：2018SR610739

根据《计算机软件保护条例》和《计算机软件著作权登记办法》的规定，经中国版权保护中心审核，对以上事项予以登记。

中华人民共和国国家版权局
计算机软件著作权
登记专用章

No. 02873553

图 2-27　智慧工地软件著作权登记证

2.4.1 预制梁板“身份证”管理

为便于智慧工地软件平台对梁片的信息汇总和动态管理，试验段项目部为每一片成品梁生成一张带有梁片基础信息、各个工序时间的二维码。通过扫码便能查看梁片的生产信息，追溯梁片的源头，如图 2-28 所示。

图 2-28　预制梁板二维码管理

2.4.2 随身“千里眼”

通过与智慧工地软件平台联网的计算机和手机终端，可以无线连接梁场和拌和站的监控摄像头，实现对关键作业部位的远程实时视频监控和联动调度，如图 2-29 所示。

图 2-29　智慧工地的场站远程实时监控

2.4.3 安全与质量管理

项目质检人员及安全员在现场发现安全或质量问题后，可以即时通过智慧工地软件的手机 APP 将发现的问题上传到平台云端，如图 2-30 所示。在上传的过程中，可以将问题分门别类、图文结合、详细叙述并将责任分配到人，实现了可记录、可查询、可汇总、可追溯的安全与质量管理目标。

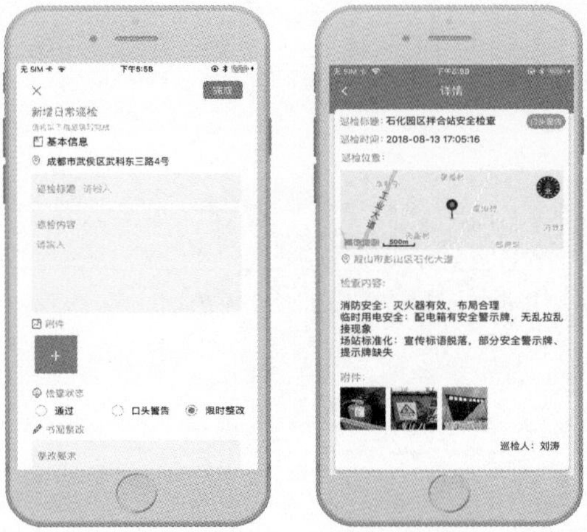

图 2-30　质量、安全管理应用

2.4.4　材料管理

如图 2-31 所示，智慧工地软件通过互联网+技术，能够对大宗物资的进出场称重进行全方位管控，以排除人为因素，堵塞管理漏洞，提供及时准确的数据分析来支持管理决策，从而达到节约成本提升效益的目的。

图 2-31　材料管理应用

2.4.5　试验检测数据自动采集

如图 2-32 和图 2-33 所示，智慧工地软件可以对工程项目所需力学、沥青、沥青混合料等试验设备进行数据自动采集和实时上传，并根据数据自动生成试验检测报告，实现质监机构、业主、监理三方对工地试验室相关试验数据的动态监管，同时从源头上确保数据真实性，以及通过系统无缝对接来提高工作效率，减少人为错误。

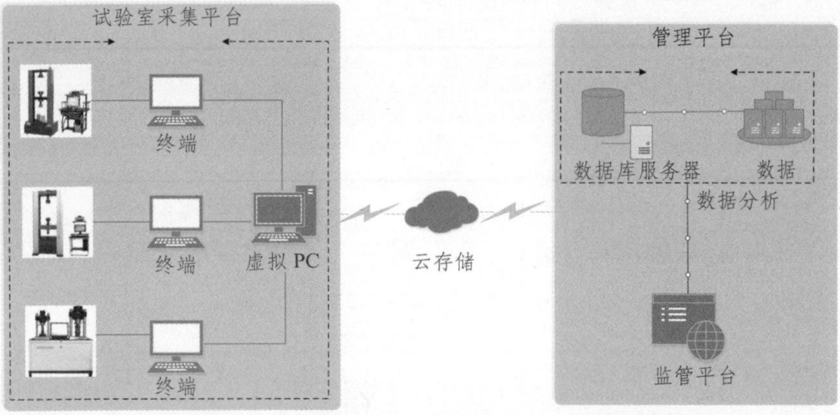

图 2-32 试验检测数据智能采集系统架构

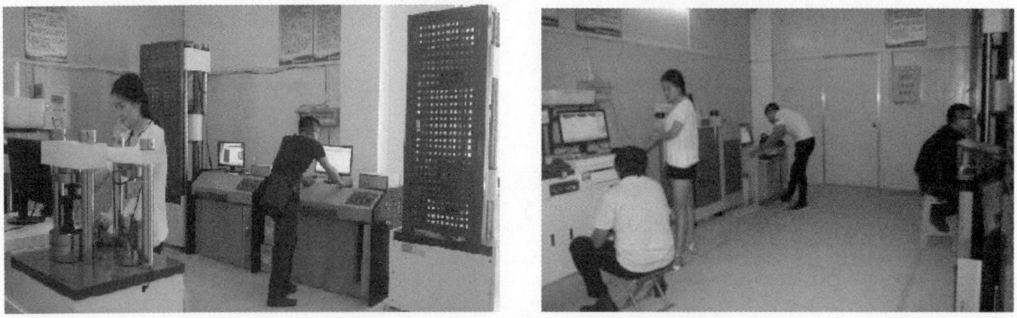

（a）（b）

图 2-33 试验检测数据智能采集系统应用

2.4.6 大屏幕视频会议系统

成乐扩容建设试验段在项目部安装了具有大屏幕显示能力的视频会议系统，并与业主眉山代表处及四川省交通建设集团股份有限公司视频会议系统对接，利用视频会议系统进行远程会议和培训交流，极大地提高了工作效率和降低了会议及培训交流成本，如图 2-34 所示。

图 2-34 大屏幕视频系统使用

2.4.7 沥青路面施工质量信息化监控

在路面施工方面，项目部采用信息化手段，通过沥青面层施工全过程信息化管控系统对路面施工进行质量管控。如图 2-35 ~ 图 2-37 所示，沥青面层施工全过程信息化管控系统基于物联网技术，通过在沥青混合料拌和、运输、摊铺、碾压四个环节布设各类传感器、定位设备，对施工过程中的材料级配、油石比和拌和温度、运输周期、摊铺速度、摊铺温度、碾压遍数、碾压速度等关键数据进行实时采集、统计分析和反馈问题，并具备数据共享、实时指导、智能预警、远程管理等功能。

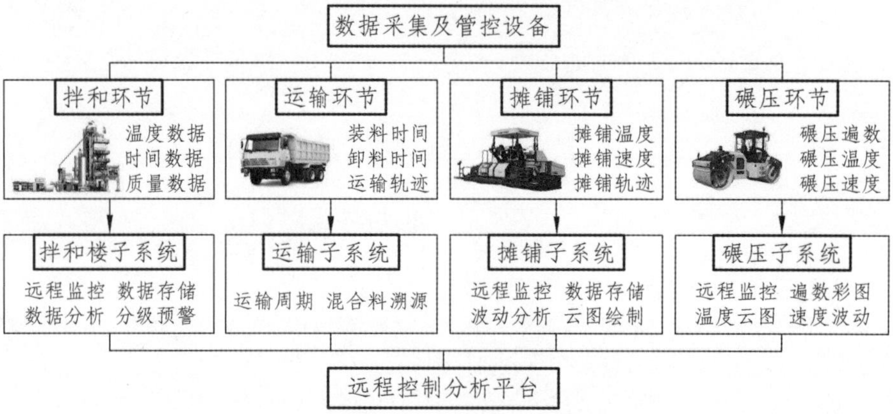

图 2-35 沥青面层施工全过程信息化管控系统架构

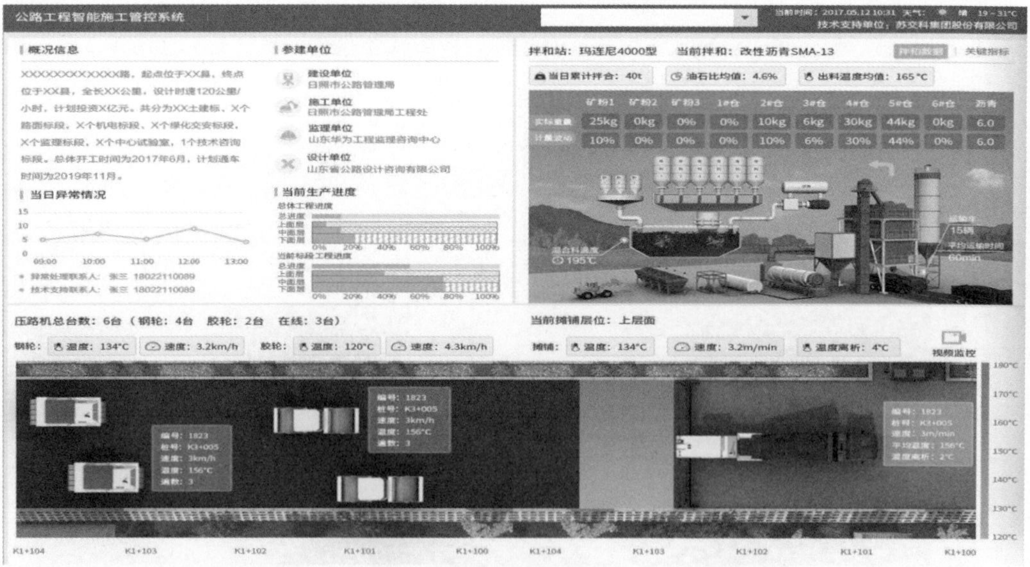

图 2-36 沥青面层施工全过程信息化管控系统页面

（a）　　　　　　　　　　　　（b）

图 2-37　沥青面层施工全过程信息化管控系统现场信息显示

第 3 章　交通组织

按照“环安先行、方案引领”的理念，试验段建设以安全高效地完成工程施工为核心，以降低对高速公路通行的影响为重点，认真梳理工程施工内容，精心编制施工方案，施工单位、业主单位、监理单位以及高速公路各管理部门除了在开工前进行联席研讨外，还引入第三方评估机构对方案进行评估，最终根据施工对高速公路的影响确定了将交通组织分为路基桥涵施工、水稳及路面下面层施工、路面中上面层施工三个阶段的总体思路。

3.1　路基、桥涵施工阶段

路基、桥涵施工阶段主要进行软基处理、路基填方、涵洞结构物及桥梁下部结构建造，全部施工作业均在路面外侧实施，基本不影响高速公路通行。因此，这一阶段主要通过设置临时隔离网防止非施工人员进入施工区域甚至进入高速公路，如图 3-1 所示。

（a）　　　　（b）

图 3-1　临时隔离网

3.2　水稳层及路面下面层施工阶段

水稳层及路面下面层施工阶段主要进行水稳层拼接和路面下面层施工，施工前需对路侧波形梁护栏进行拆除并在原应急车道范围内开挖台阶。由于此时高速公路侧面缺少安全防护措施，公路上的行驶车辆存在冲出路面发生跌落和闯入施工区域的风险，因此，试验段根据施工区的路基填方高度不同，相应采用如下水马与混凝土护栏结合的路侧隔离措施：

（1）填方高度 2 m 以下路段采用水马进行隔离，如图 3-2 所示。

（2）填方高度 2 ~ 4 m 路段采用水马间隔混凝土护栏进行隔离，如图 3-3 所示。

（3）填方高度 4 m 以上路段采用混凝土护栏进行隔离。

图 3-2　连续水马隔离

图 3-3　水马与混凝土护栏混合隔离

由于水马、锥筒、混凝土护栏作为隔离实施，其防撞性能远不及固定安全的波形护栏，一旦高速行驶的车辆冲入正在施工区域，易造成群死群伤的安全事故。为进一步降低施工区域安全风险，试验段采取限速通行措施，对客货车限速 60 km/h、小型客车限速 80 km/h，并在部分施工段落增加了区间测速设备，以及利用公共媒体及时向社会发布交通管制信息，如图 3-4 ~ 图 3-6 所示。

为了确保水稳层及路面下面层施工期间拆除护栏路段的临时交通隔离与限速措施完整有效，在整个施工期间按照每千米一名的标准设置专职交通巡查员，对施工沿线的交通隔离与限速等临时交通安全设施进行检查维护，如图 3-7 所示。并与交通警察、交通执法及路产管护部门形成联动机制，一旦发现交通事故或故障车辆均立即上报并设置临时警示标牌，避免发生二次事故或长时间拥堵，保证交通安全、顺畅。

图 3-4　施工路段限速标志

图 3-5　施工路段限速宣传横幅

【1017丨行之有道】“斗硬！”成乐高速两天抓拍4000多起超速违法！

四川交通广播 2018-09-12

9月10日起，
成乐高速两天抓拍4000多起各类超速违法

自9月10日起，G0512成乐高速青龙至眉山42公里到70公里路段，进行扩容施工；期间，施工路段最高限速已作出临时调整。今天（9月12日），记者从高速交警四支队了解到。从9月10日起，仅两天时间该路段已抓拍到4000多起超速违法行为。

图 3-6　施工限速信息社会媒体发布

（a）　　　　　　　　　　（b）

图 3-7　专职交通巡查员检查维护临时交通安全设施

3.3　路面中、上面层施工阶段

路面中、上面层施工阶段主要进行原桥涵加固、原路病害处治、拼宽桥梁板架设、路面中上面层及交安绿化。由于中、上面层施工需对原路进行病害处治、原桥涵加固及半幅罩面，施工与交通之间的冲突较大，试验段采用“全线半幅封闭，另半幅单向两车道通行”方式进行交通管制（图 3-8），达到了缩短工期、对高速公路交通的影响降至最低的效果。

路面中、上面层施工阶段的交通转换实施步骤如下：

第一步，乐山至成都方向半幅封闭施工，对应另半幅成都往乐山方向单向两车道通行，而乐山至成都方向车辆在封闭施工期间分流至其他高速公路及国道绕行，对应收费站及枢纽互通关闭，如图 3-9 ~ 图 3-11 所示。

图 3-8　路面中、上面层施工

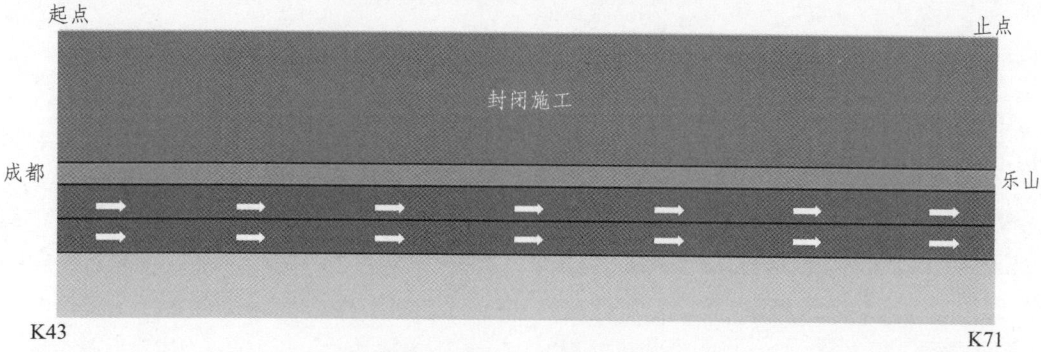

图 3-9　第一步交通转换

图 3-10　眉山南枢纽向遂资眉高速分流

图 3-11　封闭简浦高速接成乐三绕段匝道

第二步，乐山至成都方向半幅封闭施工完成后，成都至乐山车辆改至已建成的半幅单向两车道通行。成都至乐山方向半幅封闭施工，乐山至成都方向车辆在封闭施工期间继续分流绕行，如图 3-12、图 3-13 所示。封闭施工期间，同步占用左幅紧邻中央分隔带的两个车道进行中央分隔带的护栏和绿化施工，如图 3-14 所示。

在此期间，为保证社会车辆出行，利用本侧彭山、眉山收费站及眉山服务区为社会车辆提供进出站及休息服务，如图 3-15 所示。由于此时收费站、服务区均在通行方向左侧，只能从左侧出站，通过增设临时指示标牌提示出站方向，如图 3-16、图 3-17 所示。

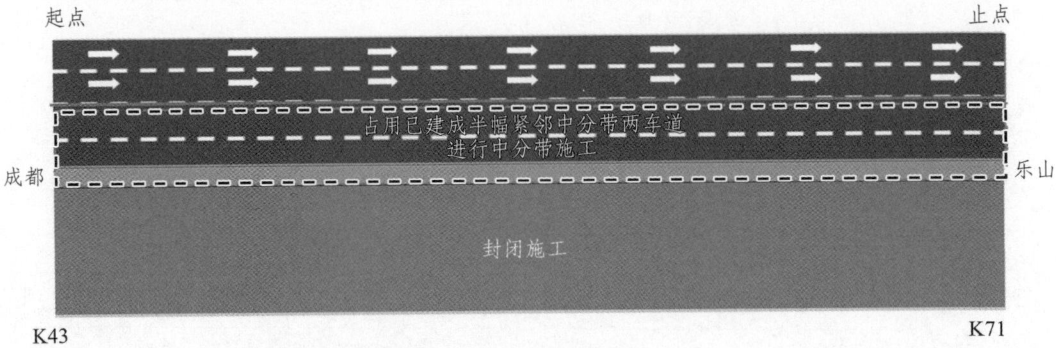

图 3-12　第二步交通转换

图 3-13　成乐方向车流导改至乐成方向

图 3-14　第一二车道管制施工

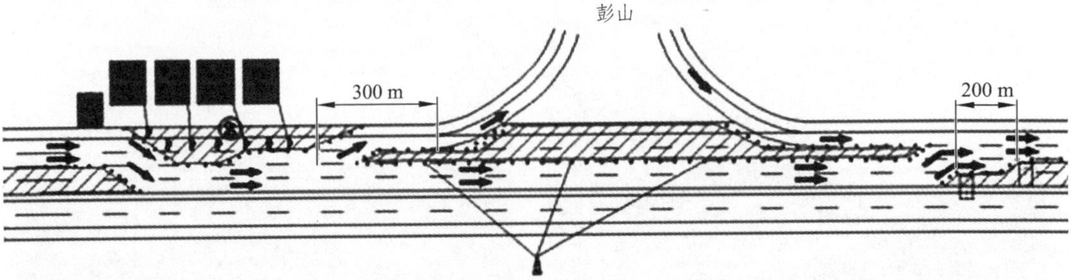

图 3-15　彭山互通交通导改示意图

图 3-16　彭山互通左侧出站提前诱导

图 3-17　彭山互通左侧出站 1 km 诱导牌

第三步，成都至乐山方向半幅封闭施工完成后，双向八车道建成通车，如图 3-18、图 3-19 所示。

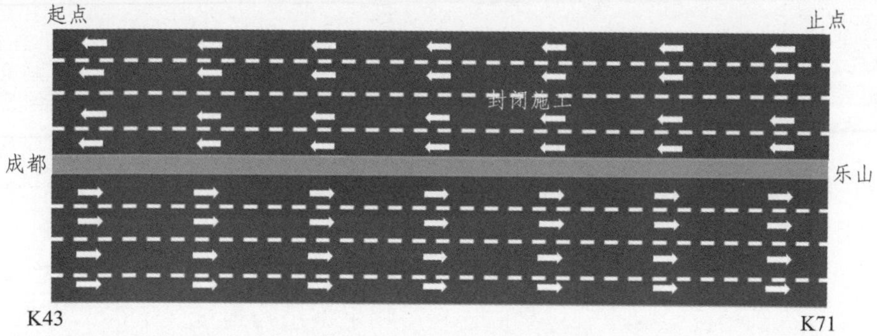

图 3-18　第三步交通转换

图 3-19　眉山互通竣工通车图

3.4　其他节点工程交通组织

在成乐扩容工程试验段建设期间，针对人行天桥拆除、车行天桥拆除、主线桥梁梁板安装及钢箱梁架设等对高速公路交通影响大、对工程进度制约大的节点工程，制订了专项方案并周密实施，圆满完成了对 3 座车行天桥和 10 座人行天桥的集中拆除、对眉山互通眉州大道跨线桥的拆除，以及对主线桥梁共计 213 片梁板和 7 座上跨主线钢箱梁的架设施工，在施工过程中未发生安全生产和交通伤亡事故以及严重拥堵情况，有力保障了项目安全施工和道路畅通运营，为整个扩建项目有序推进打下了坚实基础。

第 4 章　桥梁工程

4.1　桥梁施工方案

成乐扩容工程试验段的桥梁拼宽采用“两侧整体拼接”的方式进行整体扩建，新老桥梁采用相同的结构形式和跨径，使之受力状况、结构刚度等基本相同，从而在各种荷载组合之下，桥梁整体形变小、位移差值小，使桥面不易产生过大的纵向裂缝。在加宽拼接时，新建桥梁与原有桥梁的连接采用上部结构连接、下部结构不连接的方式。如新老桥梁梁板之间采用湿接连接，则待老桥范围油面铣刨、破除老铺装层之后再与新桥铺装连接。对于上跨成乐高速的分离式天桥，采用钢箱梁来解决取消中墩的大跨径施工问题。

4.1.1　梁板的拆除及安装

试验段全线总计有 11 座原上跨人行天桥、5 座车行天桥需要拆除，同时有 687 片梁板需要安装，其中大中桥仅有 7 座共计 213 片梁板。由于梁板分布密度低，难以用架桥机施工，只宜采取吊车组合进行梁板拆除和架设，因此受施工场地限制较大，横纵便道的长度和宽度均难以保证。此外，如果按照常规施工方式，对主线桥梁的安装需要断道 14 次，每次断道 1 d，对原有上跨人行天桥和车行天桥进行逐桥拆除需要断道 16 次，如此频繁的断道施工作业，势必大幅降低高速公路通行质量和通行安全，社会影响很大。为此，试验段项目部通过方案比较，从降低成本、社会影响、安全保障、节约工期角度考虑，决定采用桥梁集中拆除与架设方案。

为了安全可靠地完成桥梁拆除与架设集中作业，项目部事先通过现场实地踏勘，编制可行性方案。方案通过内部讨论，总监办组织初评之后，交由成乐高速运营、业主单位再次进行评审和专家专项最终评审，完善优化成可操作性和实施性极强的桥梁拆除与架设最终方案，如图 4-1、图 4-2 所示。

图 4-1　成乐公司拆除方案评审会

图 4-2　成乐公司拆除方案评审会

试验段项目部为确保桥梁拆除与架设集中施工的顺利完成做了以下准备工作：第一，编制切实可行的周密计划，明确人员、车辆数量及进场时间、进场顺序、摆放位置、作业状态，形成作业清单，逐个落实清单工作；第二，对吊车吊装位置、作业半径做好充分验算，确保吊装作业安全，组织专家专项评审吊装方案；第三，协调成乐高速、成雅高速、简蒲高速、遂资高速及眉山市地方道路共计 21 家管理单位，做好交通疏导安排（图 4-3 ~ 图 4-6）。

图 4-3　成乐公司交通管制协调会

图 4-4　项目部眉山代表处方案细化会

图 4-5　拆除方案布置会

图 4-6　拆除前夜设备到场检查

按照桥梁集中拆除与架设方案，项目部集中两天时间，组织 80 余人、大型吊车 30 余台、运梁炮拖 70 余台，完成了对主线 213 片梁板的集中架设，此外，仅利用 1 d 时间完成了对试验段 10 座人行天桥、3 座分离式立交桥的集中拆除（图 4-7 ~ 图 4-10）。不管是梁板安装还是桥梁拆除，如此大规模的集中作业在川内尚属首次。

图 4-7　人行天桥拆除

图 4-8　车行天桥拆除

图 4-9　主线梁板安装

图 4-10　主线梁板架设圆满完成

4.1.2　上部结构

4.1.2.1　桥面铺装

对于新建桥梁跨径 10 m 及以上的桥梁设置桥面铺装层。桥面铺装层应当待新老桥梁湿接缝以及空心板与空心板之间铰缝浇筑完成并达到合格强度后方可浇筑。在浇筑铺装之前应清理整个桥面，采用钢刷刷去梁板顶面浮皮，之后铺设 $\phi9$ 钢筋网片，注意网片与网片之间搭接长度不小于 30 cm，新老桥梁铺装宜同一次浇筑。

对于桥梁首先使用铣刨机铣刨原桥梁范围内路面结构层，必须采用人工破除老桥桥面铺装层，为避免破坏老桥梁板禁止采用小型破碎机，待露出老桥梁板顶面后清理干净，通过纵向植筋及加设门字筋等方式加强连接，铺设 $\phi9$ 钢筋网片后浇筑 10 cm 厚 C40 钢纤维混凝土。

对于老涵顶面，清理标准与桥梁一致，应当以盖板顶面无沥青混凝土残留，使用空压机将顶面灰尘吹净并且用水冲洗之后方可执行下一道工序。

桥涵铺装混凝土浇筑后，应全面覆盖土工布，喷淋养护保证其表面湿润养护，从而避免混凝土凝固放热收缩而产生裂缝。

4.1.2.2　湿接缝与横隔板

新老桥梁间采用湿接缝将其连接形成整体，空心板两端各设一道横梁，加强其整体性，待加宽桥空心板架设、铰缝浇筑完成达到龄期后，再进行湿接缝浇筑连接，以减少收缩徐变及基础沉降的影响。对于新建桥梁内边梁的架设应等待原路侧防撞护栏整体水平切割以及人工破除老桥翼缘板后安装。若桥梁下部存在通车的情况，应联系地方交通部门对下部道路进行全封闭或半幅封闭后，再进行切割护栏以及破除工作。

4.1.2.3　防撞护栏

防撞护栏对于行车驾驶员的可视面大，外观质量要求高，对其模板的处理与墩柱模板要求一致。在浇筑混凝土时不可一层浇筑成型，应当分为 3 层一次浇筑成型：第一层浇筑高度至马蹄部位，待充分振捣之后再浇筑第二层；第二层浇筑至碰撞面一半高度后亦充分振捣，再浇筑第三层；第三层浇筑至扶手位置，充分振捣后使用木抹子进行第一次收面，在其初凝时进行第二次钢抹子收面，第二次收面严禁洒水提浆，以避免扶手表层开裂。

浇筑防撞护栏的适宜温度为 5 ~ 35 °C，应避免浇筑温度过高。因为温度过高一方面会导致混凝土初凝过快而无法充分振捣；另一方面，浇筑过程中掉落溅弹至钢模表面上的水泥浆快速凝固，会导致脱模后护栏表层出现空洞或蜂窝。

防撞护栏模板采用 4 mm 普通碳钢与 1 mm 不锈钢成型的合成钢板，其中防撞护栏正面、背面直接与不锈钢板接触，较之传统钢模脱模后护栏表面更加光滑，脱模后视觉效果更好。

4.1.2.4 桥涵搭板

桥涵搭板设置于桥梁或涵洞与路基相连位置，是一种防止桥头跳车现象的手段。桥涵搭板下方浇筑 30 cm 厚的 C15 混凝土垫层，垫层下方的涵台背回填，必须严格按照图纸标定层厚进行回填。为了加速涵台背回填沉降和提升施工质量，试验段工程在搭板位置的路基施工中增加了液压夯工序，对于缩短沉降期起到了显著成效。

4.1.3 下部结构

为保证原桥基础安全和减少新建桥梁基础沉降，试验段工程对原桥桥墩、台部分采用扩大基础，并对加宽部分桥墩、台均采用桩基础，尽量减少基础开挖对原桥基础的影响。

4.1.3.1 桩 基

试验段工程的桩基，结合地勘资料除少量上跨高速分离式立交中墩采用旋挖外，其余均采用冲击钻钻孔。在桩基浇筑混凝土时应当保证混凝土的衔接，提前与搅拌站联系沟通好之后方可拌料，尤其是大方量混凝土更应严密协调配合，以避免因混凝土初凝而导致断桩、废桩。所开挖的泥浆池亦应按照要求进行回填。

新建桥梁桩位测量定位后，若桩位处于高填方段落，为防止边坡垮塌危及处于通车运营状态的高速公路安全，应立即进行边坡防护处理。

4.1.3.2 承台或系梁

承台必须在桩检合格后方可开挖，并且其四周应按照坡比 1∶1 放坡，或者根据现场实际情况适当调整放坡比，以避免因坡比过大导致边坡垮塌，引发安全事故。在雨季施工，承台基坑内部应设置集水坑或集水沟配合抽水设备抽水。

开挖承台时，应注意超挖 10 cm 并铺设 10 cm×10 cm、直径 12 mm 钢筋网片，在基底层承载力达到要求后方可浇筑垫层混凝土。

承台浇筑为大体积混凝土，浇筑时应注意按照每层 30 cm 分层浇筑，并在下层混凝土初凝前浇筑上层混凝土。浇筑过程应振捣充分，避免混凝土内部有气泡残留。在混凝土浇筑完成后，应注意随时洒水或喷淋养护，避免内部水化热过大而产生结构开裂或强度不足等情况。

4.1.3.3　桥　台

成乐高速公路原桥台背填料均为砂砾石，其中多数桥梁及涵洞边坡开挖高度为 2～6 m，加宽部分设计承台标高位置为流沙地质。为防止桥台加宽部分结构开挖过程中出现原桥背填料失稳坍塌，危及高速公路行车安全，试验段工程采取“先支护，再开挖”的施工方案。

试验段工程的桥台分为肋板式桥台和桩柱式桥台、重力式桥台、薄壁式桥台。其中，肋板式桥台主要见于新建上跨分离式立交，而主线其余扩宽部分的新建桥台结构类型则根据原桥结构而定。在浇筑桥台混凝土时，应当注意严禁混凝土中粗骨料堆积，尤其是在模板侧要避免骨料外露而导致漏筋。对于大体积混凝土应当分层浇筑，并在每一层浇筑时以混凝土不再下沉亦不再有气泡产生为标准进行充分振捣。

4.1.3.4　墩　柱

墩柱不同于其余结构物，对于外观质量的要求较高，故对于其模板打磨、脱模剂涂刷质量必须严格要求，严禁使用废机油涂刷模板。模板打磨后整体应光泽、无锈迹或混凝土浮浆，用纸巾拂拭后，应确保纸巾仍然干净。模板与模板拼接错台高差应小于 1 mm，待监理工程师验收模板后方可涂刷脱模剂。涂刷脱模剂时，应采取细腻纹理的滚筒刷涂抹，滚筒刷较之毛刷具有涂刷后纹理更细腻、脱毛量少等优点，对墩柱外观质量有较大提升。此外，在砼的选择方面，试验段工程选择了比普通混凝土要求更高的清水混凝土作为浇筑材料，对于墩柱外观质量提升较大。

4.1.3.5　盖　梁

与传统施工工艺不同的是，试验段工程的盖梁施工未使用穿芯棒来搭设施工平台，而是采用抱箍放置工字钢方法，从根本上杜绝了二次破坏结构物的情况，极大提升了施工质量。与抱箍放置工字钢方法相配套，盖梁采用了新型整体复合模板，较之传统的拼接模板，其最大优点在于没有了拉杆孔，有助于提升盖梁的整体外观质量。

4.2　桥梁施工准备

4.2.1　一般要求

（1）施工单位应按招标文件的要求配齐人员、机械设备和测量、试验检测仪器，建立相应的施工管理机构，制定现场管理的各项规章制度，落实管理措施。人员和机械设备如需更换，应按合同约定的办法和程序办理。

（2）施工单位进场后，应及时将人员的联系信息报送监理工程师和业主公司，主动与业主公司、监理工程师、地方征地拆迁及其他相关部门进行沟通联系，熟悉项目管理的基本程序，相互交换工作分工、工作节点的时限要求、现场存在的问题等重要信息。

（3）应充分考虑施工过程对陆上和水上交通的影响，不得随意中断主航道和陆上主要交通干线。在跨越等级公路、航道以及铁路时，应事先与交警、路政、海事、港监、航道、水务、铁路等有关部门沟通，按规定办理相关手续。

（4）桥梁工程施工实行首件工程认可制。对桥梁的基础、立柱、墩台身（帽）梁板预制及安装、梁板现浇、桥面整体化及调平、伸缩装置安装、护栏等分项工程，第一个成品或半成品完成后，应由监理工程师组织施工单位对首件工程的各项技术、质量、安全指标和措施等进行总结和综合评价，验证施工工艺的可靠性、合理性，找出工料机的最佳组合参数与相关工艺参数，如图 4-11 所示。首件工程结束后，施工单位应编制首件工程总结报告，其内容宜包括：施工技术方案、施工工艺、质量保证措施、缺陷分析及采取的整改措施、检测数据、主要施工管理人员和质量责任人等。首件工程总结报告经批准后方可进行批量施工。

图 4-11　成乐 E1 梁板足尺寸首件认可

4.2.2　技术准备

技术准备内容包括技术文件、施工测量、试验检测、技术交底四个方面。

4.2.2.1　编制技术文件

在开工前应组织技术人员熟悉设计图纸，领会设计意图，核对工程数量及图纸中的漏、错，应进行现场核实，全面核对坐标、高程和关键构造尺寸。对图纸中存在的问题以及对设计的建议，应及时上报，并接受设计单位的设计技术交底。

施工单位应根据合同明确的总体工期和关键节点工期的控制要求，完成实施性施工组织设计的文件编制。

桥梁工程中的深基坑、溶洞处理、水中基础、超高桥墩、支架、悬浇、预制梁场、架梁、跨路桥梁，以及大体积混凝土等施工内容，应编制专项施工技术方案并根据相关要求开展公路桥梁工程施工安全风险评估。专项施工技术方案宜包括施工组织、施工技术、施工工艺和施工安全管理等。专项施工技术方案应由施工单位技术负责人签认，并加盖法人资格的单位公章后报送监理工程师和业主代表处。施工单位应严格按批复的施工技术方案组织实施，在实施过程中如发现方案中有不可行的内容或未预见到的问题时，应及时调整或修改方案重新上报，经重新审批后方可组织实施。

施工单位应在开工前对本合同段的单位工程、分部工程和分项工程进行划分，并报送监理工程师。施工过程中应及时对相关资料进行整理、归档，并业主公司要求的时限提交交（竣）工文件，经审核合格后，存放到指定地点。

施工单位应加强对一线操作人员的岗前培训、上岗考试等教育培训，特别是张拉、压浆、钢筋制作、混凝土浇筑等关键工序人员的教育培训。

4.2.2.2　施工测量

测量仪器在使用前应经有资质的计量检定机构进行检定，并在施工过程中注意维护和定期核查，使其始终保持完好状态。

施工单位接受交桩后应完成导线点、水准点复测和加密工作。加密点位现浇混凝土底座的平面尺寸宜为 300 mm×300 mm，深度不宜小于 600 mm。加密点宜高出原地面 30 mm 左右，预埋钢筋的外露高度应不大于 5 mm，顶部应锯十字丝，重要的水准点、导线点应采用围栏进行保护。施工过程中每 3 个月应对桩点进行一次检查与维护，直至工程交工。

大型桥梁工程的每一端至少应埋设平面控制点和水准控制点各 2 个，且宜建立独立的施工测量控制网；设置至少 2 条三角网基线并和桥轴线相连，可设在一岸或两岸，如两岸施工单位不同则必须两岸同时设置。

加密、复测等工作完成后应及时将测量成果上报监理工程师。对存在异议的导线控制点、水准点，施工单位应向监理工程师提交书面报告（列出有误数据或修正数据）。监理工程师应对施工单位提交的复测、加密结果进行核对，并应进行独立平行的复核测量。

施工单位应定期进行导线点、水准点的复测，并与相邻合同段进行联测，发现问题应查明原因，及时处理。

施工放样测量前，应对桥梁各墩台的控制性里程桩号、基础坐标、设计高程等数据进行复核计算，确认无误后再施测。

施工测量应严格执行复核制度，减少或避免测量过程中的人为错误，最大限度地防止出现差错。

4.2.2.3 试验检测

施工单位的工地试验室在开工前应登记备案，并在取得公路工程工地试验室备案通知书后方可从事该项目的试验检测工作。对工地试验室不能开展的特殊试验项目，应委托有资质的检测单位进行试验。

4.2.2.4 技术交底

施工单位应根据工程内容和批准的实施性施工组织设计，由项目总工组织编制各专项交底文件，主要内容宜包括：特殊分部分项工程的施工方案、质量、安全、环保保证措施及应急预案；关键工程与交叉作业工程如何协作配合，土建施工与设备安装工艺的衔接；施工单位初次采用的新技术、新工艺、新材料、新设备等。

项目经理部应由项目总工对各部门负责人、技术人员、施工班组长进行技术交底，监理工程师参加，交底过程应形成记录，交底双方应在交底记录上签字。

班组施工人员应由项目经理部主管技术人员进行技术交底。班组技术交底的主要内容宜包括：分项工程的施工方法、施工工序与工艺管理要求及注意事项、安全防控措施；关键工程的具体部位、标高和尺寸，预埋件、预留孔洞的位置及规格；流水和交叉作业施工阶段划分；支模方法、拆模时间；钢筋、预应力筋的规格、品种、数量和施工要求；混凝土、砂浆、防水、防腐等材料的配合比，试件的取样、养护方法，焊接程序和工艺控制，质量标准，等。

两个以上施工班组或工种配合施工时，项目经理部工程技术管理部门应组织按工程进度交叉作业进行联合交底。

项目经理部应建立班前会制度，每天上班前应向作业人员明确当日作业的相关技术要求。

4.2.3 机具准备

进入施工现场的各类机械设备的规格和数量，应满足工程质量、安全、环保和进度的要求，同时应外观整洁，状态良好。现场各类机械设备的停放位置应合理规划、分区布置、摆放整齐。

设备的安装调试应符合下列规定：

（1）工程所使用的锅炉、压力容器、电梯、起重机械等特种设备，使用前应具有法定机构出具的检验检测合格证明，其安装调试、拆卸应具有经审批的施工方案及安全技术措施，并应由具备安装、拆卸资质和从业人员资格的队伍进行。气瓶应有安全条码及有效仪表。

（2）所使用的机械设备如钻机、起吊设备等，应在显著位置悬挂操作规程牌，标明机械名称、型号种类、操作方法、保养要求、安全注意事项及特殊要求等。

（3）施工单位应定期对设备进行检查维修和保养清洗，并建立特种设备检修、维护台账，保证设备安全可靠、运转正常，严禁设备带病作业。

4.2.4 材料准备

4.2.4.1 采购与存放

施工单位进场后应对施工中涉及的工程材料进行现场调查，并应结合工程规模和施工进场安排确定仓储数量，选择好的供应商和生产商，落实好材料管理“源头把关，过程控制”的各个环节。

施工单位应建立工程材料管理台账，记录材料的生产厂家、出厂日期、进场日期、数量、规格、批号及使用部位。

桥梁施工的钢筋、水泥、外加剂、钢绞线、伸缩装置、支座、锚具等主要材料应实行资格备案制，并应加强进场质量检验。材料验收合格后，应根据材料的性能和用途合理选择存放场所，规范码放，并应考虑材料的防火、防盗、防潮湿及运输、装卸、加工等因素，避免二次倒运。

4.2.4.2 试 验

施工单位应严格控制材料料源及其生产工艺，所有材料、半成品、成品应在自检和监理工程师抽检合格后方可使用，向外委托试验项目应事先报经监理工程师同意。原材料、半成品应按其检验状态和结果、使用部位等进行标识。试验台账应记录取样送检日期、代表数量、检测单位、检测结果、报告日期以及不合格材料的处理情况等内容。

钢材、水泥、钢绞线、支座、锚具、外加剂等工程主要材料的质量证明书和试验检验报告应与工程交（竣）工资料一起存档备查，作为对工程质量终身负责的证据。

4.2.5 作业条件准备

桥梁工程的施工场地在开工前应完成“四通一平”，即做好临时水、电、通信和施工便道（便桥）的修建工作，并做好场地平整、硬化、排水等工作。

桥梁施工现场应统一规划、合理布局，并绘制桥梁施工平面布置图，并按照“混凝土集中搅拌、构件集中预制、钢筋集中加工”的原则，重点做好混凝土拌和站、构件预制场、钢筋加工厂的建设工作。

4.2.6 安全施工准备

施工单位在编制桥梁工程的施工组织设计和施工技术方案时，应根据工程特点同时编制保证施工安全的技术方案和组织方案，对于危险性较大的工程，还应编制安全专项施工方案。

施工单位应按照相关法律法规的要求建立健全安全生产管理制度，保证安全生产条件所需资金的投入，严禁安全资金挪作他用，并设置安全管理职能部门，配备相应的专职安全管理人员，明确管理职责和安全责任。

施工作业前，由工程技术负责人或方案编制人向施工作业人员进行安全技术方案交底。分部分项工程作业前，由项目工程师或分管技术员向全体作业人员进行安全技术交底。工班长每天班前会布置生产任务时，应对易发生的安全事故进行提醒、警示。

施工单位应提前为技术、管理和生产作业人员配齐安全防护用品，并保证防护用品的质量满足国家或行业标准的规定。进入施工现场的人员应按规定佩戴、使用劳动安全防护用品，安全监察人员应佩戴袖标（牌）。

施工单位应做好施工作业人员的安全教育培训。其中，特种作业人员必须经过专业培训和考核合格后，持证上岗。

施工作业所使用的机械、设备和工具应符合国家有关标准的规定，施工单位应定期检查和检验，特种设备应符合其安装、维护、使用和检验等管理制度的规定。各种机电设备操作和危险作业，应在施工现场设置安全操作规程牌进行明示，其内容应包括操作要点、安全事项、工前检查、工后保养、日常维护等。

施工单位应根据《施工现场临时用电安全技术规范》的要求和合同段内施工现场的特点以及地理环境等，由电气专业人员编制施工现场临时用电方案（临时用电施工组织设计）。

桥梁工程施工现场应采取封闭式管理，做到办公区域与生活区域隔离，施工区域与非施工区域隔离，作业危险区域与作业非危险区域隔离，并按照国家有关规定配置消防设施和器材、设置消防安全标志。跨越公路、航道、铁路施工时，还应设专人负责防护工作，保证既有公路、航道、铁路畅通及人员安全。在施工生产作业区域内所有的临边、洞口和可能发生高处坠物的区域设置符合规范要求的安全防护设施，并对施工现场范围内可能存在某种危险性的区域设置醒目的警戒、警告、警示标志。夜间施工时，还应在现场设置保证施工安全的照明设施。

施工单位应组织制订安全生产应急救援预案，建立应急救援组织机构，配足应急救援人员、机具、物资、器材，并定期组织开展有针对性的演练。

施工单位应为施工现场从事危险作业的人员办理意外伤害保险。

4.2.7　环境保护准备

施工单位在编制桥梁工程的施工组织设计和施工方案时，应根据工程特点，针对在施工中可能对环境造成的不利影响，编制具体的环境保护方案。

施工现场宜经常洒水，避免扬尘污染空气，并根据需要设置机动车辆冲洗设施、排水沟及沉淀池，使施工、生活污水经处理达标后方可排放，防止水土污染。对于现场的液态、固态等各类废弃物，应按照规定进行处理，严禁擅自掩埋、焚烧或排放。

邻近居民区施工时的作业噪声应符合现行国家标准《建筑施工场界环境噪声排放

标准》(GB 12523)的规定，作业人员在噪声较大的现场作业时，应采取有效防护措施。

当施工所产生的振动对邻近建筑物或设备可能产生有害影响时，应采取相应的措施并进行监测。

工程施工应节约用地，少占用农田，不得随意占用或破坏施工现场周围相邻的道路、植被以及各种公共设施场所。同时在施工中加强环境监测和事故预防，尽量减少对原有自然环境的破坏。对于自行开采砂石的施工单位，应办理矿管等手续并做好环境保护工作，防止水土流失。

桥梁工程交工前，应及时对临时辅助设施、临时用地和弃土等进行处理，保证做到工完场清，符合环保要求。

4.3 桥梁施工通用技术

4.3.1 钢 筋

4.3.1.1 一般要求

开工前应认真核对设计文件，对钢筋布置图与钢筋数量表及工程数量表进行对照复核，同时选择采购信誉良好、管理规范的大中型企业生产的符合现行国家标准的钢筋，严禁使用废旧钢筋。

钢筋进场后，施工单位应对钢筋进行检验，由监理工程师按比例进行抽检，检验合格后按《工地建设》的规定存放。

钢筋应集中加工，对于加工出的钢筋成品、半成品宜采用平板车或专用车运输，并在运输、储存过程中注意防锈蚀、防污染、防机械损伤和弯曲变形等。钢筋加工完成后应分类存放，挂牌标明钢筋的规格、使用部位等。

4.3.1.2 钢筋加工

钢筋的表面应洁净、无损伤，加工前应将表面的油渍、漆皮、鳞锈等清除干净，对除锈后钢筋表面有严重麻坑、斑点，已伤蚀截面的应剔除不用。

钢筋应平直、无局部弯折，成盘的钢筋和弯曲的钢筋均应采用调直机调直。在钢筋下料、加工前，应对钢筋的下料长度、连接接头的设置等进行设计计算，避免出现主筋不必要的接长、连接长度不足、焊接接头位置不符合要求、弯曲角度不满足设计要求、钢筋骨架或钢筋笼扭曲等现象。

对钢筋弯曲加工时，应按设计一次弯曲成型，不得反复弯折或调直后再弯，严禁热弯成型。宜采用数控钢筋弯曲机、数控弯箍机加工钢筋。

4.3.1.3 钢筋连接

钢筋下料前应先确定好钢筋的连接方式，按照连接方式确定下料长度。在下料时，切口端面应与钢筋轴线垂直，不得有马蹄形或挠曲，不符合要求的应将钢筋端头切掉，以保证丝头面平整、垂直。

当钢筋直径小于 25 mm 时，如采用闪光对焊连接应经过焊接工艺评定，对于因为作业条件受限只能采用电弧焊（帮条焊或搭接焊）的，焊条的选择和搭接长度应满足规范要求，并保证与钢筋轴线同心；当钢筋直径大于等于 25 mm 时，宜采用滚轧直螺纹等机械连接方式。

对于采用直螺纹连接的，应严格控制丝头长度，不应过长或过短，每加工 10 个丝头应采用环规检查一次，并剔除不合格丝头。当丝头检验合格后，应按照图 4-12、图 4-13 所示对丝头进行护套防护，防止丝头发生污染、生锈、机械损伤等。直螺纹套筒应严格按相关规范要求进行检查验收，内螺纹不得有缺牙、错牙、污染、生锈、机械损伤等现象。

图 4-12　钢筋丝头保护（一）

图 4-13　钢筋丝头保护（二）

在现场安装直螺纹连接钢筋时，应配备力矩扳手和专用螺纹环规，并固定作业人员，按规定进行丝头检验和拧紧力矩检验，以使钢筋丝头在套筒中央位置相互顶紧。

4.3.1.4　钢筋绑扎与安装

钢筋骨架的焊接拼装应在固定的工作平台上进行，钢筋笼骨架制作应采用钢筋定位模具或模架。钢筋交叉点应双丝绑扎结实，必要时点焊焊牢，扎丝绑扎时丝头朝结构内弯，防止丝头进入混凝土保护层，产生锈蚀。

预埋钢筋时，宜增设临时定位钢筋等辅助措施进行定位，必要时可采用劲性骨架，保证其定位准确、牢固。防撞护栏预埋钢筋应与梁体钢筋点焊固定。

安装箱梁腹板和底板、顶板钢筋时，应将腹板和底板、顶板钢筋连接牢固，且宜采用焊接方式。顶板底层横向钢筋宜采用通长钢筋。

钢筋骨架的保护层控制宜使用圆饼形、梅花形高强砂浆垫块，其强度不得低于混凝土强度，绑扎应牢固可靠，垫块布置的数量应不少于 4 个/m^2 且应避免布置在同一断面，如钢筋直径较小，则应适当加密，如图 4-14 所示。

图 4-14　钢筋垫块布置

桩基础钢筋笼的保护层宜采用如图 4-15 所示的圆饼形混凝土垫块，垫块的厚度应不小于 40 mm，且宜采用不小于 10 mm 的穿心钢筋焊接在主筋上，纵向间隔应不大于 2 m，每道沿圆周对称设置应不少于 4 块。

图 4-15　钢筋笼垫块

混凝土浇筑后，对外露时间较长的预留（埋）钢筋，应选择合适的防锈方式进行保护，如包裹、涂刷防锈材料等。

4.3.2　模板和支架

4.3.2.1　一般要求

模板应进行专门设计，并应具有足够的强度和刚度。外露混凝土面的模板应表面光洁平整。为便于制作和装拆，模板的结构应简单，板面之间应平整，接缝严密，不漏浆，并保证结构物外露面平整美观，线条顺直。

钢模板进场前应先进行拼装，验收合格后用油漆打上拼装顺序号。安装前应抛光打磨，清除污垢，涂刷脱模剂（模板漆）。应采用专用脱模剂或经试验效果较好的脱模剂，同一结构脱模剂宜采用同一品种，不得使用废机油及其混合物，不得污染钢筋及混凝土的施工缝。

在大体积混凝土结构倒角等容易产生气泡的部位，宜在模板表面粘贴混凝土透水模板布，以减少混凝土表面气泡、砂线、砂斑，同时可提高混凝土的表面强度和耐磨性。

支架宜采用碗扣式、扣件式钢管脚手架，或采用型钢、钢管及其他定型钢构件。在计算荷载作用下，对支架结构应按受力程序分别验算其强度、刚度及稳定性。

应建立模板进场审查制度、支架专项验收及预压制度以确保模板、支架的施工质量。支架在预压及混凝土浇筑过程中应安排专人加强观测，确保安全。重复使用的模板、支架应经常检查，当变形不满足规范要求时应及时调整。

4.3.2.2 模板和支架设计

模板、支架应根据桥梁结构形式、设计跨径、荷载大小、地基土类别及相关的规范进行设计，支架和分配梁设计时应考虑预压的超载系数，并在实施前绘制模板、支架总装图、细部构造图。

支架应为几何不变体系，立杆之间应根据受力要求和结构特点设置水平和斜向支撑连接杆件，增加支架的整体刚度和稳定性。支架较高或呈曲线布置时横断面上应向外设置抛撑或加密横向剪刀撑，增加支架横向稳定性。

支架上的梁体有纵坡或梁体倾斜时（如腹板），应根据梁体的重量通过计算增加斜撑杆，抵消混凝土浇筑时产生的水平力。

4.3.2.3 模板制作与安装

钢框覆面胶合板模板的板面宜采取错缝布置，支撑系统的强度和刚度应满足要求。高分子合成材料面板、硬塑料或玻璃钢模板，制作接缝应严密，边肋及加强肋应安装牢固，与模板成一整体。

模板制作完成后应进行试拼，检查拼缝平整度、外形尺寸、断面尺寸等指标，对不合格处应进行整修。

模板安装使用的对拉杆应外套 PVC 管（聚氯乙烯管），保证对拉杆的拆卸和重复使用，模板开孔时应采用机械钻孔且应布置规则、整齐，不得采用焊割或氧割。设有拉杆的地方应使用清水混凝土拉杆堵头防止拉杆位置漏浆。

安装模板时，应设临时支撑固定，严禁将模板系于结构钢筋上，并且不得与上下爬梯（扶梯）连接，避免引起模板震动和变形。安装后如不能立即浇筑混凝土时，应预留出渣口，且应在混凝土浇筑前清理模板内杂物。

4.3.2.4 支架制作与安装

支架宜采用标准化、系列化、通用化的钢构件拼装，并应当进行施工图设计，准确验算其刚度、强度和稳定性。支架进场后应进行质量检查，对钢管壁厚、直径、外形，扣件等进行检查，将不合格材料剔除。

制作木支架时，应尽量减少长杆件接头，两相邻立柱的连接接头应尽量分设在不同的水平面上。主要压力杆的纵向连接，应使用对接法，并采用木夹板或铁夹板夹住，次要构件的连续可采用搭接。

支架安装前应做好支架基础处理，并在安装完毕后对其平面位置、顶部标高、节点连接及纵、横向稳定性进行全面检查及验收。

4.3.2.5　模板和支架拆除

模板、支架的拆除顺序和方法应按设计和施工方案进行。当设计未规定时，应遵循先支后拆、后支先拆的原则，自上而下进行，且应先拆非承重模板，后拆承重模板。

模板拆模不宜过早，尤其在昼夜温差大于 15 °C 时，应延迟 1 ~ 2 d，且尽量在升温阶段拆模，内外温差控制在 20 °C 以内。

模板、支架应按拟定的程序进行卸落，分几个循环卸完，卸落量开始宜小，以后逐渐增大，并且纵向应对称均衡卸落，横向应同时一起卸落。其中，简支梁、连续梁的模板宜从跨中向支座依次循环卸落，悬臂梁结构的模板宜从悬臂端开始按顺序卸落。在卸落前，应在卸架装置上画好每次卸落量的标记，并在卸落时设专人用仪器观测和详细记录变化情况，卸落过程不得野蛮拆除。

4.3.3　混凝土工程

混凝土工程宜建立混凝土外观质量“分级评定”制度，明确外观质量评定的量化标准，对混凝土结构物外观进行指标化检验。

4.3.3.1　水泥要求

选用水泥时，应以所配置混凝土的强度和弹性模量达到要求、收缩小、和易性好和节约为原则，且其特性不会对混凝土结构强度、耐久性及使用条件等产生不利影响。

采购水泥应选择信誉良好、生产能力较强、管理规范的大中型企业生产的散装干法旋窑水泥，出厂时应附有厂家的合格证明文件。

水泥进场后，应按其品种、强度等级以及出厂时间等情况分批进行检查验收。当水泥的存放时间超过 3 个月或者对水泥质量有怀疑（如受潮）时，应重新取样检验，并应按其复验结果使用。

4.3.3.2　细集料要求

细集料宜采用级配良好、质地坚硬、颗粒洁净且粒径小于 5 mm 的河砂，当河砂不易获得时，可采用硬质岩石加工的机制砂。如果对河砂、机制砂的坚固性有怀疑的，应采用硫酸钠进行坚固性试验。

4.3.3.3　粗集料要求

粗集料应采用坚硬的卵石或碎石，并按生产地、类别、加工方法和规格等不同情况，分批进行检验。

粗集料宜采用连续级配，不宜采用单粒级或间断级配，在特殊情况下必须使用时，应通过试验验证。施工前应对所用的碎石或卵石进行碱活性检验，原则上不得采用有碱活性反应的粗集料，特殊情况下须采用时应采取必要的抑制措施。

集料应按品种规格分别堆放，不得混杂。在装卸及存储集料时，应采取措施，使集料的颗粒级配均匀，并保持洁净。

4.3.3.4　拌和养护用水及外加剂

混凝土的拌和、养护用水应符合现行行业标准《混凝土用水标准》(JGJ 63)的规定，并根据使用目的，结合外加剂的特点，确定外加剂的使用品种。

外加剂应与水泥、矿物掺合料之间具有良好的相容性，当采用两种及两种以上的外加剂时，应确保外加剂之间应有良好的相容性，并通过配合比试验来具体确定外加剂的用量。外加剂必须检验合格后方可使用，不同品种的外加剂应分别存储，做好标记，在运输与存储时不得混入杂物和遭受污染。外加剂宜为水剂，并采用专用储存罐避光储存并加设循环搅拌泵，如图 4-16 所示。

图 4-16　外加剂入库储存

4.3.3.5　掺合料

掺合料应保证质量稳定，来料均匀，出厂时应附带产品质量合格证书，使用前应进行质量复试，确保合格。其中，粉煤灰、磨细矿渣粉、硅灰等矿物掺合料的掺入量应通过试验确定。

掺合料在运输与存储中，应有明显标志，严禁与水泥等其他粉状材料混淆。

4.3.3.6 混凝土的配合比

混凝土的配合比应以质量比表示，并应通过计算和试配选定。试配时应使用施工实际采用的材料，配制的混凝土拌和物应满足和易性、凝结时间等施工技术条件；制成的混凝土应满足强度、耐久性（抗冻、抗渗、抗侵蚀）等质量要求。

普通混凝土的配合比，应按照规范要求的方法确定。在施工过程中，应及时积累资料，为合理调整混凝土配合比提供依据。在充分满足施工要求及混凝土性能标准的前提下，混凝土配合比设计应采用尽可能小的水胶比。当工程需要获得较大的坍落度时，可在不改变混凝土的水灰比及不影响混凝土质量的情况下，适量掺加外加剂。此外，不仅要控制由各种组成材料带入混凝土中的碱含量，还应控制混凝土的总碱含量。

对于泵送混凝土，其配合比宜符合下列要求：第一，最小水泥用量宜为 280 ~ 300 kg/m^3（输送管径 100 ~ 150 mm）。通过 0.3 mm 筛孔的砂不宜少于 15%，砂率宜控制在 35% ~ 45%范围内；第二，混凝土拌和物的出机坍落度宜为 100 ~ 200 mm，泵送入模时的坍落度宜控制在 80 ~ 180 mm 之间；第三，宜通过试验掺用适用的减水剂、泵送剂和掺合料。

4.3.3.7 混凝土拌制

混凝土应采用带有自动计量、进料和控制搅拌时间的强制式搅拌机进行拌制。计量器具应定期检定，搅拌机经大修、中修或迁移至新的地点后，也应进行检定，并建立规范可查的检定、检修台账；混凝土生产单位应每月自检一次。

混凝土配料时，各种衡器应保持准确，每一工作班正式称量前，应对计量设备进行校核。对集料的含水率应经常进行检测，雨天施工时应增加测定次数，以调整集料和水的用量。

自全部材料装入搅拌筒至开始出料的最短搅拌时间应符合搅拌机设备出厂说明书的规定，且不得低于表 4-1 的规定；搅拌细砂混凝土或掺有外加剂时，搅拌时间适当延长 1 ~ 2 min。

表 4-1　混凝土最短搅拌时间　　单位：min

搅拌机类别	搅拌机容量/L	混凝土坍落度/mm		
		＜30	30 ~ 70	＞70
强制式	≤400	1.5	1.0	1.0
	≤1 500	2.5	1.5	1.5

对于在施工现场集中搅拌的混凝土，应检查混凝土拌和物的均匀性，混凝土拌和物应拌和均匀，颜色一致，不得有离析和泌水现象。

混凝土拌和物的坍落度，应在搅拌地点和浇筑地点分别取样检测，每一工作班或每一单元结构物不应少于两次。评定时应以浇筑地点的测值为准。如混凝土拌和物从搅拌机出料起至浇筑入模时间不超过 15 min 时，其坍落度可仅在拌制地点取样检测。在检测坍落度时，还应观察混凝土拌和物的黏聚性和保水性。

4.3.3.8 混凝土运输

混凝土的运输能力应适应混凝土凝结速度和浇筑速度的需要，使浇筑工作不间断并使混凝土运到浇筑地点时仍保持均匀性和规定的坍落度。混凝土拌和物宜采用搅拌运输车运输。

采用泵送混凝土时，混凝土的供应应保证输送混凝土的泵能连续工作，并且输送管线宜直，转弯宜缓，接头应严密，如管道向下倾斜，应采取措施防止混入空气，产生阻塞。在泵送前应先用适量的、与混凝土内成分相同的水泥砂浆润滑输送管内壁。在泵送过程中，受料斗内应具有足够的混凝土，防止吸入空气产生阻塞。当混凝土出现离析现象时，应立即用压力水或其他方法冲洗管内残留的混凝土，泵送间歇时间不宜超过 15 min。

4.3.3.9 混凝土浇筑

浇筑混凝土前，应将模板内的杂物、积水以及钢筋上的污垢等清理干净，同时应对支架、模板、钢筋和预埋件等进行检查，并做好记录，符合设计要求后方可进行浇筑。浇筑过程中应对模板进行变形观测，若发现变形应及时校正。

运至现场的混凝土不得有离析和泌水现象，每车混凝土在使用前先进行坍落度检测。浇筑混凝土时应采取措施防止离析。

混凝土应按一定厚度、顺序和方向分层浇筑，应在下层混凝土初凝或能重塑前浇筑完成上层混凝土。高度不大于 0.6 m 的结构可按斜面分层，大于 0.6 m 的应按水平分层方式浇筑，对梁体腹板、盖梁等钢筋密集处不便水平分层时亦可采用斜面分层浇筑方式。上下层混凝土同时浇筑时，上层与下层之间的前后浇筑距离应保持在 1.5 m 以上。在倾斜面上浇筑混凝土时，应从低处开始逐层扩展升高，保持水平分层。

采用振动器振捣混凝土时，应符合《公路桥涵施工技术规范》的规定。振捣时应“快插慢拔”，并避免碰撞模板、钢筋，振捣必须密实，直至混凝土停止下沉，不再冒出气泡，表面呈现平坦泛浆为止。

在浇筑过程中或浇筑完成时，如混凝土表面泌水较多，应在不扰动已浇筑混凝土的条件下，采取措施将水排除。继续浇筑混凝土时，应查明原因，采取措施，减少泌水。

结构混凝土浇筑完成后，对混凝土裸露面应及时进行修整、抹平，待收浆后再抹第二遍并压光或拉毛。严禁对混凝土进行随意修饰，确因混凝土表面存在缺陷且不影响主体结构质量时，应报监理工程师同意后方可进行修饰，修饰前应拍照存档，修饰材料应保证其色泽与结构基本一致。经修饰后的混凝土质量竣工验收质量评定等级最高为合格。

浇筑混凝土期间，应设专人检查支架、模板、钢筋和预埋件等稳固情况，当发现有松动、变形、移位时，应及时处理。

按照规范要求制取混凝土试件，另制取 2 组同条件养生试件以提供墩柱翻模施工需要的强度依据，前期试件（包括同条件养生试件）应增加 2 ~ 3 组，以便获取足够参考数据。

混凝土的浇筑宜连续进行，因故必须间断时，应按规范要求预留施工缝。施工缝的位置应在混凝土浇筑之前确定，宜留置在结构受剪力和弯矩较小且便于施工的部位，同时应考虑施工缝对外观质量的影响，并按下列要求进行处理：

（1）应凿除处理层混凝土表面的水泥砂浆和松散层。凿毛应露出新鲜混凝土，且外露的粗集料应分布均匀，表面凸凹高度宜在 2 ~ 20 mm。对湿接缝部位，拆模后宜采用小型手动工具凿毛；小型构件和薄壁构件不宜采用风镐凿毛，宜采用人工凿毛（图 4-17）。当采用水冲凿毛时，混凝土强度应达到 0.5 MPa；当采用人工凿毛时混凝土强度应达到 2.5 MPa；采用小型手动工具凿毛时混凝土强度应达到 10 MPa；当采用风镐凿毛时混凝土强度应达到 15 MPa。不得采用在混凝土终凝前在混凝土表面划痕或插捣等方式代替凿毛。经凿毛处理的混凝土面，浇筑后续混凝土前，应采用水冲洗干净，同时应保证混凝土凿毛面湿润（图 4-18）。

图 4-17　手持凿毛机凿毛

图 4-18　凿毛后效果

（2）重要部位及有防震要求的混凝土结构或钢筋稀疏的钢筋混凝土结构，应在施工缝处补插锚固钢筋；有抗渗要求的施工缝宜做成凹形、凸形或设置止水带。

（3）施工缝为斜面时应浇筑成或凿成台阶状。

（4）施工缝处理后，应待处理层混凝土达到一定强度后方可继续浇筑混凝土。混凝土分次浇筑或预留施工缝时，相邻混凝土间的浇筑间歇期宜控制在 7 d 以内，以减少新旧混凝土之间的收缩差。

4.3.3.10 混凝土养护

混凝土收浆后应尽快采用透水土工布或薄膜覆盖保湿，有条件时应采用喷淋养护。干硬性混凝土、高强度和高性能混凝土、炎热天气浇筑的混凝土以及桥面等大面积裸露的混凝土应加强初始保湿养护。养护时间应不少于 7 d，对重要工程或有特殊要求的混凝土应酌情延长养护时间。

当裸露面面积较大或气候不良时，应覆盖防护，但在终凝前，覆盖物不得接触混凝土面。在气温不低于 5 °C 的情况下，可采取覆盖、洒水、抗风、保温等方式对混凝土进行养护；当气温小于 5 °C 时，严禁向混凝土面洒水，应对混凝土表面进行覆盖并采取保温措施进行养护。短期低温时应适当延长拆模时间。

4.3.3.11 大体积混凝土施工

大体积混凝土在浇筑前应制订专项施工技术方案进行温控设计和温控监测，有效控制混凝土内外温差，防止开裂，并根据水泥品种和规格、气温等因素计算水化热，确定浇筑方式。

大体积混凝土的浇筑尽可能安排在气温较低季节施工，可按下述方法控制：

（1）控制混凝土入模温度。宜采用遮盖原材料、水泥提前入仓、冷水拌制等方法降低原材料温度。

（2）可采取改善集料级配、降低水胶比、添加掺合料、掺加外加剂等方法减少水泥用量，延长混凝土的凝结时间。

（3）选用水化热较低和凝结时间较长的大坝水泥、矿渣水泥、粉煤灰水泥。

（4）减小浇筑层厚度或分块浇筑，埋设浇筑体内循环水管，以加快混凝土散热速度。

4.3.3.12 高性能混凝土施工

高性能混凝土的配合比宜委托专业单位通过试验确定。混凝土的坍落度宜根据施工工艺的要求确定，条件允许时宜选用低坍落度的混凝土。

4.3.4 预应力混凝土工程

4.3.4.1 一般要求

预应力材料应保持清洁，在存放和搬运过程中应避免机械损伤和有害的锈蚀。如进场后需长时间存放时，应安排定期的外观检查。

预应力筋和管道在仓库内保管时，仓库应干燥、防潮、通风良好、无腐蚀气体和介质；进场后的存放时间不宜超过 6 个月，不得直接堆放在地面上，应采取垫枕木并用油布覆盖等有效措施，防止雨雪和各种气体、介质的影响。

锚具、夹具和连接器均应设专人保管并清点核对数量及配套情况。存放、搬运时均应妥善保护，避免锈蚀、沾污、遭受机械损伤或散失。临时性的防护措施应不影响安装操作的效果和永久性防锈措施的实施。

为促进预应力混凝土工程的标准化、精细化施工，消除张拉的人为因素影响，提高预应力管道压浆密实度，试验段项目采用了桥梁预应力智能张拉与压浆技术，确保结构的安全、耐久性。

4.3.4.2 预应力材料

1. 锚具、夹具及连接器

预应力筋锚具、夹具和连接器应具有可靠的锚固性能、足够的承载能力和良好的适用性，应能保证充分发挥预应力筋的强度，安全地实现预应力张拉作业。

预应力筋锚具应按设计要求采用，锚具应满足分级张拉、补张拉以及放松预应力的要求。用于后张结构时，锚垫板宜设置压浆孔或排气孔，压浆孔应有足够的截面面积，以保证浆液的畅通。

锚具、夹具和连接器进场时，除应按出厂合格证和质量证明书核查其类别、型号、规格及数量外，尚应按规范规定进行外观质量检验、硬度试验、静载锚固性能试验。

2. 预应力筋

预应力混凝土结构所采用的钢丝、钢绞线、螺纹钢筋等材料的性能和质量，应符合现行国家标准的规定。

预应力筋的下料长度应通过计算确定，计算时应考虑结构的孔道长度或台座长度、锚夹具厚度、千斤顶长度、接头或镦头预留量、冷拉伸长值、外露长度等因素。

预应力筋的加工和截断应在专用的操作平台上进行，防止污染。不得在钢绞线原材料存放场地及已穿钢绞线的梁端部附近进行电焊作业，防止焊渣溅落到钢绞线上；严禁采用有效的钢绞线作为电焊机的接地线。

预应力筋的切割应采用砂轮锯，严禁采用电弧进行切割。

3. 预应力管道

在后张有黏结预应力混凝土结构中，预应力筋的孔道宜由浇筑在混凝土中的刚性或半刚性管道构成，或采取钢管抽芯、胶管抽芯及金属伸缩套管抽芯等方法进行预留。

浇筑在混凝土中的管道不应有漏浆现象。管道应具有足够的强度和刚度，应使其在混凝土的重量作用下保持原有的形状，且能按要求传递黏结应力。

在钢筋绑扎过程中，应根据设计的位置精确定位波纹管和锚垫板位置。宜将锚垫板安装在模板上，锚垫板孔应与管道同轴线，其端面应与管道轴线垂直，不得错位。锚垫板下应设置配套的螺旋钢筋，波纹管宜用如图 4-19 所示的 U 形或井字形定位筋固定，直线段每 0.8 m 设置一道，曲线段每 0.4 m 设置一道。所有管道均应在每个顶点设排气孔，需要时在每个低点设置排水孔。波纹管与普通钢筋位置发生冲突时，普通钢筋应避让波纹管。

金属波纹管宜采用厚度不小于 0.35 mm 的镀锌冷轧薄钢带卷制，其性能和质量应符合现行行业标准的规定。安装波纹管前，应检查波纹管压轮是否咬合紧密。金属波纹管的连接管宜采用大一级直径的同类管道，其长度宜为被连接管道内径的 5 ~ 7 倍，且连接处宜用密封胶带封口，确保不漏浆。

图 4-19　梁板波纹管 U 形钢筋定位

塑料波纹管宜以高密度聚乙烯树脂（HDPE）或聚丙烯（PP）为主要原料经热熔挤出成型，壁厚、环刚度等应满足有关要求。接头方式应根据实际情况选用，宜采用专用焊接机进行热熔焊接或采用具有密封性能的塑料结构连接器连接，当采用真空辅助压浆工艺进行孔道压浆时，管道的所有接头应具有可靠的密封性能，并应满足真空度的要求。

浇筑混凝土之前，圆形波纹管宜预穿芯棒，扁波纹管宜穿入数根小芯棒，防止波纹管在浇筑时挤压变形、漏浆，芯棒应在混凝土初凝后及时抽出。

焊接钢筋时，应做好波纹管的保护工作，如在管道上覆盖湿布，防止因焊渣灼穿管壁而发生漏浆、堵管。

对于多向预应力构件，如各向管道有交叉接触，须在接触处采取有效的管道保护措施，防止穿束时造成穿孔导致先行压浆的管道浆液进入未穿束的管道内。

4. 压浆材料

压浆材料宜采用专用压浆料或专用压浆剂配制的浆液进行压浆。不得采用以铝粉为膨胀源的膨胀剂或总碱量在 0.75%以上的高碱膨胀剂。

4.3.4.3　预应力混凝土浇筑

浇筑混凝土时，宜根据结构的不同形式选用插入式、附着式或平板式等振动器进行振捣。对箱梁腹板与底板及顶板连接处的承托、预应力筋锚固区以及其他钢筋密集部位，应采取有效措施加强振捣。对先张构件应避免振动器碰撞预应力筋，对后张结构应避免振动器碰撞预应力筋的管道、预埋件等。并应经常检查模板、管道、锚固端垫板及支座预埋件等，保证其位置及尺寸符合设计要求。

浇筑箱形梁段混凝土时，宜一次浇筑完成；现浇箱形梁因梁身较高等原因必须分次浇筑时，可分两次浇筑，但应进行专项施工方案验算并评审通过。腹板混凝土的分层厚度应不大于 300 mm，插入式振动器宜快插慢拔，移动距离不应超过其作用半径的 1.5 倍，与侧模的距离应保持 50 ~ 100 mm，且插入下层混凝土的深度宜为 50 ~ 100 mm，每点振动时间约为 20 ~ 30 s，对前后两次的混凝土交接处应加强振捣，防止形成明显接缝。

浇筑混凝土时，应随混凝土浇筑的进行分阶段制作试件，不应一次全部做完。用于判断现场预应力混凝土结构或构件强度和弹性模量的试件，应置于现场与结构或构件同环境、同条件养护。

4.3.4.4　施加预应力

施加预应力所用的机具设备及仪表应由专人使用和管理，并应定期维护和校验。千斤顶与压力表应配套校验、配套使用，以确定张拉力与压力表之间的关系曲线，标定应在经国家授权的法定计量检定机构定期进行。

1. 准备工作

施加预应力的准备工作应符合下列要求：

（1）作业人员应持相应工种操作证；锚具应安装正确并配备与钢绞线、锚具、千斤顶相匹配的限位板。

（2）预应力钢绞线在千斤顶穿心孔内应顺直，锚具锥孔内不得有污物。

（3）张拉前应检查张拉设备性能是否正常，千斤顶、锚具、夹具、限位板等是否对准良好。

（4）更换过油管的千斤顶，在张拉操作前应在行程的 1/8 ~ 7/8 往返运行 3 次以上，以排除顶内空气直至无爬行、跳动方可进行张拉。

（5）工作锚夹片与工具锚夹片不得混用，工作锚不得重复使用，工具锚的夹片应保持清洁，同时和锚具的锥形孔之间应保持良好的润滑状态。

2. 张拉应力控制

张拉应力控制应符合下列要求：

（1）预应力筋的张拉控制应力应符合设计要求。当设计文件中未计入锚圈口预应力损失时，施工中应予以考虑，调整后的张拉控制应力不得超过设计规定的最大张拉控制应力。

（2）施工前应根据张拉工艺要求、实际使用材料参数，对预应力筋的张拉力与伸长量进行相应的修正，以保证预应力施加正确。

（3）预应力筋采用应力控制方法张拉时，应以伸长值进行校核，实际伸长值与理论伸长值的差值应符合设计要求（理论伸长值的计算应考虑工作长度的影响），设计未规定时，其偏差应控制在±6%以内，否则应暂停张拉，待查明原因并采取措施予以调整后，方可继续张拉。

（4）特大桥或特殊结构，应对锚圈口及孔道的摩阻损失进行测定，张拉时予以调整。

（5）预应力筋的锚固，应在张拉控制应力处于稳定状态下进行。锚固阶段张拉端预应力筋的内缩量，应不大于规定要求。

3. 张拉施工

张拉施工应符合下列要求：

（1）压力表应选用防振型，表面最大读数应为张拉力的 1.5～2.0 倍，精度应满足要求。

（2）张拉前应采用高压水冲洗管道并采用高压空气吹除积水，同时应检查管道是否通畅。

（3）张拉应按设计规定的顺序，分批、分阶段、对称地进行。张拉前应在钢绞线上做记号，防止滑丝。张拉过程中发现异常，如断丝或滑丝、回缩量超标、伸长量超过±6%和异响等，应及时停止张拉，查找原因，排除问题。

（4）张拉程序应按设计要求进行，当预应力筋为低松弛钢绞线且采用夹片式等具有自锚性的锚具，设计未规定时的张拉程序为：0→初应力→2×初应力→σ_{con}（持荷 5 min 锚固）。如设计未考虑锚圈口摩阻损失，在正式张拉前应调整千斤顶张拉力。采用钢板尺测量“初应力→2×初应力”阶段的伸长值 L_1 和“2×初应力→σ_{con}”阶段的伸长值 L_2，总伸长量=2×L_1+L_2。

4. 后张法施工

后张法施工应符合下列规定：

（1）预应力筋宜在混凝土浇筑之后穿入孔道；当混凝土采用蒸汽养护时，严禁在养护结束前穿入预应力筋。

（2）施工中应采取塑料布等对露出构件预应力管道外的预应力筋进行覆盖、包裹，且应避免雨水或养生用水进入预应力管道，防止钢绞线污染或锈蚀。

（3）预应力筋应先编束，宜每隔 1.0～1.5 m 绑扎一道，对每根预应力筋的首尾部应进行编号，使每根预应力筋两端的编号应相同。然后整束穿入管道，保证预应力筋的顺直、不扭转、相互平行（图 2-19）。穿束前宜采用通孔器疏通预留管道，穿束安装时应严格控制每根预应力筋的相对位置，使两端对应、平行。

（4）张拉时，结构或构件混凝土的强度、弹性模量应符合设计规定，设计未规定时，强度应不低于设计强度等级值的 80%，弹性模量应不低于混凝土 28 d 弹性模量的 80%。

（5）张拉后切割钢绞线时不得损伤锚具，预应力筋切割后的外露长度不应小于 30 mm，且不应小于 1.5 倍预应力筋直径。锚具长期外露时，应采取防止锈蚀的措施。

5. 封锚及后张法孔道压浆

封锚及后张法孔道压浆的施工应符合下列规定：

（1）预应力筋张拉完毕 48 h 内应完成压浆。工地试验室应对专用压浆材料加水进行试配，专用压浆料或专用压浆剂应按其使用说明配置压浆浆液。压浆浆液应采用转速不低于 1 000 r/min 的高转速搅拌机进行搅拌（有条件时宜采用转速不低于 1 400 r/min 的搅拌机）。

（2）压浆嘴与排气孔阀（管）应按设计要求埋设安装；当设计未作要求时，压浆嘴宜安装在需压浆结构物的进口端下部或预应力管道较低的部位；排气孔阀（管）宜安装在待压浆结构物的上部或预应力管道较高的部位；压浆嘴与排气孔阀（管）应与预应力管道同步安装埋设，宜采用带排气阀的压浆嘴进行压浆施工。

（3）成乐 E1 梁板压浆作业采用智能循环压浆系统，确保压浆孔道内无积水影响浆液浓度。

（4）压浆前应做好设备的安装与调试工作，确保循环管道连接稳固、畅通。

（5）压浆作业中应时刻注意智能压浆系统所记录的压力曲线，压浆时压浆泵的压力宜保持在 0.5 ~ 0.7 MPa。

（6）孔道压浆后，应立即将梁端的浆液冲洗干净，同时应清除支承垫板、锚具及端部混凝土的污垢。压浆完成后，所有进出浆口均应予以封闭，直到浆液终凝前，所有塞子、盖子或气门均不得移动或打开。鼓励采用先进技术对孔道压浆密实度进行检测。

（7）压浆作业期间，一旦发现循环压浆系统故障不能正常作业时，应立即停止压浆，并用高压水流冲洗预应力孔道，待水流变清后，报监理工程师检测方可重新作业。

6. 封　端

封端施工应符合下列规定：

（1）封端之前应清理梁端面锚具，并凿毛梁端面，按设计要求绑扎、焊接钢筋或钢筋网片。设伸缩装置的梁端封端时，应严格按设计要求设置伸缩装置的预埋件。

（2）预制梁板的封端应在梁板安装前进行，封端模板应固定准确，立模后应校核梁长，其长度应符合规定。

（3）封端混凝土的配合比及强度要求应与梁体混凝土完全相同。

（4）封端混凝土应认真振捣，保证锚具处的混凝土密实。混凝土浇筑完后宜静置 1 ~ 2 d，带模浇水，养护不少于 7 d。

4.3.5　安全施工

（1）钢筋加工机械的安装应坚实、牢固，保持水平位置，室外作业应设置机棚。

（2）加工较长的钢筋时应有专人帮扶，帮扶人员应听从操作人员指挥。作业后应堆好成品、清理场地、切断电源、锁好开关箱。

电焊作业棚应采用防火材料搭设、配备灭火器材，棚内严禁堆放易燃易爆物品。

电焊作业人员应持证上岗，按规定穿戴防护用品。各种气瓶应有标准色，气瓶间距应不小于 5 m，距明火应不小于 10 m 且采取隔离措施。气瓶的使用或存放应符合要求，应有防震圈和防护帽。

模板的安装或拆除应按照施工方案规定的方法、程序进行，必要时应设置临时支撑以防倾覆，拆除时严禁抛扔；操作人员上下应走人行梯道，严禁利用模板支撑攀登上下；不得硬撬模板，防止作业人员失稳坠落；作业时应设警戒区，派专人监护。

支架基础应平整、坚实、不积水，应满足支架荷载设计值的要求。宜采用碗扣式或扣件式钢管支架搭设，支架下方宜设方木垫板或现浇混凝土。支架荷载不得超过设计规定，施工临时荷载应堆放均匀，有积雪、杂物应及时清理。支架上荷载的加载顺序和重量应与施工方案一致。

支架拆除作业时，应由上而下逐层拆除，严禁上下多层交叉作业，拆除过程中凡已松开连接的杆件、配件应及时拆除运走，避免误扶误靠。应保证未拆除部分支架的稳定，必要时应加设临时支撑固定，确保拆除安全。碗扣式和扣件式钢管支架搭设和拆除应满足《建筑施工碗扣式钢管脚手架安全技术规范》、《建筑施工扣件式钢管脚手架安全技术规范》的要求。

混凝土搅拌时严禁将头、手伸入料斗与机架之间，不得用手、工具或物体伸进搅拌机滚筒。混凝土浇筑现场应有专人指挥，分工明确。振动器应经电工检查，确认无漏电后方可使用；施工人员不得直接在钢筋上踩踏、行走；向模板内浇筑混凝土时，作业人员之间应协调配合。垂直运输时应明确联系信号，采用吊斗浇筑混凝土时吊斗下面严禁站人。浇筑过程中应密切注意模板、支架情况，如有变形或沉陷应立即校正或加固。

在钢绞线拆封前，宜将整捆的钢绞线吊放在建筑钢管制成的框架中（或用钢筋焊接制成的笼中），然后拆盘下料，防止钢绞线在下料时伤人。

张拉作业的平台及施工架应搭设坚实牢固，预应力张拉油管应检查有无裂纹、接头是否牢靠，高压油管接头应加防护套。油泵运转不正常时应立即停止检查，在有压情况下，不得随意拧动油泵或千斤顶各部位的螺栓。高处进行张拉作业时，作业人员必须在符合安全标准的脚手架或操作平台上进行作业，无临边防护或悬挂吊篮作业时，作业人员必须系好安全带。

张拉作业时，千斤顶后方应设置挡板，应同时具备消能功能和阻挡功能，宜采用钢板或砖墙防护，挡板应距离所张拉预应力筋端部 1.5 ~ 2.0 m，高出最上一组预应力筋 0.5 m，宽度距预应力筋外侧各不小于 1 m。千斤顶后方危险区严禁人员滞留、穿行。先张法梁张拉时严禁任何人员横跨台座。

先张法梁预应力筋张拉后，后续施工时应采取措施保护预应力筋，已张拉的预应力筋上严禁站人，尽量不使用电焊、氧割和带刀口的工具，特殊情况下使用时必须对附近的预应力筋采取保护措施（如用湿布覆盖）。

压浆工作人员应穿雨鞋，戴防护眼镜、口罩和安全帽等防护用品。

4.3.6 环境保护

细集料、粗集料、水泥等材料应按《工地建设》的规定存放，减少扬尘。

千斤顶、油泵、机械设备应定时保养，防止油污泄漏。

4.4 桥梁基础

4.4.1 灌注桩

4.4.1.1 一般规定

灌注桩应由专业队伍进行施工。施工前应完成测量放样，并经监理工程师检验合格。

施工前应熟悉和分析施工现场的地质、水文相关资料、施工现场环境，排查施工区域内的地下管线（管道、电缆）地下构筑物、危险建筑等的分布情况。在进场前应清除坡面危石浮土，坡面有裂缝或坍塌迹象者应加设必要的保护，铲除松软的土层并夯实。钻孔桩开钻前应对施工现场进行整平，施工地点应比四周原地面稍高，便于排浆和保持现场清洁。对施工现场进行平整时，宜以施工中用到的最大机械为参考，应满足钻机就位、吊放钢筋笼以及混凝土运输的要求。

应按照设计资料提供的地质剖面图，选用适当的成孔方式以及钻机和钻头；钻机就位前，应对钻机坐落处进行平整和加固，并应对主要机具的安装、配套设备的就位及水电供应等各项准备工作进行检查。钻孔前应完成泥浆循环系统的设置，拌制的泥浆应经检验且符合规范的要求。如有条件宜配备泥浆处理器。

旋挖钻机宜用于平地、地基强度较高位置的钻孔，且施工地点附近应没有高压线；当用于支架平台上钻孔时，应对支架平台进行专门设计。

浅水区域的灌注桩在征得河道、水务等部门的同意后，可采用筑岛法施工。较深水域的灌注桩施工应搭设操作平台，平台宜采用钢管桩搭设，横梁可采用型钢或桁架等。钢管桩可采用锤击、振动等方式沉入，并应保证其承载力和稳定性；横梁可采用焊接或栓接等方式与桩连接。平台应高于施工期间最高水位 1 m 左右；并应保证其具有足够的强度、刚度和稳定性。对汛期水流冲击力较大的河段，应采取措施增强平台的抗冲击力，如打斜桩、增大桩的直径或加强横向联结支撑等。

对工程地质、水文地质或技术条件特殊复杂的钻孔灌注桩，宜在施工前进行工艺试桩，获得相应的工艺参数后再正式施工。

4.4.1.2 施工流程

灌注桩的施工流程如图 4-20 所示：

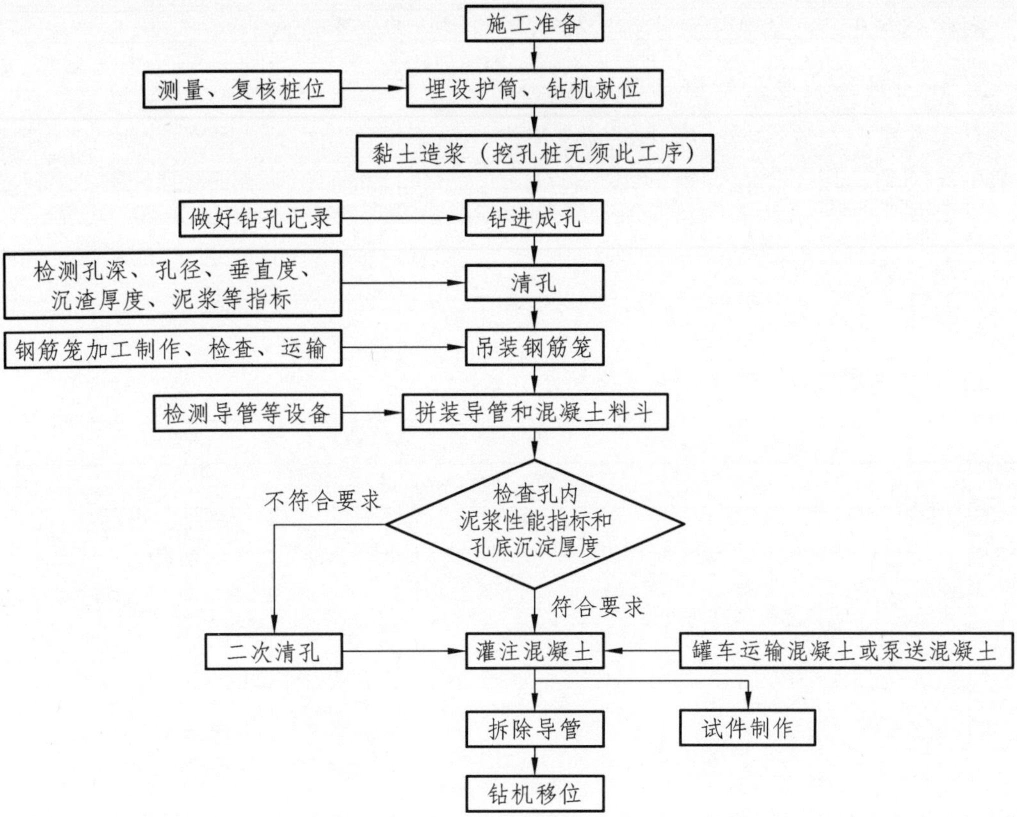

图 4-20　灌注桩施工流程

4.4.1.3　灌注桩施工

1. 护筒设置

施工场地或工作平台的选择和设置，应充分考虑施工期间当地的水文情况，陆上或浅水区筑岛处的护筒，其内径应大于桩径至少 200 mm，护筒的埋置深度宜为 2 ~ 4 m，在水中或特殊情况下应根据设计要求或桩位的水文、地质情况经过计算确定。

陆上钻孔桩可直接放出桩中心，依据桩中心在四周施放护桩后再埋设护筒；需搭设水上平台的钻孔桩应先对护筒导向架进行精确放样。

钢护筒在普通作业场合及中小孔径的条件下，宜采用厚度不小于 6 mm 厚的钢板卷制；在深水、复杂地质及大孔径等条件下，应采用厚度不小于 10 mm 的钢板卷制。必要时，可在护筒上下端和接头外侧焊加劲肋，增加其刚度。

对于大型溶洞、半填充的溶洞、溶洞上方覆盖层为淤泥或较厚的粉细砂层时，为防止泥浆流失，造成孔壁坍塌，采取护筒跟进的方法。钢护筒就位后，应采用灌混凝土、碎石、块状黏土、注浆等方法封堵护筒脚、护筒之间、护筒与孔壁之间的空隙。

2. 洞口处理

挖孔桩的洞口应进行硬化处理，硬化后应在洞口砌高于原地面不小于 300 mm 的井圈，同时应在孔口四周开挖截水沟、排水沟，阻止地表水进入。

3. 泥浆循环和净化处理

对深水桩的泥浆循环和净化，宜在岸上设泥浆池，制造或沉淀净化泥浆，必要时应配备泥浆船，用于储存、循环、沉淀泥浆。对旱地桩的泥浆循环和净化，其制浆池和沉淀池的大小宜视桩径、桩长及钻机型号而定，且应有一定富余。施工过程中应及时清理泥浆池中的沉淀。

4. 钻机种类及适用范围

钻机的种类及适用范围如表 4-2 所示。

表 4-2 成孔方式（钻机种类）及适用范围

序号	钻孔机具	适用范围			
		土层	孔径/cm	孔深/m	泥浆作用
1	正循环回转钻机	黏性土、细粒土、砂类土、卵石粒径小于 2 cm，含量少于 20%的卵石土、软岩	80 ~ 300	30 ~ 100	悬浮钻渣护壁
2	反循环回转钻机	细粒土、砂类土、卵石粒径小于钻杆内径 2/3，含量少于 20%的卵石土、软岩	80 ~ 250	泵吸＜40 气举 150	护壁
3	冲抓锥	淤泥、细粒土、砂类土、砾类土、卵石土	80 ~ 200	30 ~ 50	护壁
4	冲击实心锥	各类土层	80 ~ 200	100	短程浮渣并护壁
5	冲击管锥	淤泥、砂类土、砾类土、松散卵石土	60 ~ 150	100	短程浮渣并护壁
6	旋挖钻机	淤泥、细粒土、砂类土	80 ~ 200	30 ~ 80	护壁
7	挖孔灌注桩	无地下水或少地下水，密实土层或风化岩	80 ~ 200	25	不需泥浆

5. 成孔施工

（1）正循环回旋钻。

当采用正循环回旋钻时，首先应将钻机调平并对准桩位，装上转盘，转盘中心与钻架上的起吊滑轮应在同一铅垂线上，钻杆位置的偏差不得大于 20 mm。在钻进过程中，应随时检查钻机底座的水平状态，以及钻杆中心位置的准确性，防止发生偏孔或斜孔等现象。

初钻时，应先启动泥浆泵和转盘，使之空转一段时间，待泥浆输进钻孔中一定数量后，方可开始钻进。接、卸钻杆的动作应迅速，尽快完成。开始钻进时，进尺应适当控制，应低挡慢速钻进，钻至护筒底口下 1 m 后，可根据土质情况正常钻进。在黏质土中钻进时，宜选用尖底钻锥、中等转速、大泵量、稀泥浆钻进；在砂类土或软土层钻进时，宜选用平底钻锥，控制进尺、轻压、低挡慢速、大泵量、稠泥浆钻进；在低液限黏土或卵、砾石夹土层中钻进时，宜采用低挡慢速、优质泥浆、大泵量钻进。

在钻孔阶段应始终保持孔内水位高于护筒底口 0.5 m 以上，同时孔内水位高度应高于地下水位 1 m 以上。钻孔过程中应严格控制泥浆比重，注意地层变化情况，经过不同地层时应适时调整泥浆。

（2）反循环回旋钻施工。

当采用反循环回旋钻时，接长钻杆的法兰接头之间应垫 3 ~ 5 mm 厚的橡胶圈，拧紧螺栓，防止漏气、漏水；钻头距孔底约 200 ~ 300 mm，注入泥浆，启动钻机时，应慢速开始钻进。如图 4-21 所示。

图 4-21　回旋钻机施工

在硬土层中钻进时，宜采用低挡转速，自由进尺；在高液限黏土、含砂低液限黏土中钻进时，宜采用中挡转速，自由进尺；在砂类土或含少量卵石中钻进时，宜采用中、低挡转速，并控制进尺；在进入岩层后，必要时应根据地质情况增加配重，增强钻头的稳定和钻进速度。

长桩施工时，应根据不同土层、不同的钻孔深度采用不同的钻压、转速、配重、进尺速度及泥浆指标。

（3）冲击钻施工。

冲击钻开钻时应先在孔内灌注泥浆，如孔内有水，可直接投入黏土，以小冲程反复冲击造浆。在开孔及整个钻进过程中，应始终保持孔内水位高出地下水位 1.5 ~ 2.0 m，并应低于护筒顶面 0.3 m，掏渣后应及时补浆。

冲击钻钻头直径应不小于设计桩径，宜采用重锤低击的施工工艺。在淤泥层和黏土层冲击时，应采用中冲程（1.0 ~ 2.0 m）冲击；在砂层冲击时，应添加小片石和黏土采用小冲程（0.5 ~ 1.0 m）反复冲击，以加强护壁；在漂石和硬岩层时应更换重锤中冲程（1.0 ~ 2.0 m）冲击，如表面不平整，应先投入黏土、小片石将表面垫平，再冲击钻进防止斜孔、坍孔；在石质地层中冲击时，如果从孔口浮出石子钻渣粒径在 5 ~ 8 mm 之间，表明泥浆浓度合适，如果浮出的钻渣粒径小又少，表明泥浆浓度不够，应从制浆池抽取合格泥浆进入循环。

冲击钻进时，操作手应随进尺快慢及时放主钢丝绳，严禁打空锤。一般情况下在松软土层每次可松绳 50 ~ 80 mm，在密实坚硬土层每次可松绳 30 ~ 50 mm。施工中宜在钢丝绳上作长度标志，准确控制钻头的冲程。

施工溶岩桩时，当钻机钻至洞顶 0.5 ~ 1.0 m 时，应加大泥浆比重及稠度，并缩小冲程，逐渐将洞顶击穿，以防止卡钻。在击穿洞顶之前，应有专人观测护筒内泥浆面的变化，一旦泥浆下降，应迅速补浆。

对于大型溶洞或多层溶洞，为防止其与相邻串孔或成孔后孔形有葫芦状，宜灌注低强度等级混凝土进行填充或注浆（水泥浆、水泥砂浆、加速凝剂水泥浆）预处理，冲击成孔应在预处理达到一定强度后（一般需 10 d 左右）进行。

（4）旋挖机施工。

如图 4-22 所示，旋挖机开钻前应先造浆，控制泥浆性能指标，钻孔时应向孔内注入泥浆。在开孔及整个钻进过程中，应始终保持孔内水位高出地下水位 1.5 ~ 2.0 m，并低于护筒顶面 0.3 m。在不同土层钻进时泥浆比重应相应调整。若施工地质条件稳定，可采用干挖法进行钻孔。

图 4-22　旋挖机施工

钻孔作业时应先慢后快，开始每次进尺宜为 400 ~ 500 mm，确认地下是否有不利地层，进尺 5 m 后如钻进正常，可适当加大进尺，每次控制在 700 ~ 900 mm。

对不同的地质情况，宜采用不同的钻进速度和钻压，在黏土层、砂层等一些松软地层应采用低压快速钻进，在卵石土、风化岩等坚硬地层应采用高压慢速钻进，钻进时应经常检查钻具，防止钻具损坏发生掉钻事故。

旋挖机施工应适当控制回转斗的提升速度，提升过慢影响工效，提升过快泥浆在回转斗与孔壁之间高速流过，冲刷孔壁，破坏泥皮，对孔壁的稳定不利，容易引起坍塌。

6. 成孔过程及终孔检验

钻孔灌注桩在成孔过程中和终孔后，应对钻孔进行阶段性的成孔质量检验，且宜采用专用仪器检测。钢筋检孔器仅可用于对中、小桥梁工程桩孔的检测，检孔器外径等于桩孔直径、长度宜为孔径的 4 ~ 6 倍。

挖孔达到设计深度后应进行孔底处理，应做到孔底表面无松渣、泥、沉淀土，其他灌注桩施工钻孔完毕后可采用测绳测定孔深。孔深、孔形、孔径等经检验合格后进入清孔阶段，挖孔桩、旋挖钻干挖成孔可不清孔。

7. 清孔施工

成孔检查合格后应进行清孔，并应清除护筒上的泥皮；钢筋笼下好灌注混凝土前，应再次检查沉淀层厚度、泥浆指标，如超过规定值应进行二次清孔，符合要求后应立即灌注混凝土。

正循环钻机、冲击钻机、旋挖钻机成孔宜采用换浆法清孔，反循环钻机成孔宜采用抽渣法清孔，不论采用何种方式清孔都应及时向孔内注入比重合适、含砂率低、稠度较好的泥浆，不得采用加大孔深的办法替代清孔。

8. 钢筋骨架加工及就位

如图 4-23 所示，钢筋骨架应在钢筋加工厂制作，制作好的钢筋骨架应平整垫放。有条件时钢筋骨架宜采用自动滚焊机加工。钢筋骨架应每隔 2.0 ~ 4.0 m 设置临时十字加劲撑，以防变形；加强箍筋应设在主筋的内侧，螺旋箍筋应在主筋的外侧，并应与主筋绑扎或点焊。

图 4-23　钢筋骨架自动滚焊机

每节骨架均应有半成品标志牌，标明品名、钢筋产地、规格型号、检验状态、使用部位、报告编号。运送现场后，应用枕木支垫，避免泥土污染钢筋，如图 4-24 所示。

图 4-24　钢筋笼枕木支垫

钢筋骨架宜采用扁担梁辅助起吊，第一节钢筋骨架吊起放入孔内过程时，拆除第一节钢筋骨架临时十字加劲撑，在钻机上用型钢穿过加劲箍筋挂住钢筋骨架，并应保证型钢水平和钢筋骨架垂直。吊放第二节钢筋骨架与第一节对准后应对主钢筋进行机械连接或焊接连接，施工完螺旋筋后再下放钢筋骨架，如此依次进行。下放钢筋骨架时，应缓慢均匀，并应根据下放深度，随时调整钢筋骨架入孔的垂直度，应避免其倾斜及摆动。

每吊放一节钢筋骨架应拍照存档，作为资料保存，拍照时现场旁站监理应举牌站在钢筋骨架旁，拍照范围应包括钢筋骨架、旁站监理和合格牌。合格牌尺寸宜为 500 mm×500 mm，合格牌内容见表 4-3。

表 4-3　钻孔灌注桩钢筋骨架隐蔽检查合格牌

桥　名	××××大（中、小）桥
桩位编号	第××跨左（右）-××
本节钢筋骨架长	×××m
钢筋骨架节数	第×××节/共×××节
日期、时间	××××年××月××日××时××分
旁站监理签字	××××

最顶上一节钢筋笼骨架顶面宜增设一道加强箍筋，防止安装过程钢筋骨架顶面出现较大变形，保证钢筋骨架的定位准确。吊挂钢筋骨架的吊环应采用未经冷拉的热轧光圆钢筋制作。钢筋骨架下放到位后，应对其顶端定位并固定，防止灌注混凝土时钢筋骨架偏移、上浮。

9. 混凝土灌注

当挖孔桩孔内无积水，或从孔底和孔壁渗出的地下水上升速度较小（＜6 mm/min）时，可直接采用串筒进行干灌浇筑；当从孔底和孔壁渗出的地下水上升速度较大

（≥6 mm/min）时，应按水下混凝土的要求进行灌注。

灌注水下混凝土时，导管的直径宜按桩长、桩径和每小时灌注的混凝土数量确定，或按表 4-4 选用；导管的壁厚应满足强度和刚度的要求，确保混凝土安全灌注。严禁采用外法兰盘接长导管，防止导管与钢筋骨架之间挂带。

表 4-4　导管直径

导管直径/mm	通过混凝土数量/（m^3/h）	桩径/m
200	10	0.6 ~ 1.2
250	17	1.0 ~ 2.2
300	25	1.5 ~ 3.0
350	35	＞3.0

导管在使用前和使用一段时期后，应对其规格、质量和拼接构造进行认真检查，并做拼接、过球、水密承压、接头抗拉等试验，经常更换密封圈。灌注过程中，导管的埋置深度宜控制在 2 ~ 6 m。对于溶岩桩，水下混凝土灌注前应考虑扩孔及填充溶洞的需要，多准备混凝土，并适当加大溶洞导管埋深（6 ~ 8 m 为宜），以避免溶洞护壁塌陷，桩孔内混凝土充填溶洞，引起混凝土面急剧下降而导致导管口露出混凝土面产生断桩事故。

水下混凝土的强度、和易性、坍落度等应符合设计和规范的要求。拌和站应有足够的生产能力，灌注时间不得长于首批混凝土的初凝时间；对灌注时间较长的桩，应对混凝土的初凝时间进行特别设计。

灌注前应检查拌和站、料场、灌注现场的准备情况，确定各项准备工作就绪后方可进行。首批混凝土灌入孔底后，应立即测探孔内混凝土面高度，导管离孔底的高度应为 20 ~ 40 cm 左右，导管埋置深度不应小于 1 m；如发现导管内进水，表明出现灌注事故，应立即进行处理。

对岩溶特别发育的部位，应采取措施防止因混凝土压力增大而出现坍孔，同时应适当控制混凝土灌注速度。

在安放导管过程中应注意其垂直度，钢筋骨架内径与导管外壁之间的最小间距应大于粗集料最大粒径的两倍，当灌注的混凝土顶面距钢筋骨架底部 1.0 m 左右时，应降低混凝土的灌注速度，防止钢筋骨架上浮；当混凝土上升到骨架底口 4 m 以上时，应提升导管，使其底口高于钢筋骨架底部 2.0 m 以上，即可恢复正常灌注速度。灌注开始后，应紧凑、连续地进行，不得中途停顿。

应加强对灌注过程中混凝土高度和混凝土灌注量的测量和记录工作，可按每灌注 8 m^3 测一次（约一罐车混凝土），对灌注施工进行控制。在进行水下混凝土灌注时，严禁将泵车泵管直接伸入导管内进行灌注，必须经过料斗进行灌注（若将泵管直接伸入导管进行灌注，易产生混凝土离析，同时在导管内易产生高压空气囊，形成堵管）。

在混凝土灌注将近结束时，应采取措施（如设置浇筑架）保证料斗内的混凝土与设计桩顶有足够高差，增加桩顶混凝土的顶升能力，最终混凝土灌注的顶面高程应比设计高 1.0 m 以上，当存在地质较差、孔内泥浆密度过大、桩径较大等情况时，应根据首件工程总结适当提高超灌高度。在拔出最后一段导管时，拔管速度应慢，边拔边抖，以防止桩顶沉淀的泥浆挤入导管下形成泥心。

4.4.1.4 成品保护

对位于软土地基路段的桩基，在软基处理施工时应留出桩位，暂不进行灌注桩的施工，待路基施工完成后方可进行灌注桩的施工，且灌注桩施工完成后施工单位和监理工程师应（特别是下道工序开始前）加强桩位的复测检查。中心距离 5 m 以内的钻孔桩，应待相邻桩混凝土灌注完成 24 h，且桩顶混凝土达 2.5 MPa 后再行钻进，避免影响已成桩的质量。深水或地质条件较差的相邻桩孔，不得同时钻进。

4.4.1.5 质量控制

灌注桩开工前应认真研究地质钻探资料，分析地质情况，对可能出现的流砂、管涌、涌水等不良地质等情况，应制定针对性的措施。护壁方案应符合桩孔的地质情况。所有桩基均应进行无破损检测，并按一定比例进行钻芯检验。

质量控制过程应按如下内容做好质量记录：

（1）钢筋、水泥、细集料、粗集料、外加剂等材料的进场试验报告。

（2）混凝土强度试验报告。

（3）桩基测量放样及复核记录。

（4）桩基钻孔记录。

（5）桩基成孔质量检验记录。

（6）桩基清孔记录。

（7）钢筋骨架检查记录。

（8）混凝土灌注记录。

（9）桩基偏位及高程检查记录。

（10）桩基无破损检测报告。

4.4.2 扩大基础及承台

4.4.2.1 一般要求

基坑开挖前，应熟悉施工图纸，核对现场地质水文情况是否与设计文件相符；应勘探、调查清楚基坑范围及周边地面下的管线、构造物等的位置和数量，并采取必要的措施，避免造成破坏。施工前桩身完整性检测合格，测量放样应已完成并经监理工程师检验合格。

明挖地基开挖前，应对基坑边坡的稳定性进行验算，并应制订专项施工技术方案和安全技术方案。当明挖地基位于山坡上时，应对山体的稳定性进行评价，避免造成山体滑坡。对基坑顶地面较破碎或有裂缝或工程水文地质不良时，应采取临时支撑措施或其他有效措施，保证安全施工。基坑开挖需要爆破时，爆破作业的安全管理应符合现行国家标准《爆破安全规程》(GB 6722) 的规定。

明挖地基较深时宜在少雨季节施工，基坑顶面应在开挖前做好防、排水设施，排水措施应有效。深基坑施工应采用坑外降水、基坑支护，防止邻近建筑物产生沉降。明挖地基开挖前应完成场地布置，出渣道路应畅通，弃土场设置应合理，四周排水系统应完善，临时电力线路、安全设施等准备就绪。

基坑顶有动载时，坑口边缘与动载间的安全距离应根据基坑深度、坡度、地质和水文条件及动载大小等情况确定。

基坑开挖应集中人力、物力连续作业，从开工到完成应尽量做到不停顿并快速施工，基础施工完成后应及时回填。

4.4.2.2 施工流程

扩大基础及承台的施工流程如图 4-25 所示：

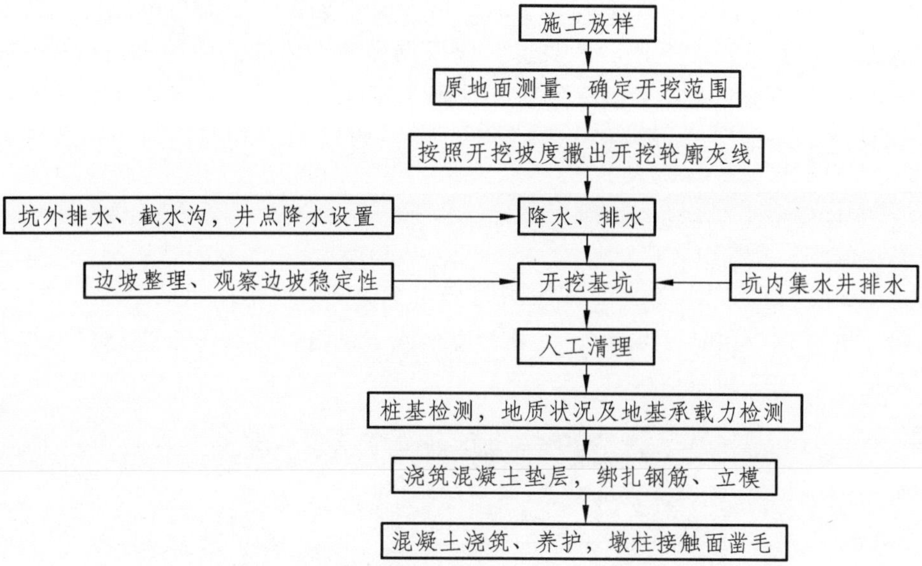

图 4-25　扩大基础及承台施工流程图

4.4.2.3 扩大基础及承台施工

1. 基坑开挖

基坑开挖应根据地面标高、开挖深度、结构物尺寸、边坡坡度等因素确定开挖范围，并撒出开挖轮廓线。开挖时现场应有专人指挥，应边开挖边检查坡度和坑壁安全，发现边坡渗水，应立即处理。弱风化岩层基底若呈倾斜形状，应凿成不小于 0.3 m 的台阶。

在土质松软层进行基坑开挖前应先进行支护。基坑开挖时，应观测坡面稳定情况，当发现坑沿顶出现裂缝、坑壁松塌或遇涌水、涌砂时，应立即停止施工，加固处理后，方可继续施工。深基坑开挖时应进行基坑支护变形监测。

基坑应避免超挖，若超挖应将松动部分清除，采用碎石（土质地基）或混凝土（石质地基）回填，严禁超挖后再回填虚土。坑底的最后 0.3 m 应采用人工开挖或采用小型机械开挖，确需爆破时，应采用松动爆破，以减少对原地基的扰动。

2. 基坑排水

基坑排水有坑顶排水、坑底排水和坑外排水三种方式。开挖前应先勘测地下水位，并应根据坑底标高及土质情况确定是否需要井点降水，若需井点降水，宜在开挖前两天开始降水，基坑回填完成后停止降水。

基坑开始开挖时，应在坑顶护坡道外设截水沟和排水沟，截水沟应有防渗措施。开挖完成后，在基坑底基础 0.5 ~ 1.0 m 外应留有排水沟和集水井，采用水泵将渗水排出基坑。

3. 基坑检测

基坑基础底面高程应符合要求。开挖至高于设计基底高程 30 cm 时，应及时检测基底承载力，若承载力达不到设计要求，应根据事先制订的处治预案进行处理后，快速开挖到位，及时施工承台，以避免基底暴露时间过长或雨水浸泡降低基底承载力。

基坑开挖平面轴线位置的偏差不得超过规范要求，坑底四周每边应大于结构物 0.5 m 以上。

4. 破桩头及浇筑垫层

桩基混凝土强度达到 15 MPa 以上方可破桩头，桩头应采用风镐或人工凿除，严禁采用炸药或膨胀剂等材料，也不得使用大功率镐头机进行。桩头应破除到坚硬混凝土处，桩头无松散层，如图 4-26 所示。

图 4-26　系梁墩柱连接部凿毛

基坑经人工整理、坑底排水设施完成后应立即浇筑垫层混凝土，垫层混凝土可采用 C15 混凝土，厚度 100 mm 以上。

5. 绑扎基础钢筋与立模浇筑混凝土

垫层施工完成后宜在垫层上弹线，标出主筋的位置，绑扎焊接基础钢筋。伸入承台的墩柱（台身）钢筋应准确预埋到位，承台混凝土形成强度后应对墩柱（台身）范围内的混凝土表面进行凿毛，其余部分顶面应抹平压光。

基础混凝土的浇筑严禁使用土模。其中，大体积混凝土应采取措施降低水化热。通过常规措施仍不能有效降低混凝土内外温差时应设置冷却管，通过循环水降低混凝土内部温度。

若为桩柱直接连接方式，破桩头后应保证桩柱钢筋连接质量，再接桩施工。破除桩头时，应保护好钢筋，在与立柱钢筋连接前，应先将桩头钢筋认真调直。桩基钢筋骨架偏位较大时，应将桩头混凝土按规定向下凿除，按规定调整钢筋偏位。接桩模板的底部应密封，防止漏浆。混凝土浇筑完成后应根据气温情况及内外温差监控结果实施保湿、保温养护措施。

6. 质量控制

基坑挖至设计高程后，应立即对基底尺寸、高程及扩大基础基底承载力等进行报验，并应及时进行扩大基础或承台的施工，防止基坑长时间暴露、被水浸泡或扰动。

质量控制过程应按如下内容做好质量记录：

（1）基坑降排水记录。

（2）钢筋、水泥、细集料、粗集料、外加剂等材料的进场试验报告。

（3）基坑开挖测量放样及复核记录。

（4）基坑现场检验记录表。

（5）地基承载力检验记录。

（6）钢筋骨架检查记录。

（7）混凝土浇筑记录。

（8）混凝土强度试验报告。

（9）温差监控记录。

7. 成品保护

基坑开挖过程中应严格按照排水设计排水，并应配有备用电源，井点降水不得中断。基坑开挖的土体应及时外运，不得堆放在坑顶，影响边坡稳定。

4.4.3 安全施工

（1）基础施工前应调查地面、地下建筑物（构筑物）及各种管线，确定其位置并设置明显标志，必要时应拆、移或采取相应保护措施，并应保证施工作业不危及各种设施及地下管线安全。

（2）桩基机械作业区域应平整坚实，水上作业平台搭设应牢固，设备应安装稳固。施工前应划定作业区并设立警示标志，非工作人员未经批准不得入内。操作人员登高检查或维修设备时应配齐安全防护设施。

（3）钻机运行中作业人员必须位于安全位置，严禁靠近或触摸钻杆，钻具悬空时下方严禁站人，施工过程中严禁人员进入孔内作业。发生塌孔和护筒周围冒浆等事故时应立即停钻，钻机有倒塌危险时必须立即将人员撤至安全位置，经技术处理并确认安全后方可重新作业。

（4）所有制浆池、储浆池和沉淀池周围应设立安全防护栏杆和安全标志，弃渣、泥浆应及时外运，泥浆池废弃后应及时回填处理，恢复地表原样。

（5）基坑开挖前应根据地质水文条件，结合现场情况，确定基坑的开挖边坡、支护方案及开挖范围，并应做好地面的防、排水工作。深基础（深基坑）、深水基础的施工，应制订专项安全方案。

（6）开挖出的基坑土方、废渣应及时外运，基坑深度超过 2 m 时边缘应设置防护栏杆，作业人员上下应设置专用通道。基础施工结束后，应及时进行基坑回填。

（7）钢管（板）桩施工前应对沉桩设备及连接件进行无负荷试运转，正常后方可使用；钢管（板）桩起吊应听从信号指挥，作业前应在钢管（板）桩上拴好溜绳，防止起吊后急剧摆动。

（8）钢套箱围堰下放前应组织安全、技术及相关部门进行套箱整体验收，套箱的下放过程应严格按照设计方案进行，坚持平稳、均匀的原则，现场应设专人指挥。

（9）基础施工期间，在挖土、吊运及绑扎钢筋、浇筑混凝土等施工作业中，严禁碰撞支撑，或任意拆除支撑，或任意在支撑上进行电焊及切割作业，或在支撑上搁置重物。

（10）桩基施工弃渣，特别是陡坡挖孔桩弃渣，应在选定合适位置弃渣，严禁桩侧随意弃渣，以防止地表剥离、坡面失稳。

4.4.4 环境保护

钻孔泥浆的原料宜选用性能合格的黏土或其他符合环保要求的材料，水上钻孔施工应配备专用的泥浆船或泥浆输送管泵，应采取有效措施防止泥浆外溢污染环境，钻渣应外运到指定弃土区域存放，不得随意排放。施工车辆运输外弃渣土、建筑垃圾时，应采取封闭、覆盖措施。

4.5 下部构造

4.5.1 立 柱

4.5.1.1 一般要求

立柱施工应熟悉施工图文件，分析施工现场的地质、水文等相关资料，并应结合施工现场环境，选择合适的模板及安装方案。在立柱施工前，桥梁基础等上道工序应检验合格，并设置好立柱施工用的地锚。

施工前应完成场地平整，清除杂物，吊车就位处应平整压实，并具备临时电力、水供应。

桥梁立柱的施工测量放样（圆柱式墩采用中心坐标、方形立柱采用四角坐标放样）应经监理工程师检测合格。墩台的编号应符合下列规范：

（1）每个墩台施工完成后应及时进行编号，并在靠便道一侧的墩、台身上进行标注。

（2）编号沿路线里程增长方向自起点桥台、墩身到终点桥台，从 0 开始，1、2、3…连续进行编号。

（3）墩、台身上编号的外圆圈直径应为 400 mm，中文字体为印刷黑体，规格为 100 mm×150 mm，采用反光贴纸粘贴在距梁底 3 m 处（距离可根据桥梁高度调整）。

4.5.1.2 施工流程

立柱的施工流程如图 4-27 所示：

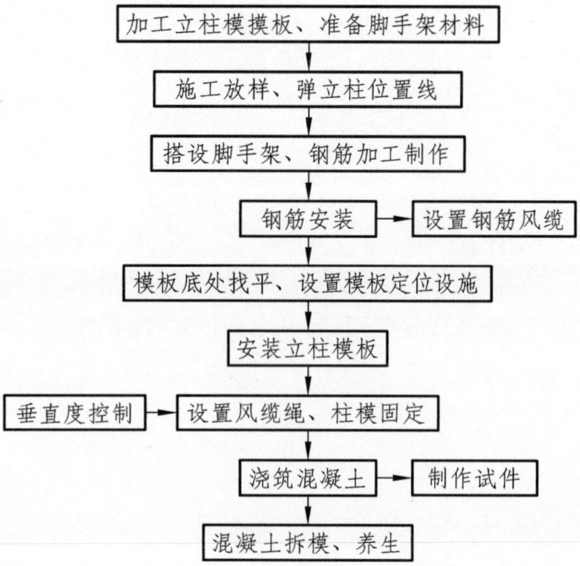

图 4-27 立柱施工流程图

4.5.1.3 立柱施工

1. 模板的制作和组拼

立柱外模板应采用厚度不小于 5 mm 的钢板制作，且应经过铣边处理，拼缝位置宜设置定位销，控制错台现象；方形立柱模板的竖向拼缝应避免设在转角处。可将拼缝移到立柱侧面（距转角 100 mm 左右），加工成带转角的定型模板。

模板拼缝的螺栓应安装牢固、严密，拼缝处宜粘贴双面胶条，防止漏浆。对圆柱墩、实心方墩的模板，高度在 10 m 以内时宜按一模到顶进行配置。

板式桥墩的模板宜采用无拉杆模板，如采用拉杆固定，应根据立柱截面的大小、混凝土一次的堆积高度、混凝土的终凝时间等因素统筹考虑计算而定，且拉杆直径不宜小于 14 mm。

模板涂好脱模剂后应及时安装，否则应采用塑料布覆盖，防止黏上灰尘等杂物。

2. 钢筋加工与安装

承台内的立柱段钢筋应在浇筑承台前绑扎完毕，立柱钢筋骨架的加工制作及钢筋连接方式应符合设计要求。应特别注意预埋钢筋与立柱主筋连接处的焊接质量，必要时应采取加强措施。

在立柱主筋上绑扎箍筋时，可采用粉笔画出箍筋间距线（或使用制作好的卡具），箍筋应与主筋接触紧密，如果箍筋为带钩状筋，应注意勾筋位置，保证钩筋不进入保护层内，钩筋宜对角交替布置。

立柱的钢筋骨架宜在钢筋加工厂统一加工成型，检测合格后方可运至现场。起吊部位应设起吊扁担，减小钢筋骨架的变形。吊装就位时应控制立柱钢筋的中心位置以及其垂直度。

立柱竖向主筋连接和定位完成后，混凝土保护层的厚度应经检查满足要求后方可进行水平筋的安装绑扎，水平筋应贴紧主筋。立柱上宜使用圆饼型或梅花型高强砂浆垫块。

对已经安装好的立柱钢筋骨架，在安装模板前应有临时稳定措施，防止倾倒。安装完毕的墩身钢筋总高度超过 9 m 时，应安装风缆使其保持稳定，风缆可设在钢筋骨架内部。

支座垫石处的预埋钢筋（或钢板）应按设计图的要求进行施工，预埋钢筋（或钢板）的平面位置、长度、数量应准确，并应对预埋件采取固定措施，避免振捣混凝土时发生移动。

3. 模板的安装

模板安装前应将基础顶面清洗干净，应根据设计图纸对立柱进行中心点和模板内外边线放样，并用墨线弹出。在位置线处应设定位装置，保证立柱轴线、边线的准确，采取措施防止模板移位。

对模板承垫的底部应预先采用水泥砂浆设置找平层，但找平层不得侵占立柱实体，避免钢筋无保护层。吊装模板前，应检查混凝土保护层垫块是否按要求布设完毕。

对于高度低于 10 m、截面尺寸一致的立柱模板，宜采用整体方式吊装，吊装前应先检查整体预组拼的立柱模板拼缝，连接件、螺丝的数量及紧固程度；吊装前尚应检查钢筋骨架是否妨碍柱模套装，宜采用铅丝将柱顶筋预先向内绑拢，使立柱模板能从顶部顺利套入。对于高度超过 10 m 或截面尺寸不同的立柱模板，宜采用现场组拼的方式安装。安装时宜按立柱的大小和形状，预拼成一面一片（一面的一边带一个角模），或两面一片，就位后应设临时支撑固定，严禁将大片模板系于立柱钢筋上。应先采用连接螺栓将两侧模板连接卡紧，再安装另外两面模板。

立柱模板安装就位时，宜采用 4 根缆风绳（立柱高度大于 10 m 的，在中部再加 4 根缆风）将立柱模板拉紧。模板安装完成，应检查校正对中及垂直度无误后，方可固定风缆。

模板安装固定后应测量模板顶标高，并应根据设计标高计算出混凝土面距模板顶的高度。浇筑混凝土前，应清除模板内的杂物，并采用水泥砂浆在模板外封堵底部缝隙。同时应履行模板检验验收的手续。

4. 混凝土浇筑

可采用泵送或吊车配合料斗的方式浇筑混凝土，浇筑施工时应保证出料口与浇筑面之间的距离小于 2.0 m，防止混凝土离析；宜采取适当措施使操作人员进入模板内靠近混凝土面进行振捣，保证不漏振、过振；混凝土应水平分层浇筑，每层的浇筑厚度不宜超过 300 mm。

混凝土的坍落度可根据现场气温适当控制，一般情况下，混凝土的坍落度在入模后应保持 50 ~ 70 mm 之间，泵送混凝土可保持在 120 ~ 140 mm 之间。

5. 模板拆除

拆模不宜过早，应根据环境温度确定且尽量安排在升温时段进行。拆除立柱模板时，可采用吊车吊住立柱模板一侧顶部，其相连模板应有临时固定措施。分散拆除立柱模板时，应自上而下、分层拆除。

拆除模板时不得使用大锤、撬棍硬砸猛撬，应避免混凝土的外形和内部受到损伤。拆模后应立即采用塑料薄膜将立柱包裹，并采取墩顶滴灌等方式进行养护，如图 4-28 所示。混凝土的保湿养护时间应不少于 7 d。

图 4-28　立柱覆盖薄膜

4.5.1.4　质量控制

支模前应先校正钢筋，使其不产生倾斜。安装模板后，宜在柱顶部设置一木制十字架，找出立柱中心，采用垂球对向底部的中心，并测量模板的竖直度。混凝土表面不得出现裂缝，无蜂窝、麻面，水气泡少，表面应平整、密实、光洁；混凝土表面的色泽应均匀一致，无成片花纹；模板接缝或施工缝无错台，不漏浆，接缝数量应尽可能最少。

质量控制过程应按如下内容做好质量记录：

（1）原材料（水泥、细集料、粗集料、钢筋、外掺剂）进场检验报告。

（2）立柱放样及复核记录。

（3）钢筋加工及安装检查记录。

（4）混凝土浇筑记录。

（5）混凝土强度试验报告。

（6）立柱检查记录。

4.5.1.5 成品保护

吊装模板时应轻起轻放，避免碰撞，防止模板变形。拆模时应防止因时间控制不当或操作粗犷造成结构物缺棱掉角。

立柱施工完成后，严禁在立柱周围进行倾填，并对系梁及承台四周的建筑垃圾及时清理，运至弃土场。并应防止施工机械碰撞到立柱损伤混凝土表面。

应加快工序衔接，尽量缩短柱顶钢筋的裸露时间，也可外套 PVC 管，防止养生水和雨水侵蚀。立柱模板定位后，任何人或机械不得碰撞风缆，使模板的位置产生变化，否则应重新定位，调整好后方可浇筑混凝土。

位于通道两侧的墩柱，应设置防护警示标志，保证通行的安全距离；为防止来往机械车辆剐伤混凝土，应用木板支垫。

4.5.2 盖 梁

4.5.2.1 一般要求

盖梁施工的支撑方式，可采用落地支架、抱箍挑架或剪力销托架等，具体采用何种方式应根据现场的实际情况通过计算确定。对在陆地上离地面不高的现浇盖梁，如土质条件较好，对地基采取相应措施处理后，可采用落地式支架；对位于水中的现浇盖梁，可利用桩基、系梁及立柱施工时搭设的水上操作平台支撑支架，但应验算其稳定性和沉降量，慎重采用。

立柱、墩身应经过质量检验，盖梁的测量放样应经监理工程师检测合格。施工前应对墩顶混凝土进行凿毛，凿除松散层，并调整圆柱顶部的锚固筋喇叭口。

4.5.2.2 施工流程

盖梁的施工流程如图 4-29 所示：

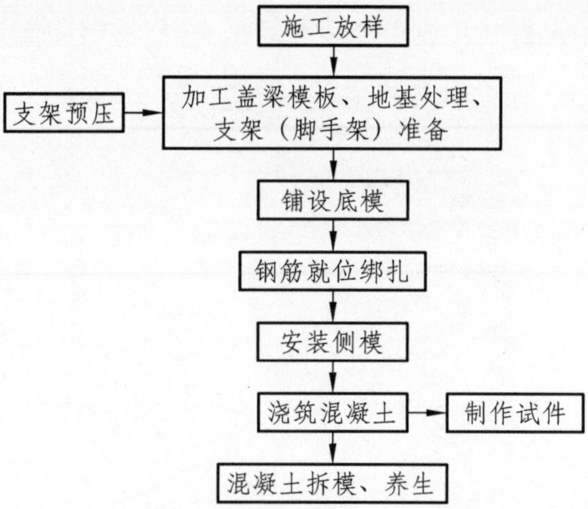

图 4-29　盖梁施工流程图

4.5.2.3　盖梁施工

1. 放　线

盖梁施工前应在墩顶准确放出盖梁的轴线，测量柱顶标高。

2. 支　撑

（1）落地支架支撑。

当采用落地支架作支撑时，应先对盖梁下施工范围内的地基进行处理，分层回填承台或系梁施工开挖的基坑并压实。对无承台或系梁基坑的原地面，应先清除地面表层杂物和腐殖土，然后对地基进行整平并压实，必要时应对原地面进行掺灰或换填道砟处理，保证经处理后的地基平整、密实，且有相应的承载能力。在处理后的地基上宜浇筑混凝土垫层或铺枕木搭设支架，调整支架活动底托和顶托形成底模的支撑。

（2）抱箍支撑。

当采用抱箍作支撑时，应根据抱箍的尺寸确定其在立柱上的位置，使用前应对抱箍螺丝扣的收紧力及相应的承载能力进行试验，然后放置工字钢或其他横梁，如图 4-30 所示。抱箍的内壁宜如图 4-31 所示加垫摩阻力较大的柔性材料，增大抱箍与立柱之间的摩擦力。抱箍应设置有足够刚度的连接板，保证其能可靠地传递螺栓拉力，螺栓预拉力应保证抱箍与立柱间的摩擦力靠地传递荷载。

抱箍安装前应先搭设辅助支架，为其安装提供一个临时支撑且方便安装，辅助支架的顶部宜设在抱箍的下缘。安装抱箍时应使抱箍与立柱密贴，抱箍的箍身宜采用不设环向加劲的柔性箍身；抱箍两部分吊装到位后，应采用电动扭矩扳手将螺栓逐个对称拧紧。抱箍安装好后，应在抱箍的下方做好标记，并应在抱箍承受荷载后观测其是否下沉。安放底模后，应再一次拧紧抱箍的连接螺栓，并检查抱箍是否下沉，经检查抱箍未下沉后，方可吊装钢筋骨架及侧模；再次检查抱箍是否下沉，确认抱箍没有移动，方可浇筑混凝土。盖梁在浇筑混凝土过程中应安排专人随时观测抱箍是否沉降。

拆除抱箍时可将其用吊车挂住（或以吊葫芦悬吊），然后拆除连接螺栓，下放抱箍。

图 4-30　桥梁抱箍支撑

图 4-31　桥梁抱箍采用橡胶内垫

（3）剪力销支撑。

当采用剪力销作支撑时，应按剪力销的尺寸在立柱施工时设置预埋件，并在立柱预留孔中穿入剪力销设备；剪力销托架两端可安装砂筒，然后在砂筒上放置工字钢或其他型钢作为横梁。

采用抱箍或剪力销作支撑时，可采用对拉螺栓穿过两根工字钢（或其他型钢）横梁腹板进行连接，内侧可采用钢管支撑，对拉螺栓穿过钢管，防止工字钢横梁产生侧向倾覆。设置完成后可在工字钢或其他横梁上安放盖梁的底模。

3. 底模制作与安装

应根据测量放样的立柱中心点放出盖梁端头模板的底部位置。模板的挠度应不超过模板跨度的 1/400，钢模板面板的变形应不超过 1.5 mm。吊装模板时应设溜绳，应防止模板与钢筋碰撞、摆动等，并保持模板在吊装过程中稳定。对底模与立柱的贴合处，应采取有效措施防止其漏浆；并应根据测量高程对墩顶进行凿毛处理，凿毛时应力求立柱混凝土深入盖梁 20 mm。

4. 钢筋制作与安装

在钢筋制作与安装前，应先在底模上按梅花形摆放高强度砂浆垫块，并根据测量放样的柱中心点放出钢筋骨架就位的位置。

钢筋整体吊装时，应在钢筋加工厂严格按图纸及设计要求下料，并在台座上绑扎成型，安装时应采用多点吊装方法，防止盖梁钢筋骨架在吊装时变形。骨架的就位应准确，如有偏差应及时调整。应按骨架上的箍筋位置线，使钢筋骨架和箍筋精确定位。

钢筋绑扎宜采用缠扣绑扎箍筋，箍筋与主筋、水平筋应垂直，接触应紧密，箍筋转角处与主筋的交点均应绑扎，主筋与箍筋非转角部分的相交点可成梅花形交错绑扎，如图 4-32 所示。

图 4-32　成乐 E1 眉山大道中桥盖梁钢筋绑扎

钢筋安装时，应在盖梁钢筋骨架的侧面设置高强度砂浆垫块，并且应按照设计图纸的要求施工耳背墙、防震挡块、支座垫石等预埋件，施工中应严格控制盖梁预埋件的位置和标高。

5. 侧模制作与安装

钢模板面板的厚度不宜小于 6 mm，肋板设计应使模板具有足够的刚度。

侧模宜整体吊装，侧模接缝处、侧模与底模接缝处宜粘贴双面胶条，且宜采用对拉杆使模板就位，拉杆应有足够的强度和较小的变形，宜使盖梁内无对穿拉杆；拉杆和模板内支撑应设置在同一平面内，通过内外支撑对模板进行调整、对中、加固，使其稳固。端头模板和侧面模板应牢固连接，并应采取支撑、加固等措施，防止跑模、漏浆。

6. 混凝土浇筑

混凝土的浇筑方式和现场坍落度控制可按本章第 4.5.1.3 节第 4 点墩柱混凝土浇筑的相关规定执行。混凝土的浇筑顺序宜从墩顶分别向两端对称、分层、连续浇筑。

7. 模板拆除

混凝土强度应达到 2.5 MPa，并应能保证其表面及棱角不因拆除模板而受损后，方可拆除盖梁侧模板。底模的拆除应待混凝土达到一定强度，使梁体能够承担自身重量产生的内力后方可进行。

8. 混凝土养护

对盖梁混凝土进行养护时，侧模拆除前其顶面可采用浸水土工布覆盖养护。侧模拆除后，可采用透水土工布包裹，滴灌养护，保证混凝土表面始终处于湿润状态。养护时间应不少于 7 d。

4.5.2.4 质量控制

混凝土浇筑前，应将模板内的杂物、已浇立柱顶面清理干净，应对支架、模板、钢筋和预埋件进行检查并做好记录，符合要求后方可进行浇筑。吊装模板时应避免模板与钢筋骨架产生碰撞而发生变形。

质量控制过程应按如下内容做好质量记录：

（1）原材料（水泥、细集料、粗集料、钢筋、外掺剂）进场检验报告。

（2）盖梁放样及复核记录。

（3）钢筋加工及安装检查记录。

（4）混凝土浇筑记录。

（5）混凝土强度试验报告。

（6）盖梁检查记录。

4.5.2.5 成品保护

抱箍安装时，立柱的强度应达到设计强度的 100%，并应全断面内衬土工布或橡胶皮，增加抱箍与柱间的摩擦力，防止抱箍在立柱上留下痕迹。

初凝后洒水、覆盖保水养护材料时，操作人员应在脚手架上行走，避免在混凝土顶面踏上脚印。

采用剪力销方案时，剪力销应注意埋设顺直、有规则，预留孔应垂直于上系梁、盖梁轴线。施工完毕后应采用细石混凝土对预留洞进行封堵，并保证外侧与混凝土表面的颜色保持一致，封堵孔洞时应将两端的 PVC 管去掉 50 mm 以上。

盖梁混凝土浇筑完成后，应及时冲洗立柱上的漏浆。

4.5.3 桥　台

4.5.3.1 一般要求

应重视桥台结构的开工审批，避免可能产生的推移使结构产生损害。位于软土地基的桥台，应保证台前软土地基处理的质量，避免桥台的损害。

对于新老桥台拼接，开挖时需要进行“先支护，再开挖”方案。台背开挖时，挖至能满足工作面要求即可，应避免较大的开挖量和回填量。当背墙会影响到梁体预应力的施工时，背墙混凝土可在预应力施工完成后再浇筑。

4.5.3.2　施工流程

桥台施工的常规流程如图 4-33 所示。

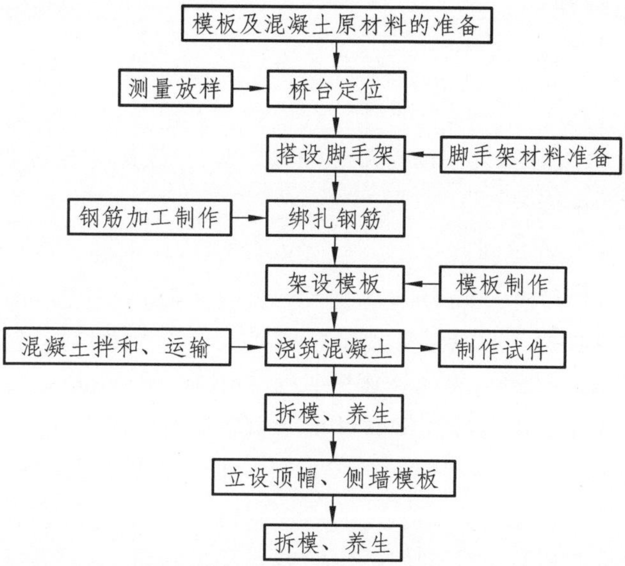

图 4-33　桥台施工流程

改扩建桥梁桥台施工，除以上常规施工流程，还应在老桥台开挖时进行先期支护，具体方法为：当开挖高度≤4 m 时，采用竖向 ϕ108 mm 钢管桩加固，其间距根据开挖高度布置在 0.3 ~ 0.7 m 之间，支护宽度 0.5h ~ 2h（h 为开挖高度），锚固端长度 0.5h，如图 4-34 所示；当开挖高度＞4 m 时，在桥梁加宽部分开挖深度小于 4 m 的防护方案基础之上增设水平锚杆以及挂网喷浆工艺，竖向钢管桩布置方式与上述相同，水平锚杆横纵间距以 0.7 ~ 1.2 m 布置，插打深度 5 ~ 9 m，喷浆采用 C15 细石混凝土喷护，厚度 15 cm，如图 4-35 所示。

图 4-34　桥台插打水平锚杆

图 4-35　桥台完成后的喷护作业面

4.5.3.3 桥台施工

桥台施工主要包括模板安拆、钢筋制安及混凝土浇筑等，其施工应遵循前述相关通用技术要求。其中，对桥台背墙顶面伸缩装置的预留钢筋，其预埋高度和间距等应严格按设计文件执行；桥台侧（耳）墙防撞护栏钢筋的预埋应位置准确，保证与预制梁的防撞护栏线形顺直。

4.5.3.4 质量控制

桥台的沉降缝自上而下竖直方向应严格对齐，定位牢固，如发生倾斜、变形，应拆除重做。沉降缝应从上到下保持通缝，并应控制好垂直度和缝宽。沉降缝断缝板的外表 50 mm 应剔除，然后可采用沥青麻絮填塞；填缝应填满抹平，规整、顺直，无翘边、变形，且不得污染墙身。

肋板式桥台或柱式桥台间的填土应对称进行，填土施工未完成不得进行台帽及上部构造的施工。柱式桥台的台后填土应控制填筑的速率。

对体积较大、横向较宽的桥台，施工时应对下列事项进行控制，防止其开裂：

（1）施工时宜加快混凝土的浇筑速度且宜采用低坍落度混凝土，对混凝土的内外温差应进行控制，并应根据温度和气候环境采取相应的养护措施。

（2）U 形桥台宜按大体积混凝土的要求进行施工，进行及时有效的养护，并严格按台背回填的相关技术规范进行回填，注意控制桥台地基的不均匀沉降。

对桥台的质量控制过程，应按如下内容做好质量记录：

（1）原材料（水泥、细集料、粗集料、钢筋、外掺剂）进场检验报告。

（2）桥台放样及复核记录。

（3）钢筋加工及安装检查记录。

（4）混凝土浇筑记录。

（5）混凝土强度试验报告。

（6）桥台检查记录。

4.5.3.5 成品保护

桥台的成品保护按相关规定执行。肋板式桥台尤其是斜交的肋板式桥台的施工，应特别注意肋板的安全，对称填土，并应防止压路机碰撞肋板。

4.5.4 安全施工

桥台施工单位应在施工现场桥墩（台）的周围设立警戒线，禁止非施工人员未经批准进入施工区域。专职安全人员应在施工现场进行巡查，防止发生安全事故。下部构造施工前必须搭好脚手架及作业平台，搭设方案应经监理工程师批准，验收合格后挂牌使用。

脚手架基础应平整、坚实、不积水，应满足脚手架荷载设计值的要求。脚手架宜采用碗扣式支架或钢管扣件式支架搭设，钢管下口宜设方木垫板或现浇混凝土，搭设时应设置斜道、安全梯等攀登设施，斜道坡度不应大于 1∶3，高度超过 6 m 时宜设转角平台。

作业平台应满足承载力和工人操作的要求，宽度应不小于 1.0 m，脚手板必须在脚手架宽度范围内铺满、固定。作业平台四周应设置防护栏杆，平台高度超过 2 m 时应设兜底水平安全网或在其下一步脚手架上满铺脚手板防护层。

脚手架和作业平台在使用期间应经常检查、维护，保持完好，严禁擅自拆除架体杆件和连接件。脚手架和作业平台上堆放的物品不得超过设计荷载。

4.5.5 环境保护

桥台施工现场使用的模板、支架、木材等周转材料应码放整齐，严禁随地乱扔，应保持施工现场的整洁文明。下部结构施工结束后应将墩柱、盖梁顶清理干净，承台、系梁四周的建筑垃圾应及时清理，运至弃土场。

4.6 上部构造

4.6.1 后张法预应力梁预制

4.6.1.1 一般要求

后张法预应力梁预制宜由专业队伍施工。在施工前应熟悉施工图纸和设计资料，复核箱梁、空心板的长度、细部尺寸、预应力管道坐标等技术指标，完成有关技术文件和专项施工方案的编制，开工报告应经审核批准。

应计算预应力筋控制张拉力及复核张拉伸长量，复核预制梁支座预埋钢板位置及四角高程，复核箱梁、空心板横坡与图纸设计横坡是否相符。

4.6.1.2 施工流程

后张法预应力梁预制的施工流程如图 4-36 所示。

4.6.1.3 后张法预应力梁预制

1. 后张法预制台座施工

后张法预制梁的台座两端必须加强，以满足梁板张拉起拱后基础两端的承载力要求，同时应在台座上设置沉降观测点进行监控。

为适应预制梁采用捆绑式起吊出坑的要求，可在离预制梁两端各 60 ~ 90 cm 位置处将部分台座改成活动式底板支撑，活动式底板支撑与台座同宽，长 15 ~ 20 cm，起吊预制梁时将其从台座移出，以便于捆绳进出。

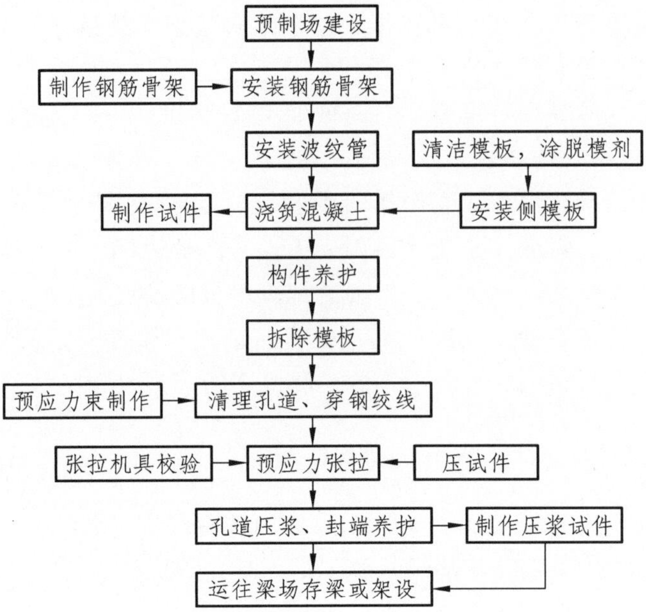

图 4-36　预制后张法梁施工流程图

2. 模板施工

后张法预制梁的内模应采用定型钢模，钢板厚度应不小于 3 mm，内模安装前应按模块编号并进行试拼。

翼缘模板应设置加劲肋，加劲梁宽度应小于翼缘环形钢筋的设计净距，间距应为翼缘环形钢筋间距的整数倍，保证不影响翼缘环形钢筋的安装。

横隔板底模不应与侧模连成一体，应采用独立的钢板底模，保证侧模拆除后横隔板的底模仍能起支撑作用。该底模在张拉施工后方可拆除，避免横隔板与翼缘、腹板分界处出现因横隔板过早悬空而产生裂纹。横隔板端头宜采用整体式模板，模板上应严格按设计规定的钢筋位置、间距进行开槽、开孔。

应及时更换变形的模板，对梳形板、预留孔洞、拼接缝等易漏浆部位，应采取有效的堵浆措施，宜使用强力胶皮、泡沫填缝剂、高强止浆橡胶棒等进行止浆，严禁使用砂浆、布条、海绵止浆，如图 4-37 所示。

图 4-37　模板安装

模板安装后，应按有关规定对台座反拱、模板的安装进行检查，尤其应检查梁宽、顺直度、模板各处拼缝、模板与台座接缝及各种预留孔洞位置；端模板应与侧模和底模紧密贴合，并应与孔道轴线垂直，保证预留孔道位置的精确。

横坡变化的 T 梁翼缘模板宜设置可调节螺杆，按设计要求调整横坡。严禁使用固定不可调整的横坡模板来施工横坡变化的 T 梁。

3. 钢筋施工

钢筋宜采用在专用胎架上绑扎成型，再整体吊装的方式安装。胎架上应准确标记出构造钢筋的位置，以有效确保钢筋安装位置的准确并避免钢筋缺失。

钢筋在绑扎、安装时宜采用定位架准确定位，伸缩装置及防撞护栏预埋筋、翼缘湿接缝环形钢筋宜采用辅助措施进行定位；横隔板钢筋宜采用定位架安装，确保位置、间距，符合设计要求，如图 4-38、图 4-39 所示。

图 4-38　空心板梁钢筋定位架

图 4-39　预制箱梁钢筋定位架

梁端的预留钢筋不应贴模预制后再扳起，端模、端部侧模应根据设计规定的钢筋位置、间距进行开槽、开孔，保证预制梁端头横向钢筋通长设置。部分钢筋位置冲突时，严禁随意切割，钢筋避让时，应遵循普通钢筋让预应力钢筋，次要钢筋让主要钢筋的原则。当无法避让时，经设计和监理工程师同意后可适当改变冲突处钢筋的加工形状。

支座预埋钢板应进行热浸镀锌防锈处理，宜在钢筋绑扎前采用树脂等材料粘贴在底模上，防止在混凝土浇筑时上浮、移位。

4. 波纹管和锚垫板安装

宜采用螺栓从端模外侧固定锚垫板，端模与侧模宜采用螺栓固定以控制梁长和锚垫板的位置准确，保证预留孔道位置的精确和方便拆模。

5. 负弯矩区的预埋施工

负弯矩区的预埋施工宜在顶板全厚度预留张拉槽口，负弯矩张拉完成后全断面浇筑恢复，以避免槽口底层混凝土因厚度薄难以保证混凝土质量的问题。其中，张拉槽模板宜采用双梳板与单梳板组合拼装法或者倒梯形整体梳形板法。

（1）双梳板与单梳板组合拼装法。

如图 4-40 所示，顶板双层钢筋网绑扎结束后，首先安装双梳板，用双梳板的一侧固定下层钢筋网，下层钢筋网用垫块加以固定，并保证钢筋保护层厚度；然后用单梳板与双梳板的另一侧来固定上层钢筋网，并用扎丝固定即可。负弯矩张拉时，将顶层钢筋弯起；张拉、压浆结束后，将顶层钢筋调直复位，焊接恢复。

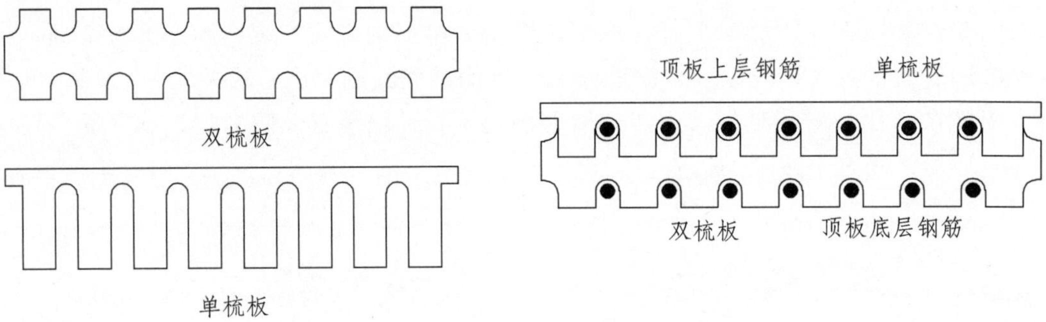

图 4-40　双梳板与单梳板组合拼装

（2）倒梯形整体梳形板法。

倒梯形整体梳形板应有足够的刚度和强度，钢板厚度应不小于 6 mm。负弯矩扁锚可用螺栓固定在倒梯形整体梳形板上，保证扁锚位置准确。端部负弯矩波纹管宜伸出混凝土 50 ~ 100 mm，不应过长或过短，并包裹进行保护，便于梁安装后进行连接。

6. 混凝土施工

混凝土料斗移位时，应防止混凝土洒落在顶板内模上形成干灰或灰渣，侧腹板混凝土的下料和振捣应对称、同步进行，以避免内模偏位。

模板边角、锚垫板下、预应力管道位置处等大型振动器振动不到的地方应辅以小型插入式振动器，预制梁顶板可采用平板振动器振捣。对 T 梁马蹄部位宜增设附着式振动器。

预制梁的拆模时间应严格控制，防止顶板及翼板塌陷造成腹板上方顶板发生纵向裂缝。

7. 预应力施工

锚头部位混凝土出现裂纹时，应立即停止张拉，查明原因。每个预制梁场在第一片梁张拉完成后，有条件时可委托有资质的检测单位对其进行锚下应力状态的检测，对张拉施工质量进行监督和评价，并分析总结经验。

8. 梁板存放

对后张法构件，在孔道压浆前不得安装就位，压浆后应在浆液强度达到规定的强度后方可移运和吊装。用于存放预制箱梁、空心板的枕梁（垫木）宜设在梁端（临时）

支座位置，且以不影响梁吊装为原则。

4.6.1.4 质量控制

波纹管应安装牢固，接头密合，弯曲圆顺。锚垫板平面应与孔道轴线垂直。孔道压浆的浆液性能和强度应符合要求，压浆时排气、排水孔溢出浆液浓度与拌制相同时方可封闭。

压浆完成后，所有进出浆口应予封闭直到浆液凝固前，所有塞子、盖子或气门均不得移动或打开，以保证预应力孔道全部充浆。

采用焊接形式的调平钢板应四周满焊，并经监理工程师检查同意后方可采用砂浆勾通缝，在存梁前应对钢板打磨并涂防锈漆。

对后张法预应力梁的质量控制过程，应按如下内容做好质量记录：

（1）原材料（细集料、粗集料、水泥、水、外加剂、钢筋）进场检验报告。

（2）混凝土配合比通知单。

（3）钢筋、预应力筋加工及安装检查记录。

（4）预制梁检查记录。

（5）预应力张拉记录。

（6）孔道压浆记录。

（7）混凝土强度报告。

4.6.1.5 成品保护

预制梁完成后，应及时清理箱内垃圾，疏通通气孔，保证箱内积水排出，避免冬季冻胀导致梁体破坏。对存梁区的梁外观应注意保护，防止被泥水和压浆时的浆液污染。

4.6.2 预制梁安装

4.6.2.1 一般要求

预制梁安装宜由专业队伍施工。开工前应复核预制梁长度、细部尺寸、角度等技术指标，完成安装专项施工技术方案和安全专项施工方案的编制，并经审核批准；墩台已经施工完成达到承载要求，垫石、支座经验收高程、平整度等指标符合要求。

跨径小于 25 m 的陆上预制梁，结合地形条件可采用吨位符合要求的自行式吊车架设。安装作业宜采用两台吊车抬吊，应专人指挥，注意吊车的相互配合。跨径大于或等于 25 m 的梁宜使用架桥机、跨墩龙门架或其他适合的专用大型机具设备。

安装前应进行作业环境调查，针对运输、架设作业范围内的障碍物、高压输电（塔）线路等应采取避让措施，并对拟安装的预制梁逐片进行检查，重点是通气孔、泄水孔疏通，箱内废旧模板等垃圾清理，同时应核对编号，保证准确就位；应在盖梁顶面弹墨线确定安装位置，同时按设计和规范要求严格控制伸缩装置位置的宽度。

同一跨梁存梁期宜保持一致，避免起拱值差异过大。施工组织中预制梁安装能力应与生产能力相匹配。

4.6.2.2 施工流程

预制梁安装的施工流程如图 4-41 所示：

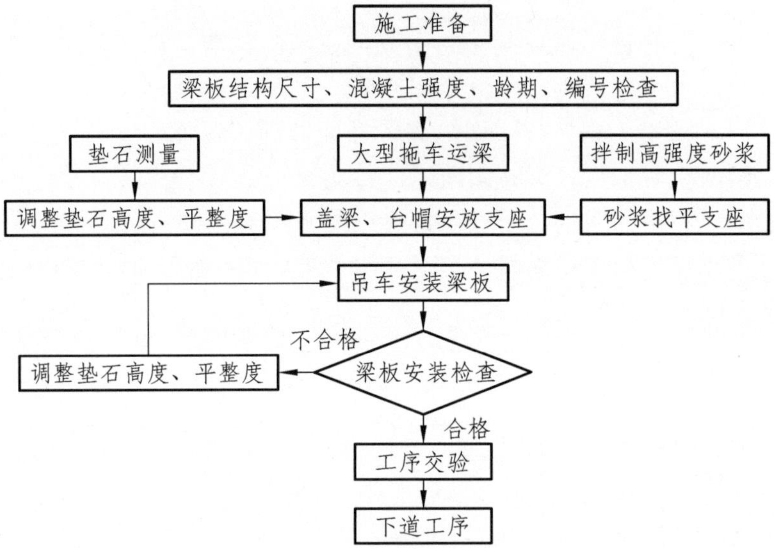

图 4-41 预制梁安装施工流程图

4.6.2.3 预制梁安装施工

预制梁架设前应清除支座钢板的铁锈和砂浆等杂物，补做防锈处理。同时应检查各片梁的起拱情况，对同一规格的梁宜根据起拱情况适当调整安装位置，应尽可能使一孔内各片梁的起拱值差异最小。

如图 4-42 所示，预制梁安装时，应采用专业厂家生产的架桥机或吊车，架桥机或吊机选型应满足起吊位置处最大起重量的 1.2 倍的安全系数，严禁采用人字桅杆架设。对吊运工具、架设安装设备应按实际施工荷载进行强度、刚度和稳定性验算。

预制梁吊离台座时，应检查梁底的混凝土质量（主要检查有无空洞、露筋，钢筋保护层厚度是否符合要求等），运送到现场安装前应经检验合格，外购梁应附有质保资料。预制梁架设前应清除支座钢板的铁锈和砂浆等杂物，补做防锈处理。同时应检查各片梁的起拱情况，对同一规格的梁宜根据起拱情况适当调整安装位置，应尽可能使一孔内各片梁的起拱值差异最小。预制梁移运时的吊点位置应符合设计规定，设计未规定时，应根据计算决定。采用吊环时必须使用未经冷拉的热轧光圆钢筋制作，且吊环应顺直。吊绳与起吊构件的交角小于 60°时，应设置吊架或起吊扁担，改善吊环受力。预制梁安装初吊时，应先进行试吊，先吊离支承面 20 ~ 30 mm 后暂停，对各主要受力部位做细致检查，经确认受力良好后，方可撤除支垫，继续起吊。

图 4-42　预制梁龙门架起吊

对吊运工具、架设安装设备应按实际施工荷载进行强度、刚度和稳定性验算。当预制梁吊离台座时，应检查梁底的混凝土质量（主要检查有无空洞、露筋，钢筋保护层厚度是否符合要求等），运送到现场安装前应经检验合格，外购梁应附有质保资料。

预制梁装车时，重心线与车辆纵向中心线的偏差宜小于 10 mm，可在梁端的顶部中心挂线锤，检查梁端面上的竖向中线，检查梁是否正直不向两侧倾斜。预制梁应按设计支点放置，设计未规定时，后支点离梁端不应超过 1.5 m，防止后支点外悬臂过长，导致出现结构性损伤。如图 4-43 所示，预制梁装车后宜用配套刚性支撑固定于翼板、腹板倒角处。便道上运梁车的行驶速度严禁超过 5 km/h。

图 4-43　运梁车运梁

预制梁的起吊、纵向移动、横向移动及就位等，应统一指挥、协调一致，按预定的施工顺序进行。施工顺序应根据设计和架桥机的性能确定。预制梁的起吊应平稳、匀速，两端高差不应大于 300 mm，下放时，应先落一端，再落另一端。

预制梁的移动应设置临时固定（支撑），防止侧翻。待完全放稳固定后（对 T 梁还应确认两端侧斜撑已固定完好），方可拆除吊具。当铺设移跨轨道时，横向坡度应水平，纵向坡度不得超过 3%。枕木距离应能确保安全。

预制梁安放时应就位准确，与支座密贴。就位不准确调整梁纵、横向位置时，严禁仅吊起一端用撬棍移动预制梁，应整体二次垂直起吊移动后再下落，保证支座均衡受力，避免损坏支座。预制梁安装就位后，梁上预留的泄水孔、护栏预埋钢筋应在同一轴线上。

4.6.2.4 质量控制

预制梁安装后应做到各梁端整齐划一，梁端缝顺直，宽度符合要求，不得有硬伤、掉角和裂纹等缺陷。应检查验收预制梁的尺寸，特别是在坡道、弯道上和斜交的桥梁应重点核查，避免出现差错造成安装困难。

当采用砂箱（筒）作临时支座时，在首片预制梁安装前应对临时支座进行压载试验，确定临时支座的压缩量。砂箱（筒）用砂应过筛并炒（晒）干处理。

对预制梁安装的质量控制过程，应按如下内容做好质量记录：

（1）安装放样及复核记录。

（2）预制梁安装质量检查记录。

4.6.2.5 成品保护

预制梁安装过程中，吊具、捆绑钢丝绳与梁底面、侧面的拐角接触处，应安放护梁铁瓦或消力橡胶垫，避免钢丝绳等损伤混凝土表面及钢丝绳被剪断出现安全事故。

4.6.3 支架上现浇箱梁

4.6.3.1 一般规定

如图 4-44 所示为支架上现浇箱梁，在开工前应复核现浇箱梁的高度、宽度、细部尺寸等技术指标，支架现浇箱梁专项施工技术方案和安全专项施工方案应已完成，并经审核批准；基础及下部构造已经施工结束，质量验收合格。

现浇箱梁的支架应进行专项设计，应根据结构形式、设计跨径、荷载大小、地基土类别及有关的设计、施工规范，对支架的整体结构、立杆、配件、节点、地基和其他支撑物等进行强度、刚度和稳定性验算。

支架专项设计应包括设计说明书、设计计算书、预计的总变形值（支架基础沉降、接缝压缩值及接头承压弹性变形值）和允许值、支架材料数量表、支架总装图、细部构造图、上部结构浇筑图（注明浇筑混凝土程序及施工缝位置）等。

支架搭设前应结合施工现场环境，彻底排查清施工区域内的地下管线（管道、电缆、光缆）、地下构筑物、危险建筑的分布情况，制定相关方案措施。

图 4-44　现浇桥梁混凝土梁板

4.6.3.2　施工流程

现浇箱梁的施工流程如图 4-45 所示：

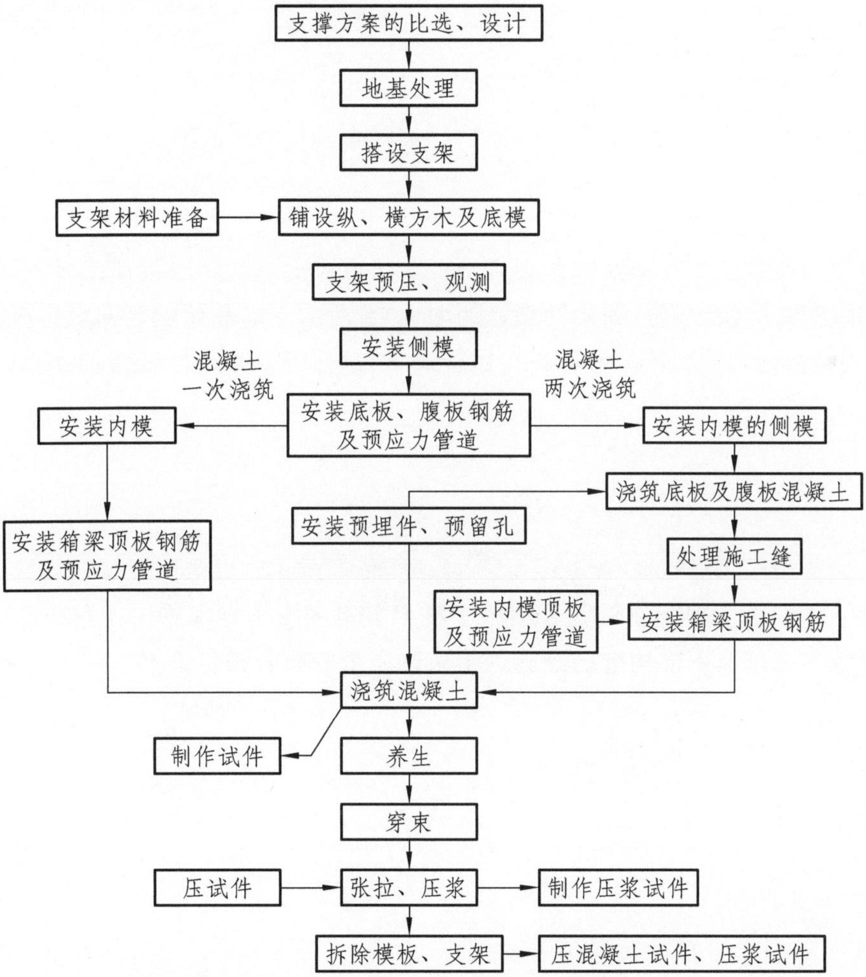

图 4-45　支架式现浇箱梁施工流程

4.6.3.3 支架上现浇箱梁施工

1. 现浇支架

支架形式可采用满布式或梁式，其适用范围可按表 4-5 选用；支架可采用钢支架、木支架、钢木混合支架或采用贝雷桁架、万能杆件等定型钢构件进行拼装，具体采用何种形式和材料应结合施工的实际情况进行选择。

表 4-5　支架适用范围

支架类型	适用范围
满布式	用于陆地或不通航河道的桥梁施工，支架最大高度不超过 20 m，高宽比不大于 2，适用于砂性类土及黏土、亚黏土
梁式	根据跨径不同，梁可采用工字钢、钢板梁或钢桁梁；工字钢适用跨径小于 10 m 的情况，钢板梁适用跨径小于 20 m 的情况，钢桁梁适用于跨径大于 20 m 的情况，适用于淤泥质亚黏土。 用于桥梁较高、跨径较大或必须在支架下设孔通航或排洪时的情况

对多跨连续箱梁，其边跨支架可设置水平位移机构，以利于箱梁混凝土在施加预应力及温度变化过程中发生的收缩。

2. 支架地基处理

支架地基应进行处理，地基有斜坡的应施作平台并避免立杆悬空，保证现浇施工安全。采用满布式支架时地基承载力宜不低于 100 kPa，地基处理后宜采用厚度不小于 100 mm 的 C20 混凝土进行硬化处理，如图 4-46 所示。地基处理范围至少应宽出支架之外 1.0 m。地基处理完成后，应尽快做好排水边沟及集水井等设施，避免地基被雨水浸泡。

图 4-46　现浇梁板搭架地基硬化处理

3. 支架搭设

如图 4-47 所示，搭设支架时应做到横杆水平、立杆竖直，还应加设纵、横及水平剪刀撑，以增加整体支架的稳定性。支架的排距、间距、扫地杆、纵横、水平剪刀撑设置和扣件螺栓紧固力矩等应满足相应规范要求。安装后的支架严禁出现超容许范围的沉陷、变形，连接应牢固，保证安全可靠。

图 4-47　现浇梁板搭架施工

满布式支架的立杆底端应设可调底座或固定底座，立杆顶端应设可调托座或固定托座，且顶托应支撑在模板主肋处，其自由端长度应满足相应规范要求。

在梁式支架中，宜设置砂筒、千斤顶或楔块，用于调整模板的标高及用作模板的卸落装置。严禁使用土胎替代支架浇筑混凝土梁。

4. 预拱度设置

对结构本身需要的预拱度，其设置应按设计要求考虑，设计未规定时，可自跨中向两端按二次抛物线进行分配。

施工所需预拱度的取值应根据支架预压的实际情况进行调整。预留施工的沉降数据值可参考表 4-6 选取。

表 4-6　预留施工沉陷值参考数据表

项目		数据	说明
接头承压非弹性变形	木与木	每个接头约顺纹 2 mm，横纹 3 mm	
	木与钢	每个接头约 2 mm	
卸落设备的压缩变形	砂　筒	2 ~ 4 mm	
	木楔或木马	每个接缝 1 ~ 3 mm	
支架基础沉陷	底梁置于砂土上	5 ~ 10 mm	
	底梁置于黏土上	10 ~ 20 mm	
	底梁置于砌石或混凝土	约 3 mm	
	打入砂中的桩	约 5 mm	
	打入黏土中的桩	5 ~ 10 mm	桩承受极限荷载时用 10 mm，低于极限荷载时用 5 mm

5. 底模及侧模安装

底模安装前应复核支座的中心位置、轴线偏差、型号及活动支座滑移方向。模板安装时其拼接缝应平整、顺直、严密，纵横成线，应避免出现错缝现象，如图 4-48 所示。

图 4-48　现浇梁板模板安装

模板安装后应整体测量高程，对不合格的部位应进行调整。无论使用何种支架，均应按计算或支架预压沉降观测结果对底模设置预拱值。

6. 支架预压

浇筑混凝土之前，应对支架进行预压，以消除支架地基的不均匀沉降和支架的非弹性变形并获取弹性变形参数，检验支架的安全性，如图 4-49 所示。设计未规定时，预压荷载宜为支架需承受全部荷载的 1.05～1.10 倍。加载和卸载程序应严格根据结构特点进行。

图 4-49　支架砂袋预压

支架的预压可采用加水袋或砂袋等方式进行。预压荷载的分布应模拟需承受的结构荷载及施工荷载。预压过程应采取分次分级的方式进行预压。设计无具体规定时，第一次可按 30%的荷载预压，第二次按 70%荷载预压，第三次按 100%荷载预压。加载时应设专人清点、记录、观测沉降。

预压加载前应布设好观测点，观测点的点位应上下对应，以观测地基的沉降量（垫木上）及支架、方木的变形量（底模上）。观测点的数量应为横、纵向每 2 m 一个。设计无规定时，对黏土及亚黏土地基，预压时间宜不少于 7 d，且连续 3 d 累计沉降不超过 3 mm，即视为沉降已稳定；对砂性土地基，连续 3 d 累计沉降不超过 3 mm 即可。预压过程应加强稳定性观测，确保安全，一旦发现变形量不收敛，则应立即采取卸载或紧急撤离等措施。

7. 内模定位

内模应避免漏浆，内模与底模之间宜每隔 1.0 m 左右设置与底板同厚度的垫块。当箱梁混凝土全断面一次浇筑时，应采取措施防止内模产生上浮、下沉或移位；当箱梁混凝土分两次浇筑时，第一次可只立内模侧板，在底板和腹板混凝土浇筑完成后再立顶板内模。

8. 混凝土浇筑

混凝土浇筑前，应采用高压空气将模板吹干净，或采用吸尘器吸取灰尘、杂物。箱梁混凝土分两次浇筑时，两次浇筑的间歇期不应超过 7 d，浇筑的分界点宜设在顶板与腹板的交界处，并适当浇高 20 mm 左右。在第二次浇筑前将此 20 mm 混凝土凿除，以保证连接面混凝土的质量。

混凝土宜采取水平分层、斜向分段、横桥向全断面（以均匀消除沉降）推进式，从低端向高端纵桥向连续浇筑。浇筑混凝土时应先浇筑底板，再浇筑腹板，腹板浇筑时应采取措施，防止腹板混凝土进入底板。

在直线段一次浇筑长度超过 70 m 时（对于小半径匝道，长度可适当减少），宜分段浇筑，防止混凝土因收缩和温度变化等因素引起开裂，纵向分段接缝应设在 1/5 跨的弯矩零点附近。对于单箱多室箱梁，其顶板天窗不应设置在同一横向断面上，天窗开口应为上大下小的倒梯形状，天窗封闭后，应对混凝土进行覆盖养生。

混凝土浇筑完毕待二次收浆后，宜采用浸水土工布覆盖养护，保证混凝土表面始终处于湿润状态，养护时间应不少于 7 d。钢绞线宜在一联混凝土全部浇筑完成后再进行穿束。

9. 模板拆除及卸架

模板、支架的拆除期限、顺序、卸落程序等应严格按照施工图设计的要求进行。梁的落架程序应从梁挠度最大处的支架节点开始，逐步卸落相邻两侧的节点，卸落应对称、均匀、有顺序地进行；同时各节应分多次卸落，使梁的沉降曲线逐步加大。通常，支架现浇箱梁应从跨中向两端进行。

模板拆除及卸架工作应在白天进行，且卸落支架时应由专人负责指挥。

4.6.3.4　质量控制

支架上现浇箱梁施工应保证箱梁翼缘及底板线形顺畅，不应出现芯模上浮或下沉的现象；箱梁底板骨料不外露，不露筋，钢筋保护层厚度应符合设计要求；箱梁顶面收光、拉毛良好，平整度良好，无裂纹。

质量控制过程应按如下内容做好质量记录：

（1）水泥、细集料、粗集料、钢筋、外加剂、钢绞线、锚具等原材料的进场检验报告。

（2）测量放样及复核记录。

（3）钢筋、预应力筋加工及安装检查记录。

（4）现浇箱梁施工记录。

（5）预应力张拉施工记录。

（6）混凝土强度检验报告。

（7）千斤顶、油表标定报告。

（8）沉降观察、冬期施工温度实测等其他记录。

4.6.3.5 成品保护

支架上现浇箱梁施工的混凝土强度达到 2.5 MPa 之前严禁人或机械在箱梁混凝土上行走。应保护好已成型的钢筋骨架，不松动，不扭曲，不污染。拆模时不应振动、重敲、强扭，应防止薄板、变截面处混凝土产生裂缝，并按设计要求在箱梁翼缘位置设置滴水槽，以防止桥面雨（污）水污染箱梁底面。

4.6.4 钢箱梁吊装

4.6.4.1 背景简介

成乐试验段原设计中，跨越主线的互通匝道桥、分离式立交及人行天桥上跨结构均采用的是中央分隔设中墩的简支小箱梁结构形式。但中墩施工期间，需要占用两侧超车道，造成交通管制位置拥堵，威胁管制区域内施工人员人身安全。同时根据四川省交通运输厅《穿（跨）越高速公路建设工程技术要求》，高速公路中央分隔带内不设置桥墩。为此项目部对于上跨主线桥梁桥跨部分采用钢箱梁解决取消中墩的问题。

本项目总计 11 座上跨钢箱梁桥，其中分为简支梁和连续梁两种，仅 EK0+191 青龙互通式立交 E 匝道为连续梁结构。其余简支梁结构分为三种类型：跨径 50 m、桥宽 9 m 的共计 4 座；跨径 50 ~ 55 m、桥宽 2×12.5 m 的共计 5 座；跨径 47.2 m、桥宽 18 m 的共计 1 座。

4.6.4.2 钢箱梁吊装流程

本节以成乐试验段的 K47+212 马林下穿分离式立交简支梁为例，介绍钢箱梁的吊装流程。

1. 吊装分段

K47+212 马林下穿分离式立交钢箱梁吊装的分段情况如图 4-50 所示，分段质量如表 4-7 所示。

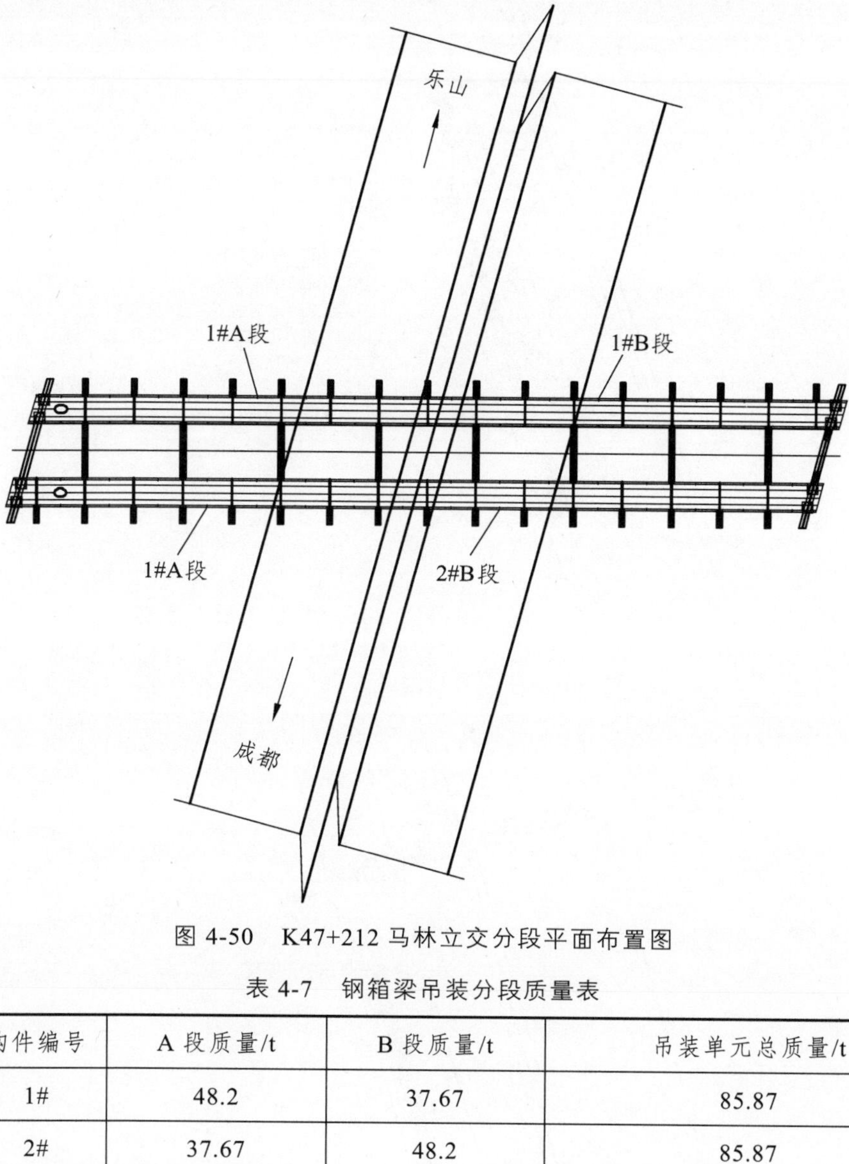

图 4-50　K47+212 马林立交分段平面布置图

表 4-7　钢箱梁吊装分段质量表

序号	构件编号	A 段质量/t	B 段质量/t	吊装单元总质量/t
1	1#	48.2	37.67	85.87
2	2#	37.67	48.2	85.87

2. 现场组拼及 1#箱体吊装

K47+212 马林下穿分离式立交钢箱梁的现场组拼及 1#箱体吊装流程如图 4-51 所示。

3. 2#箱体吊装

K47+212 马林下穿分离式立交钢箱梁的 2#箱体转移吊车站位施工流程如图 4-52 和图 4-53 所示。

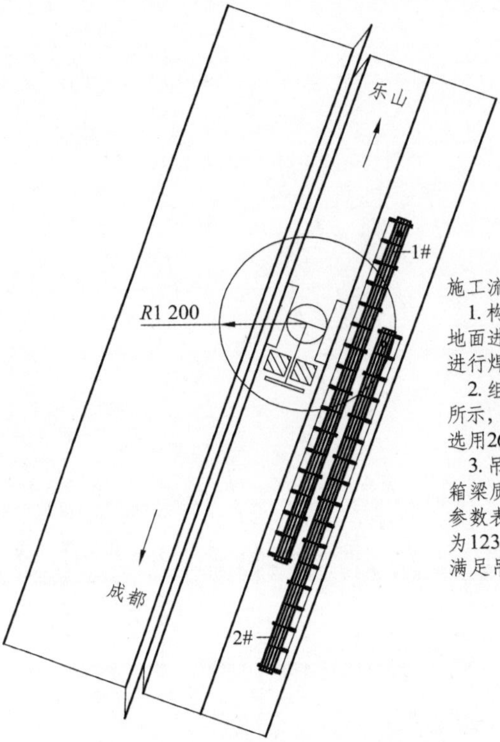

施工流程：

1. 构件分段运输至现场，根据分段图在地面进行组拼成整体单元箱体，并在地面进行焊接工作。

2. 组拼完成整体吊装单元质量如表4.7所示，根据各吊装单元质量及现场实际情况，选用260 t履带吊进行吊装。

3. 吊装顺序为先吊装1#单元钢箱梁，1#箱梁质量为85.87 t，根据260 t履带起重吊参数表，幅度10 m，臂长33 m，起重质量为123.5 t，现场实际工作半径在10 m内，满足吊装要求。

图 4-51　现场组拼及 1#箱体吊装流程

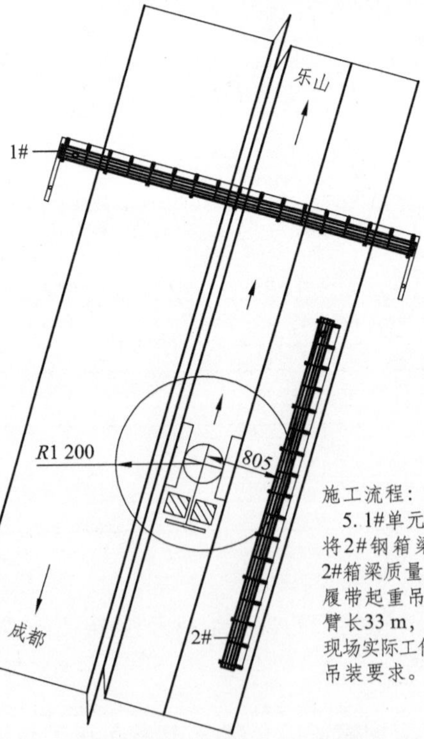

施工流程：

5. 1#单元钢箱梁完成吊装后，将2#钢箱梁转移至吊装位置，2#箱梁质量为85.87 t，根据260 t履带起重吊参数表，幅度10 m，臂长33 m，起重质量为123.5 t，现场实际工作半径在10 m内，满足吊装要求。

图 4-52　2#箱体转移吊车站位施工流程图（一）

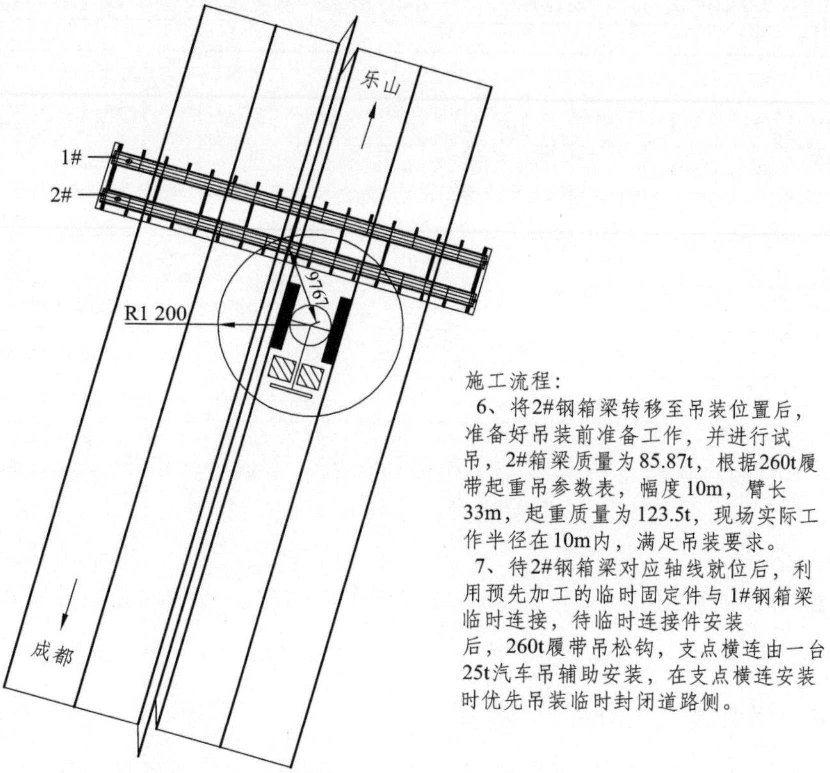

图 4-53　2#箱体转移吊车站位施工流程图（二）

4.6.4.3　吊车选用

K47+212 马林下穿分离式立交钢箱梁吊装，根据现场实际情况及吊装单元情况，实际箱梁质量为 113.6 t，根据表 4-8 所示的履带吊性能表选用 260 t 履带吊，在吊装半径为 9 m、33 m 臂长时起重质量为 142.2 t，满足吊装要求。

表 4-8　QUY260 履带吊的主臂起重性能参数　　单位：t

幅度/m	臂长/m											
	18	21	24	27	30	33	36	39	42	45	48	51
5	260	240.5										
6	250	240.5	210	188.2	165.7/6.5							
7	226.3	221.2	210	188.2	165.7	154.2	142.4/7.3					
8	184	180.4	176.9	173.6	165.7	154.2	142.4	142.4	118	106/8.5		
9	154.9	152.2	149.6	147	144.6	142.2	139.8	137.5	118	106	105.5	
10	133	131.5	129.4	127.4	125.4	123.5	121.6	119.7	117.9	106	105.5	92.7
12	101.9	101.6	101.3	100.2	98.8	97.5	96.1	94.8	93.5	92.2	90.9	90.6
14	82.3	82.0	81.7	81.4	81.1	80.2	79.1	78.1	77.1	76.1	75.0	74.8
16	68.8	68.5	68.2	67.9	67.6	67.3	67.0	66.2	65.3	64.5	63.6	63.4

续表

幅度/m	臂长/m											
	18	21	24	27	30	33	36	39	42	45	48	51
18		58.6	58.3	58.0	57.7	57.4	57.1	56.8	56.5	55.7	55.0	54.8
20			50.8	50.5	50.2	49.9	49.6	49.3	49.0	48.6	48.2	48.0
22			44.9	44.6	44.3	44.0	43.7	43.3	43.0	42.7	42.4	42.1
24				39.8	39.5	39.2	38.9	38.6	38.2	37.9	37.6	37.3
26					35.6	35.3	34.9	34.6	34.3	34	33.7	33.3
28						32.0	31.6	31.3	31.0	30.7	30.3	30.0

对于箱梁间的盖板则采用 25 t 汽车吊进行吊装。盖板质量最重为 1.05 t，从表 4-9 所示的 QY25K-Ⅰ汽车起重机起重性能参数表可以看出完全满足其吊装要求。

安装完成一座桥后，将履带吊转移至下座桥位置进行施工。成乐高速封闭施工区域兴崇 1#和 2#间有门型钢架影响 260 t 履带吊车的转移，根据现场情况可以选择绕行或拆解运输。

4.6.4.4 吊装准备工作

钢箱梁构件吊装前，应先复核桥梁支座标高和临时支墩标高是否符合要求，并确定运输车辆及吊车行走路线、吊装落位通道预留情况。要求吊车行走道路宽度需达到 15 m，下坡坡度不得超过 15°；作业现场应清理障碍物，满足吊车通行和位置摆放，保证吊装作业过程中无障碍等。

钢箱梁构件吊装应成立吊装班组，并设起重指挥，其中 260 t 履带吊还应设 1 名高空指挥。在吊装过程中，由高空指挥统一发布吊装命令，副指挥接到信息后必须严格执行，做到信号与行动保持一致。如副指挥和高空指挥有不同意见应及时与总指挥沟通，待意见统一后再由总指挥发布命令。

4.6.4.5 钢箱梁吊装

钢箱梁吊装在施工过程中为减少吊车安拆次数，吊装时选择从成都一端开始依次往眉山方向吊装。吊装前首先复核支座标高，以及根据每段桥梁的质量计算吊车的旋转半径和臂长是否满足吊装要求。在吊装每节箱梁时必须先进行试吊装，以保证吊装安全。

简支梁结构的吊装方法如图 4-54 所示。

4.6.4.6 高强螺栓施工

钢箱梁采用高强度螺栓连接，对构件的加工精度（制孔、装配）及安装精度要求高。钢箱梁构件高强螺栓安装施工主要包括钢箱梁构件初始就位时用临时冲钉固定和钢箱梁构件校正后用高强螺栓栓接两个阶段。

表 4-9　QY25K-Ⅰ汽车起重机的主臂起重性能表

工作幅度/m	全伸支腿，侧方、后方作业；全伸支腿，带第五支腿 360°作业																	
	基本臂 10.60 m			中长臂 15.08 m			中长臂 19.56 m			中长臂 24.04 m			中长臂 28.52 m			全伸臂 33.00 m		
	起重质量/kg	吊臂仰角/(°)	起升高度/m	起重质量/kg	吊臂仰角/(°)	起升高度/m	起重质量/kg	吊臂仰角/(°)	起升高度/m	起重质量/kg	吊臂仰角/(°)	起升高度/m	起重质量/kg	吊臂仰角/(°)	起升高度/m	起重质量/kg	吊臂仰角/(°)	起升高度/m
3	25 000	69	10.74															
3.5	25 000	66	10.5	17 000	74	15.35												
4	24 000	62	10.22	17 000	72	15.17	16 000	76	19.89									
4.5	22 000	59	9.9	17 000	70	14.97	16 000	75	19.74	11 000	78	24.4						
5	20 000	56	9.55	17 000	67	14.75	16 000	73	19.58	10 800	77	24.27						
5.5	18 000	53	9.14	17 000	65	14.5	15 200	72	19.4	10 500	76	24.13	8 000	79	28.78			
6	16 100	49	8.68	16 300	63	14.23	14 100	70	19.2	10 200	75	23.97	8 000	78	28.65			
6.5	14 000	45	8.16	14 100	61	13.94	13 200	69	18.99	9 800	73	23.8	8 000	76	28.51	7 000	79	33.15
7	12 300	41	7.56	12 400	59	13.61	12 300	67	18.76	9 300	72	23.62	8 000	75	28.36	7 000	78	33.02
8	9 700	31	6.0	9 900	54	12.88	9 900	64	18.25	8 500	69	23.22	7 400	73	28.03	6 500	76	32.74
9	7 900	14	3.2	8 100	49	12.01	8 100	60	17.66	7 800	67	22.77	6 800	71	27.66	6 000	74	32.43
10				6 700	44	10.96	6 800	57	16.99	7 200	64	22.26	6 300	69	27.24	5 500	72	32.08
12				4 900	30	8.01	4 900	49	15.34	5 400	59	21.05	5 400	65	26.28	4 600	69	31.27
14							3 700	41	13.15	4 200	53	19.55	4 100	60	25.11	4 000	65	30.3
16							2 800	30	10.03	3 300	46	17.68	3 300	55	23.7	3 100	61	29.15
18										2 600	39	15.29	2 600	50	22.01	2 500	57	27.8
20										2 100	30	12.05	2 100	44	19.95	2 000	52	26.23
22										1 700	16	6.61	1 600	37	17.4	1 600	48	24.37
24													1 300	30	14.07	1 200	42	22.17
26													1 000	19	9.01	900	37	19.49
28																700	30	16.09
30																500	26	13.94
倍率	10			7			6			4			3			3		

左侧车道通车，右侧车道封闭施工

图 4-54　简支梁结构吊装示意图

1. 钢箱梁构件初始就位时用临时冲钉固定

钢箱梁构件初始就位时的临时冲钉应对准连接板孔位，用榔头将冲钉穿过母板与对面连接板进行定位，冲钉的布置为连接板外侧和中部，成正反等腰三角形布置，冲钉数量约为螺栓数量的 10%。

2. 钢箱梁构件校正后用高强螺栓栓接

（1）普通螺栓的临时栓接。

冲钉定位后，用普通螺栓进行栓接，使连接板与母板紧贴，普通螺栓与冲钉位也成辐射形正反等腰三角形布置，普通螺栓数量约为螺栓数量的 20%。

（2）高强螺栓栓接。

将高强螺栓穿入未装冲钉的孔中，安装时由中间向四周扩散，安装时注意垫圈有圆倒角的一面朝螺栓头方向，螺母带圆台一侧朝垫圈方向安装。穿入方向以施工便利为准，但力求一致。

螺栓初拧后退出冲钉，补齐高强螺栓。当未安装冲钉和普通螺栓的栓接孔安装完高强螺栓后，用手动扳手将高强螺栓带紧，然后由连接节点的中部向四周逐步用高强螺栓替换冲钉和普通螺栓，并依次用手动扳手将高强螺栓带紧，进入下道初拧工序。

3. 高强度螺栓连接要求

高强度螺栓的设计预拉力、施加预拉力应符合表 4-10 的规定。

表 4-10　高强度螺栓的规格参数

螺纹规格 d/mm	M22	M24	M27	M30
设计预拉力 P/kN	190	225	270	355
施加预拉力 P_c/kN	210	250	300	390

高强度螺栓连接副在运输过程中应轻装轻卸，储存时应分类分批存放，不得混淆，并防止受潮生锈，在使用前应进行外观检查并应在同批内配套使用。由制造厂处理的钢桥杆件的摩擦面，在安装前应复验所附试件的抗滑移系数，合格后方可安装，并应符合设计要求。

施工前，高强度螺栓连接副应按出厂批号复验扭矩系数，每批号抽验不少于 8 套，其平均值和标准偏差应符合设计要求。设计无要求时平均值应在 0.11 ~ 0.15 范围内，其标准偏差应小于或等于 0.01。复验数据应作为施拧的主要参数。

安装钢梁的高强度螺栓的长度必须与安装图一致。安装时，高强度螺栓应顺畅穿入孔内，不得强行敲入，穿入方向应全桥一致。高强度螺栓不得作为临时安装螺栓。被栓合板束的表面应垂直于螺栓轴线，否则应在螺栓垫圈下面加垫斜坡垫板。

施拧高强度螺栓应按一定顺序，从板束刚度大、缝隙大之处开始，对大面积节点板应由中央向外进行施拧，并应在当天终拧完毕。施拧时，不得采用冲击拧紧和间断拧紧。

用扭矩法施拧高强度螺栓连接副时，初拧、复拧和终拧应在同一工作日内完成。初拧扭矩应由试验确定，一般为终拧扭矩的50%；终拧扭矩应按公式（4-1）计算。所采用的扭矩扳手在作业前后均应进行校正，其扭矩误差不得大于使用扭矩值的±5%。

$$T_c=K\cdot P_c\cdot d \tag{4-1}$$

式中：T_c——终拧扭矩（N·m）；

K——高强度螺栓连接副的扭矩系数平均值；

P_c——高强度螺栓的施工预拉力（kN）；

d——高强度螺栓公称直径（mm）。

用扭角法施拧高强度螺栓可按照现行《铁路钢桥高强螺栓连接施工规定》（TBJ 214）的规定执行。

高强度螺栓终拧完毕应按下列规定进行质量检查：

（1）检查应由专职质量检查员进行，检查扭矩扳手必须标定，其扭矩误差不得大于使用扭矩的±3%，且应进行扭矩抽查。

（2）采用松扣、回扣法检查，先在螺栓与螺母上做标记，然后将螺母退回30°，再用检查扭矩扳手把螺母重新拧至原来位置测定扭矩，该值不小于规定值的10%时为合格。

（3）对主桁节点及板梁主体及纵、横梁连接处，每栓群以高强度螺栓连接副总数的5%抽检，但不得少于2套，其余每个节点不少于1套进行终拧扭矩检查。

（4）每个栓群或节点检查的螺栓，其不合格者不得超过抽验总数的20%，如超过此值，则应继续抽验，直至累计总数80%的合格率为止。然后对欠拧者补拧，超过者更换后重新补拧。

4.6.4.7 工地焊缝连接和固定

钢桥工地焊缝连接分全焊连接和焊缝与高强度螺栓合用连接两类。合用连接中高强度螺栓连接的技术要求应符合相应规定，工地焊接接缝应按设计和规范的规定进行检验。

钢桥杆件工地施焊连接应按设计规定的顺序进行。设计无规定时，纵向宜从跨中向两端，横向宜从中线向两侧对称进行。焊接施工时的技术要求应符合规范的规定。

工地焊接应设立防风设施，遮盖全部焊接处。雨天不得焊接（箱形梁内除外）。箱形梁内采用CO_2气体保护焊时，必须使用通风防护安全设施。

4.6.4.8 钢桥构件落梁就位

钢桥构件连接固定后落梁就位前应清理支座垫石，其标高及平面位置应符合设计要求。固定支座与活动支座的精确位置应按设计图并考虑施工安装温度、施工误差等确定。

钢梁落梁前后应检查其建筑拱度和平面尺寸，并做记录，校正支座位置。钢梁安装后的允许偏差见表 4-11 所示。

表 4-11 钢梁安装允许偏差

<table>
<tr><th colspan="3">项目</th><th>规定值或允许偏差/mm</th></tr>
<tr><td rowspan="2">轴线偏位</td><td colspan="2">钢梁中线</td><td>10</td></tr>
<tr><td colspan="2">两孔相邻横梁中线相对偏差</td><td>5</td></tr>
<tr><td rowspan="2">梁底标高</td><td colspan="2">墩台处梁底</td><td>±10</td></tr>
<tr><td colspan="2">两孔相邻横梁相对高差</td><td>5</td></tr>
<tr><td rowspan="4">支座偏位</td><td colspan="2">支座纵、横线扭转</td><td>1</td></tr>
<tr><td rowspan="2">固定支座顺桥向偏差</td><td>连续梁或 60 m 以下简支梁</td><td>20</td></tr>
<tr><td>60 m 以下简支梁</td><td>10</td></tr>
<tr><td colspan="2">活动支座按设计气温定位前偏差</td><td>3</td></tr>
<tr><td colspan="3">支座底板四角相对高差</td><td>2</td></tr>
<tr><td rowspan="2">连接</td><td colspan="2">对接焊缝的对接尺寸、气孔率</td><td>符合《钢结构工程施工质量验收规范》（GB 50205—2001）第 20.2.7 条的要求</td></tr>
<tr><td colspan="2">高强度螺栓扭矩</td><td>±10%</td></tr>
</table>

4.6.4.9 工地涂装

涂装前应进行表面处理的质量检查，合格后方可进行涂装。涂装时，涂层遍数和漆膜厚度应符合设计要求，应及时测定湿膜厚度，保证干膜厚度。涂装时发现漏涂、流挂发白、皱纹、针孔、裂纹等缺陷，应及时进行处理。每层涂装前，应对上一层涂层进行检查。涂装后，应进行涂层外观检查。表面应均匀，无气泡、无裂纹等缺陷。

涂层干膜厚度大于或等于设计厚度值的点数占总测点数的 90%以上，其他测点的干膜厚度不应低于 90%的设计厚度值。当不符合上述要求时，应进行修补。厚膜涂层应进行针孔检测，针孔数不应超过测点总数的 20%，当不符合要求时，应进行修补。

4.6.4.10 验 收

完成最后一节吊装后，对箱梁进行校正、焊接。焊接完成后对对接焊缝质量进行检测，进行工地涂装，并同时拆除临时支架，清理场地。检测合格后申请验收。

（1）焊接检查。

对焊接的质量检查内容如表 4-12 所示。

表 4-12 焊接检查内容

序号		检查内容
焊接前	1	焊接工艺评定，焊工资质
	2	环境温度、湿度、风速等，需预热的温度与范围
	3	引熄弧板的尺寸及装置
	4	焊材的烘焙、保温及选用
焊接	1	焊接规范、顺序、位置、方法
	2	层间温度
	3	引弧、熄弧、弧坑及端部焊的处理
焊接后	1	焊缝的外形尺寸，焊缝及其邻近部位的表面质量
	2	变形矫正的温度，矫正后焊缝与邻近母材的表面
	3	焊缝探伤方法、范围、比例、标准、级别
	4	焊缝的返修复探，探伤比例和范围的扩大
	5	焊后热处理的时间、温度

（2）装配检查。

对装配的质量检查内容如表 4-13 所示。

表 4-13 装配检验内容

序号	检查内容
1	临时支墩的强度、刚度、水平度及有关的工装夹具
2	零部件的材质、编号、尺寸、加工精度、数量、连接及施焊处表面处理
3	基准面、基准线、十字中心线、相贯线、零部件的装配位置线
4	零部件的装配位置、方向、角度、同心度、垂直度、拱度、轴线交汇点、坡口的角度、钝边、间隙、衬垫板的密贴及接头的错位
5	装配的次序及方法，加放的焊接收缩及加工余量
6	定位焊的尺寸、长度、间距、位置、表面质量

（3）质量管理记录检查。

对质量管理记录的检查内容如表 4-14 所示。

（4）检验资料检查。

对检验资料的检查内容如表 4-15 所示。

表 4-14　质量管理记录的检查内容

序号	检查内容
1	项目部按照体系文件的具体规定，在项目实施过程中同步做好施工日志、质量检验评定记录等质量记录
2	质量员负责建立《质量记录登记表》，如实反映真实情况
3	质量记录的储存、保管、处理及归档等，具体按《质量记录控制程序》执行
4	交工资料的填写按监理单位的规定格式进行
5	内部质量审核按照公司《内部质量审核程序》执行，验证公司质量体系在本工程运行的符合性和有效性

表 4-15　检验资料的检查内容

序号	资料名称
1	产品合格证书
2	主要原材料及标准件的质量证明书
3	理化试验报告
4	无损探伤报告
5	焊接工艺评定报告
6	构件外形主要尺寸检查记录
7	桥梁预组装的尺寸检查记录
8	桥梁涂装检查记录

4.6.4.11　质量控制

1. 测量质量控制措施

对测量的质量控制措施如表 4-16 所示。

表 4-16　测量质量控制措施

序号	质量控制措施
1	仪器定期进行检验校正，确保仪器在有效期内使用，保证测量人员持证上岗
2	各控制点应分布均匀，并定期进行复测，以确保控制点的精度
3	施工中放样应有必要的检核，保证其准确性
4	根据施工区的地质情况、通视情况对测量方法进行优化，并尽量在外界条件较好的情况下进行测量

2. 焊接质量控制措施

对焊接的质量控制措施如表 4-17 所示。

表 4-17　焊接质量控制措施

项目	质量控制措施
防风	焊接施工前搭设焊接防风棚，焊接使用药芯焊丝，并使用大流量的 CO_2 气体进行焊接保护，增加 CO_2 保护气柱的挺度，提高抗风能力，形成对焊接熔池的渣-气联合保护
防雨	焊接施工前搭设临时焊接防雨棚，防止雨水直接落在炽热的焊缝上，出现冷脆裂纹。若施焊过程中遇到短时大风雨，立即用 3～4 层石棉布将焊缝裹紧，绑扎牢固后方可离开

4.6.4.12　施工防护措施

1. 焊接防护

焊接防护是保证焊接质量的一个重要环节。在焊接作业区域必须设置防雨、防风措施，以保证焊接质量。施焊前，清除坡口内渣皮、锈蚀和污物。低温季节时，施工应焊前预热，焊后保温措施，并加衬、垫板，进行保护焊。

2. 焊接防护措施

（1）基本防护措施。

焊接作业区域设置防雨、防风措施，采用手工电弧焊作业，风力大于 5 m/s 时未设置防风棚或大于 2 m/s 时没有防风措施的部位严禁施焊作业。

由于本工程大量用到 CO_2 气体保护焊，受风力影响较大，所以在现场施焊时必须做好防风措施，桥面做好防风棚；底板及内隔板焊缝均在箱体内焊接完成，由于箱体内自身就有防风功能，可以不做防风装置。

（2）顶板缝焊接的防风措施。

顶板缝为平焊缝，防风措施采取活动支架外面盖篷布的方法，具体方法如图 4-55 所示，操作时在支架外盖篷布。

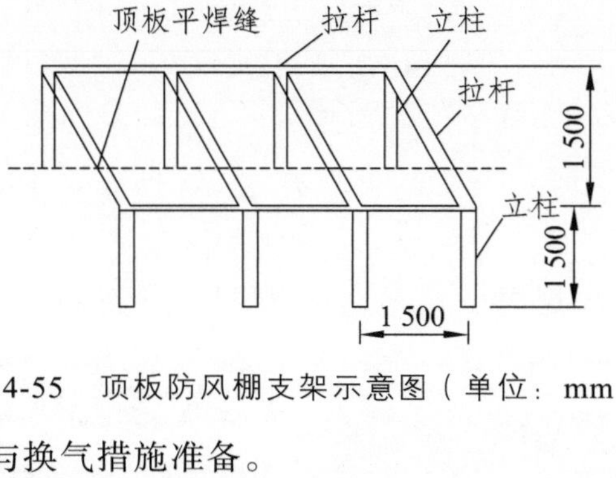

图 4-55　顶板防风棚支架示意图（单位：mm）

（3）钢箱梁内照明与换气措施准备。

在钢箱梁内焊接时，光线比较暗，需设置照明设施，同时在钢箱梁内用电危险系数较大，因此选择行灯进行照明，严格按照《施工现场临时用电安全技术规范》JGJ 46

—2005 要求进行设置、使用。

在钢箱梁内焊接时，空气比较浑浊、不通畅；为使焊接时钢箱内的空气流畅，焊接有害气体能顺利排出，采用抽风机和送风机，分别置于箱梁两端，一送一抽，加速箱体内气体流通。风机设置位置，根据箱梁开口端形式，结合临时人孔、箱梁未封闭端进行布置，原则为一端送风、一端抽风。

除在焊接的各室设置照明行灯、送风机及抽风机外，每段箱梁焊接时，还需派专人看护。看护人要随时观察焊工的安全情况和照明及送排风情况。若发现不安全情况应及时处理并报告，确保操作人员安全。

（4）钢箱梁顶板人孔口防雨措施准备。

下雨前在顶板临时人孔口周边粘几圈防水双面胶，然后再盖上不小于孔口直径 100 mm 的薄铁皮或塑料板进行防雨，对于箱梁未封闭端，为达到防雨目的，可采用胶布或油布等物品进行覆盖。

3. 临时防撞措施

当施工车辆及设备临时占用车道时，应在占用的车道前方设置如图 4-56 所示的靠左/右行驶、左/右道封闭、车辆慢行、限速、禁止超车、施工路段事故多发等标志，并在施工地段封闭车道前方 200 m 开始用反光锥和施工闪灯对交通进行渠化，分别设置电子导向灯、右行车指示板、限速、反光防撞桶、前方施工、向左/右改道、左/右边来车注意避让、向左/右行车指示板等标志；在施工地段封闭方向前方设置红蓝爆闪警示灯。

图 4-56　临时占用车道的相关安全标志

当施工车辆及设备占用封闭车道时，应在施工区域用如图 4-57 所示的围栏或水马进行围护，围栏或水马的围护间隔为每 1.5 m 一个。同时在施工地段封闭半幅超车道及行车道前方紧急停车带侧前方 300 m 设置前方施工标志，并设置前方出口车辆提前靠右/左行驶、车辆慢行、限速、禁止超车、施工路段事故多发标志；在施工路段后 30 m 开始，分别设置解除限速 40 km、解除限速 60 km、解除禁止超车标志。

图 4-57　围栏

考虑夜间行车的需要，在相关路段及部位应多设频闪灯，以加强对车辆夜间行驶的提醒。

购置并设置齐全全部的交通标志、标牌，车辆慢行等显示正在施工的警示标志。

4.6.5 桥面铺装

4.6.5.1 一般要求

施工设计图纸及有关施工资料到位后，组织技术人员进行图纸复核，并对现场进行实地考察，组织对相关人员进行培训，学习相关技术规范及施工细则、设计文件，做好施工的技术准备工作，然后对技术人员进行技术交底，交底内容包括施工方法、施工工艺、施工安全、机械使用等。

施工所需主要原材料均应办理准入手续，在使用前按相应技术规范进行相关试验；同时制订好材料进场使用计划，施工前合理安排材料进场，做好备料工作；对进场材料采取有效保护措施，防止损坏、变质。现场原材料准备充足，并码放整齐，设置显示规格产地、数量和检验状态等的标示牌，原材料的质量证明资料必须齐全。

搞好施工现场三通一平、临时设施及现场消防、保安设施等工作。现场原材料准备充足，并码放整齐、明确标识，原材料的质量证明资料必须齐全。工程测量和工程试验工作达到开工条件，安装调试所有施工机具。

正式施工前，按照专项交通组织方案、交通行业规范《公路养护安全作业规程》（JTG H30—2015）的要求在现有高速公路上摆放标志标牌，做好安全引导工作，防撞桶、交通锥、警示灯等严格按照要求摆放。

在桥梁下穿通道两端地方道路上做好交通管制、设置好标志标牌及安全设施。

4.6.5.2 施工流程

如图 4-58 所示，桥面铺装的施工流程共有 7 个步骤。

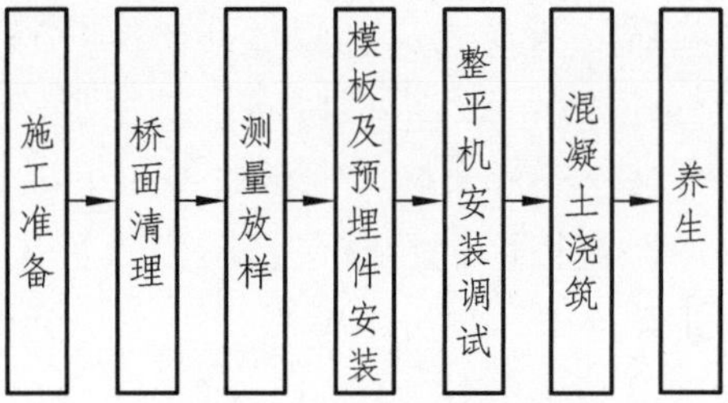

图 4-58 桥面铺装流程

1. 施工准备

根据现场施工情况，桥面系施工前要求将水准点和导线点进行迁移或加密，水准点最好是引到桥面上，导线点引到桥面上能观测到的地方，便于桥面系施工时能较为便利地进行测量观测。对确定的控制桩采取明显标志进行标记，现场测量数据经一人以上复核，确认无误时，上报测量监理工程师批准。

做好桥面铺装所需 C40 钢纤维混凝土的配合比试验和材料的试验抽检工作，确保进场材料的质量。

桥面铺装施工前，应组织对相关班组人员进行相应的技术交底和安全教育。施工人员应分工明确，通力协作，确保施工有序进行。

2. 桥面清理

桥面铺装施工前应首先清理桥面上堆放的大型材料构件，再进行初步清扫，然后“地毯式”凿除浮渣、浮浆，用高压水枪清洗干净且不留积水，并保持桥面湿润，保证桥面铺装层与底层的密结性。

3. 测量放样

结合整平机宽度，沿轨道每 5 m 布设一点，作出明显标记并写出桩号，测量完标高数据，以书面形式和现场技术人员进行交接。整平机拼组完成后，应通知测量人员到场，复核轨道标高，并调节整平机横坡。

4. 模板安装及预埋件布置

及时安装好各种预埋件和模板。

5. 整平机安装调试

根据测量组所给标高，拉线绳，焊安装轨道。轨道铺设完成后，拼装整平机，并通知测量组到现场复核轨道标高及调制整平机横坡，与桥面设计横坡一致。拼装完成后，调试整平机运行情况，确保混凝土能顺利浇筑完成。

6. 混凝土浇筑

混凝土浇筑由纵坡低处向高处进行，浇筑之前再次检查钢筋加固情况，发现有杂物及时清理，对跑位、松动处及时进行加固。桥面清理完成后，洒水人员洒水充分湿润桥面，但不能有积水。混凝土浇筑采用罐车直接运输到位，直接浇筑桥面铺装，放灰人员在做好砼坍落度试验后放灰，放灰时应指挥吊车将料斗尽量放低，减少混凝土倾落高度（应≤2 m），避免砼离析，宜沿横桥向呈之字形均匀布料。摊灰人员使用铁锹配合布料，插入式振动棒对砼进行振捣，直至砼停止下沉，不再冒气泡，表面平坦、泛浆。开动整平机匀速前进，对桥面进行整平，施工人员应注意及时清理整平机前方刮起的混凝土，以免阻碍机器行进，对边缘整平机施工不到位的地带，采用人工抹平，并安排专人负责整平机后方混凝土的抹平。待混凝土稍硬，用手指轻按不粘浆后即可进行第一次收面，一次收面采用人工抹光。待混凝土初凝后，进行二次收面，二次收面完成后进行拉毛，拉毛采用剪去端头较软部分的塑料扫把横向来回各一次进行，深度控制在 1 ~ 2 mm。

7. 养　生

为防止收缩裂纹的出现，桥面混凝土浇筑完成后应及时进行养生。养生时上覆土工布浇水 7 d，且保持砼表面湿润。桥面铺装施工过程中应实行严格管制，在桥面铺装未达到设计强度前的整个施工过程，禁止车辆通行。

4.6.5.3 其他要求

（1）预制主梁梁顶、翼板及横隔板横向端部等与现浇混凝土结合的混凝土表面必须采用凿毛工艺（应采用铣刨机等机械设备作业，不宜采用人工凿毛处理），并需凿除浮渣、浮浆，用空压机清扫、高压水冲洗干净，严禁采用拉毛处理，以保证新老混凝土的结合性能。

（2）对分段、分幅施工的桥面铺装，应严格处理纵、横向施工缝，要求施工缝表面粗糙，用空压机清扫、高压水冲洗干净。

（3）混凝土浇筑应避开气温低于 5 °C 或高于 35 °C 的时段，炎热夏季宜在晚间进行浇筑施工，寒冷的冬天宜在中午施工，并做好覆盖保温措施。

（4）雨季、夏季施工时，应备足遮阳防雨棚、帆布和塑料薄膜，遮阳防雨棚支架宜采用可推行的简易焊接钢结构。

（5）高温季节施工时，应加快施工各环节的衔接，尽量缩短各工艺环节时间，掌握后场搅拌、前场卸料时间，合理控制摊铺进度，确保工程质量。

（6）桥面铺装浇筑时，纵桥向宜从下坡向上坡进行浇筑，横桥向宜从横坡低的一侧浇筑至高的一侧。

（7）纵横坡均较大的桥梁，严格控制混凝土坍落度及振捣时间。防止由于坍落度过大和过振，造成自重作用下混凝土离析不均匀，引起收缩变形不一致，导致桥面铺装混凝土开裂。

（8）必要时可结合调节混凝土桥面铺装层厚度来满足横坡、竖曲线及超高渐变的需求。

4.6.5.4 质量检验要求

对桥面铺装质量的检验项目及要求如表 4-18 所示。

表 4-18 沥青混凝土桥面铺装实测项目

项次	检查项目		规定值或允许偏差	检查方法和频率
1	强度或压实度		98%	钻芯取样法：1 km 取 2 个点检测
2	厚度/mm		+10，−5	以同梁体产生相同下挠变形的点为基准点，测量桥面浇筑前后相对高差：每 100 m 测 5 处
3	平整度	*IRI*/（m/km）	2.5	平整度仪：全桥每车道连续检测，每 100 m 计算 *IRI* 或 σ
		σ /mm	1.5	
4	横坡/%		±0.3	水准仪：每 100 m 检查 3 个断面
5	抗滑构造深度		符合设计要求	砂铺法：每 200 m 查 3 处

4.6.5.5 安全施工

1. 梁板预制安装的安全施工要求

（1）预制场应配备爬梯，方便施工人员上下。预制梁高度超过 2 m，在梁顶进行钢筋绑扎、浇筑混凝土等作业时应设置安全防护栏杆。

（2）堆放工字梁等大型构件时，基础须进行硬化，设置斜撑，防止倾覆，存梁不允许超过 2 层。

（3）施工单位应根据预制梁结构特点、质量、形状、长度和现场环境状况制订运输和架设方案，选择吊装机械、运输车辆和配套设备，并应制定相应的安全技术措施。

（4）梁板架设所采用的起重设备，应满足施工方案要求并持有有效的安全使用证和检验报告书。使用前应对起重设备进行全面安全性能检查，重点应检查各操作系统、移动系统、安全系统（力矩限制器、变幅限制器等）运转是否正常，同时应检查钢丝绳、轧头、吊钩、滑轮组等是否符合规定。

（5）采用龙门架吊梁前应仔细检查各部位间的连接情况，吊梁和移梁作业时，应派专人检查起重设备各系统工作情况，然后试吊，并认真进行观测，确保万无一失。梁体离开台座时两端应同步，龙门架平移及梁体升降应均匀地进行。梁体平移时两端应同时进行，平稳匀速，防止梁体受扭、倾斜甚至倾覆。

（6）梁板架设就位后应立即采取支撑防倾覆措施。尤其是工字梁吊装时，每跨第一片梁和边梁就位后，应立即采用方木支垫横隔板的底部，采用原木斜撑翼缘板的根部，并应采用木楔揳紧等措施防止单梁倾覆；其他梁吊装就位后，应立即焊接部分横隔板、翼缘板湿接缝的钢筋，加强横向联系，保证安全。

（7）架梁作业时，施工单位应设专职安全员进行现场监护，对施工过程中可能产生的各类安全隐患进行控制。在架梁作业过程中，地面应设围栏和警示标志，派专人值守，禁止非施工人员进入。跨越公路、铁路、航道架梁时，应提前做好各项架设准备工作，尽可能缩短架设时间，快速安装到位，并应设置防落网等有效的防护措施，防止对行人、车辆等造成危害，减小对外界的影响，必要时应采取临时交通管制措施，保证施工安全。

（8）夜间、5 级及 5 级以上大风或暴雨时，不得进行架梁作业。

2. 支架上现浇箱梁的安全施工要求

（1）现浇梁支架的两侧应有工作平台，边侧应搭设高度不小于 1.20 m 的安全防护栏，侧面应满挂安全网。梁翼缘下的支架上应铺脚手板，并应与支架连成整体，脚手板的端头应设置栏杆和安全网。

（2）在现浇梁支架的搭设和拆除过程中，地面应设围栏和警示标志，派专人值守，禁止非施工人员进入，以免发生安全事故。

（3）现浇梁支架跨越要维持正常通行（航）的道路（水域）时，对其现浇支架应采取防碰撞的安全措施，并应设置必要的提前提醒标志、交通导流标志，施工中易受漂流物冲撞的支架应设坚固的防护设备，并应设置三角形导流柱，夜间应设置警示灯，还应设置限高、减速、通行警示，保证施工安全和交通安全。船舶或汽车通行孔的两边支架应加设护桩，夜间应采用灯光标明行驶方向。

（4）上部结构施工后桥梁边缘应设置防护栏杆。

4.6.6 环境保护

箱梁内的杂物、垃圾应清理干净，不得有积水，施工结束经监理工程师检查同意后方可封堵箱室。应做好混凝土浇筑完成后剩余材料的处理工作，避免污染桥面和周围环境。工程完工后，应及时进行现场彻底清理，并应按设计要求采用植被覆盖或其他处理措施。

4.7 桥梁附属工程

4.7.1 垫石及支座安装

限于篇幅，本节只介绍支座垫石施工及盆式（板式）橡胶支座的安装施工，其他类型的支座安装可根据其特点参照执行。

4.7.1.1 一般要求

墩台施工完成后宜尽快施工支座垫石，支座垫石施工应采用四角可调节高度的定型钢模，如图 4-59 和图 4-60 所示。

图 4-59 可调节标高垫石模

图 4-60 支座垫石

所有自制支座预埋钢板应进行热浸镀锌。由生产厂成套提供的支座，应要求生产厂将上下钢板进行热浸镀锌；螺栓、螺母、垫圈也应进行热浸镀锌，并应清理螺纹。热浸镀锌防锈处理应按相应规范要求执行。

应根据梁体混凝土浇筑时的温度、预应力张拉、混凝土收缩与徐变对梁长的影响，计算相对于设计支承中心的预偏值，确定活动支座上滑板中心的位置。对特殊形式和特殊规格的支座，在垫石施工之前应与生产厂及时沟通，核对支座的相关尺寸与预埋件。

4.7.1.2 施工流程

垫石及支座安装的施工流程如图 4-61 所示。

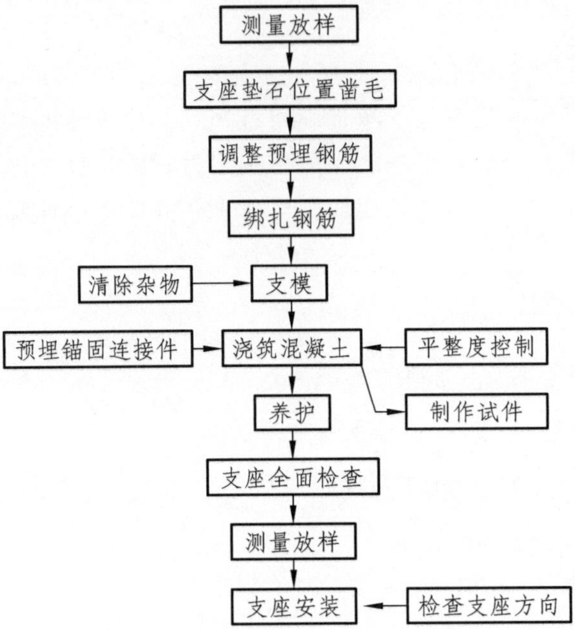

图 4-61 垫石和支座安装施工流程

4.7.1.3 垫石及支座安装施工

1. 支座垫石施工

支座垫石施工之前，应做好支座垫石位置处混凝土的凿毛工作，并应计算复核支座垫石的设计标高（尤其是弯、坡、斜桥），调节定型钢模四角顶面标高，严格控制支座垫石顶面标高，保证其在规范允许的误差范围之内。

用于盆式支座的支座垫石，应按盆式支座底板地脚螺栓的间距及规格预留螺孔，预留螺孔直径宜为地脚螺栓的 3 倍（$3d$），深度宜为地脚螺栓长度 L+50 mm。在施工过程中，应严格控制支座垫石位置处预埋钢筋网片的数量与预埋质量。

支座垫石混凝土浇筑前，应采用水充分湿润支座垫石位置处，施工中应采取可靠措施保证混凝土振捣密实，同时应做好垫石混凝土表面的收浆抹面工作，保证表面平整。

支座垫石宜采用细石混凝土进行施工，混凝土的强度应满足设计要求。支座垫石在收浆抹面结束后宜采用潮湿土工布覆盖，滴灌养护时间应不少于 7 d。支座垫石不宜在冬期浇筑施工，必须在冬期浇筑施工时，应对混凝土采取严格的保温措施。

支座垫石不应出现露筋、空洞、蜂窝及裂缝，预埋钢板（如有）不应出现悬空现象。对有裂缝、高程或几何尺寸偏差超过允许值，以及混凝土强度不满足要求的支座垫石，现场应一律作返工处理，不得进行修补或加固。

2. 支座安装

（1）基本要求。

支座安装前，应对支座垫石进行复测，放出支座纵横向十字中线，标出支座安放的准确位置，并检查支座的型号、规格及外观，滑动支座应检查滑动面上的四氟滑板和不锈钢板是否有划痕、碰伤等；盆式橡胶支座应检查橡胶块与盆底间有无压缩空气，若有应排除空气，保持紧密。

安装前，应将墩、台支座垫石顶面和梁底面清理干净并进行风干，应尽可能地保证梁底与支座垫石顶平整，使其与支座上、下面全部密合，支座中心应对准梁体设计位置，避免支座偏心、脱空，造成不均匀受力。若支座与梁之间存在间隙确实需要调整，可垫大于支座受压面积的钢板，所垫钢板应进行热浸镀锌处理，且每个支座上最多只能垫一块钢板。

施工单位、监理工程师应对每一跨（孔）及时组织支座安装质量检查，及时发现问题并整改，经复查合格后，方可进行下一道工序的施工。

（2）板式橡胶支座安装。

如图 4-62 所示，在安装固定支座时，应确保其下表面与支座垫石顶面接触严密，支座标高及平整度满足要求。整体板式滑动支座在安装时应先在四氟板的储油槽内注满硅脂润滑剂，可采用钢筋或钢板将支座上、下钢板作临时固定，使落梁时支座上、下钢板不出现相对滑动。

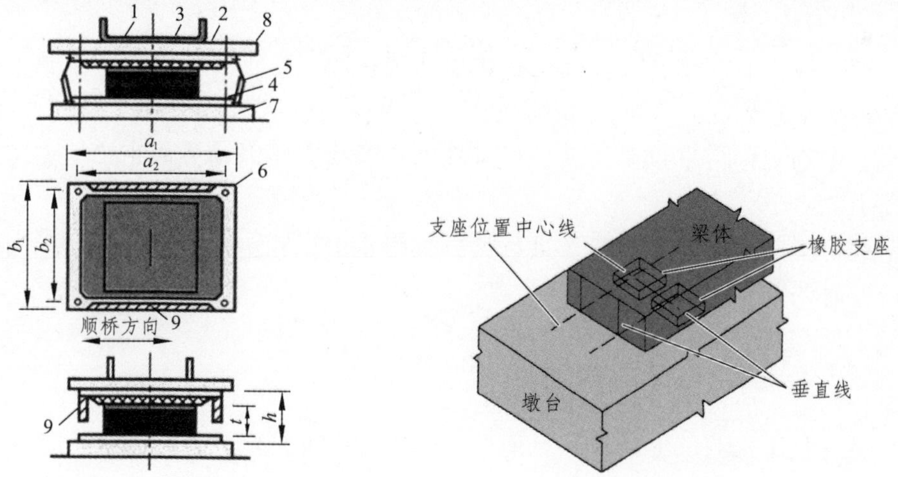

（a）四氟滑板支座组装示意图　　（b）安装示意图

1—上钢板；2—不锈钢板；3—四氟滑板支座（$GJZF_4$、$GYZF_4$）；4—下钢板；5—防尘罩；6—锚固螺栓；7—支座垫石；8—梁底预埋钢板；9—导向板。

图 4-62　支座安装示意

对先简支后连续的桥梁，临时支座的标高宜比永久支座的顶面标高高出 2 mm，临时支座宜采用砂筒（砂箱），且应经试压合格后方可使用。

（3）盆式橡胶支座安装。

盆式橡胶活动支座的安装错位量和方向应由设计单位及厂家根据安装时气温条件提供相应数据。在安装前，宜采用丙酮或酒精仔细擦洗各相对滑移面，并在聚四氟乙烯板的储油槽内注入硅脂类润滑剂。安装就位后，应将支座上、下钢板之间采用钢筋或钢板连接，进行临时锁定，以防施工过程中发生错位，但锁定应在预应力张拉前解除。

当盆式橡胶支座安装采用地脚螺栓连接时，支座纵横轴线位置对正后，将支座就位并调整水平。待复检合格后在螺栓的预留孔中灌入环氧树脂砂浆，环氧树脂砂浆完全凝固后再拧紧螺母。地脚螺栓露出螺母顶面的高度不得大于螺母的厚度。

当盆式橡胶支座安装采用焊接连接时，应在支座顶板和底板相应位置处预埋钢板，支座就位后可采用跳跃式连续焊接法将支座上下钢板与预埋钢板焊接在一起。焊接时应采取有效降温措施。

支座安装后，应及时清理杂物，并对支座所有外露钢结构部分进行防锈处理，且应及时加装支座防尘护罩。

4.7.1.4 质量控制

1. 质量控制要求

（1）顺桥向相邻墩台高程不同时，同一片梁两端支座垫石顶面高程相对误差不得超过 3 mm。

（2）支座垫石的混凝土强度应满足要求，表面应平整、无裂缝，高程、几何尺寸应准确。

（3）梁、板底面和垫石顶面的钢垫板应埋置稳固。垫板与支座间应平整密贴，四周间隙不得大于 0.3 mm，并应保持清洁。

（4）支座的规格型号正确、安装位置准确、滑动支座滑动方向正确、安装后支座能均衡受力。

（5）应对支座的安装质量逐个进行检查，防止出现脱空、偏压、变形等问题，若有问题应及时调整。

2. 质量记录内容

质量控制过程应按如下内容做好质量记录：

（1）原材料（水泥、细集料、粗集料、钢筋、外加剂等）进场检验报告。

（2）钢筋检查记录。

（3）模板检查记录。

（4）支座垫石检查记录。

（5）混凝土、砂浆强度检验报告。

（6）支座出厂合格证及技术性能指标检验记录。

（7）支座垫石及支座安装的测量记录。

（8）安装温度与设计温度不同时，支座顺桥方向预偏值的计算资料。

4.7.1.5 成品保护

支座运输吊装时应谨慎操作，并应采取有效的防护措施防止支座被碰坏。应定期检查支座防尘罩是否破坏脱落，如发现问题应及时恢复。对未形成整体的梁、板结构，应尽量避免重型车辆通过，防止压坏支座。

4.7.2 桥面排水

4.7.2.1 一般要求

桥面采用垂直排水形式时，排水口下端应低于梁底面至少 10 mm，防止梁底被雨（污）水污染。跨线桥不宜采用垂直排水形式。

桥面排水时，其出水口不应直接冲刷桥体，宜设置引水管道至桥下排出。

4.7.2.2 桥面排水施工

1. 泄水管安装

泄水管安装时，应以桥面高程为控制点，并应严格按照控制点标高进行施工。泄水管安装后其进水口应略低于桥面水泥混凝土铺装层。泄水管内表面及外露表面应进行防腐处理。泄水管安装完成后，应保证泄水管与预留孔紧密结合不渗水。

泄水管格栅盖板铺设前，应将沟槽内杂物清洗干净，最后进行盖板的铺设。疏通泄水孔时，应首先确定孔道准确位置，由外向内清除堆积物。严禁采用猛烈敲击或随意钻孔的方式清（凿）孔。

2. PVC-U 排水管安装

PVC 管黏结时应将承口和插口上面的尘土及油污擦干净，不得有水，胶水的涂刷应均匀，插口插入后应迅速调整好管件的角度，避免胶水干燥后无法转动。粘连时应注意预留口方向。

排水管道应先安装横管，再安装立管，检查合格后方可进入下道工序施工。管道黏结牢固后应立即将溢出的黏结剂擦拭干净。

安装 PVC-U 排水管时，宜采用门式移动脚手架作为操作平台。

3. 钢管排水管安装

钢管的内表面及外露表面应在除锈后进行防腐处理。应按设计要求先行安装好钢管卡箍，钢管的安装应遵循先装大口径、总管、立管，后装小口径、分支管的原则，并按顺序安装，避免出现跳装、分段装和管段之间连接困难现象，影响管路整体。

管道焊接时应采取分层多道的施焊方法，一般不少于二层。根部第一层宜采用较小直径（ϕ3.2 mm）的焊条。焊完一层后，应采用锤子或钢刷将熔渣及氧化物清除干净。若发现有气孔、裂纹等缺陷，应将缺陷部位铲除干净，重新补焊后，方可焊下一层。各层的引弧点和熄弧点应错开。

钢管焊接、安装完毕后，应对焊接损伤处补刷防腐涂料，面漆应选用和上部箱梁相近的颜色。穿桥面的立管应进行二次灌浆封堵及防水。

4. *碎石盲沟施工*

碎石盲沟的施工宜采用人工铺设碎石的方法，人工铺设的外观应整齐顺适，平面几何尺寸应满足规范和设计要求。

4.7.2.3 质量控制

钢管表面应无显著锈蚀，无裂纹，卷焊钢管无扭曲损伤，不应有焊缝根部未焊透的现象，表面不应有机械操作损伤，不应有超过壁厚负偏差的凹陷，卷管的周长偏差及椭圆度不应超过规定。所有焊接材料应具有合格证，焊条应按有关规范要求烘干，焊条药皮应无脱落和显著裂纹。

质量控制过程应按如下内容做好质量记录：

（1）原材料（泄水管、钢管、PVC-U、碎石等）进场检验报告。

（2）钢管焊接检查记录。

（3）混凝土、砂浆强度检验报告。

（4）泄水管质量检查记录。

（5）排水管质量检查记录。

4.7.2.4 成品保护

施工时应防止造成墩柱、箱梁底部的污染。竖向排水管安装在梁片翼缘板处时应避让负弯矩预应力管道位置，以保证负弯矩预应力施工质量。应采取适当的措施防止杂物落入泄水管。

4.7.3 护 栏

4.7.3.1 一般要求

施工前应熟悉施工图纸和设计资料，复核防撞护栏细部尺寸（图 4-63），并对防撞护栏的预埋钢筋进行复检，对缺、漏、错位的钢筋应采取措施整改到位后方可进行施工。

对于先施工桥面调平层的，应在桥面调平层混凝土强度达到设计要求且养护期结束后方可开始进行护栏施工。

图 4-63　防撞护栏

4.7.3.2　施工流程

防撞护栏的施工流程如图 4-64 所示。

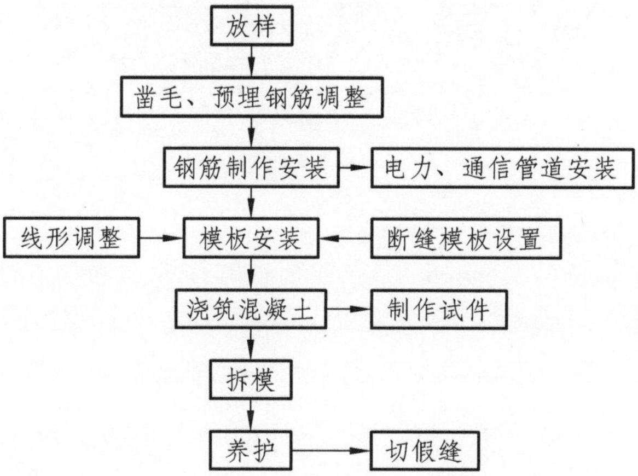

图 4-64　防撞护栏施工流程

4.7.3.3　混凝土护栏施工

1. 测量放样

放样时对于直线段，宜不超过每 10 m 测 1 个护栏内边缘点，曲线段应根据实际计算确定，并应根据放样点弹出护栏内边线，立模时可根据该线进行微调，保证护栏线形顺畅。

护栏的高程如以桥面调平层作为控制基准面，在此之前，应对桥面调平层进行检验，在保证护栏竖直度的同时应保证其顶面高程的准确。应经常复核放样基准点，防止其移位、消失。

2. 钢筋制作与安装

应检查调整梁板预埋钢筋，缺筋处应植筋。若护栏主筋为截断预埋，则截断部分与预埋部分应采用焊接连接，先焊接护栏主筋，然后绑扎水平筋。

应按设计图纸对牛角预埋钢板、防落网预埋钢板、波形护栏预埋套管（护栏基座）交通标志等预埋件进行定位。

如图 4-65 所示，泄水管、伸缩装置等预留槽口应事先加工好相应模具，伸缩装置预留槽口模具应考虑伸缩装置安装高度，模具宜采用木模制作，严禁采用泡沫材料，护栏模板安装时应将预留槽口模具准确定位、牢固固定。

图 4-65　预留泄水管槽口模具

预埋钢筋、预埋钢板的焊接应符合设计要求，并应保证钢板无翘曲变形，双面焊缝饱满无漏焊，定位准确、牢固。护栏预埋钢板的锚固钢筋插入深度、角度应符合设计要求。

3. 模板加工及安装

模板应采用整体式钢模，具有足够的强度和刚度。模板交角处宜采用倒圆角处理，使其线形平顺。单片模板长度应综合考虑桥面竖曲线及梁体上拱等因素，使施工缝间距均匀一致美观，并有利断缝的设置，模板长度宜为 2 ~ 2.5 m（匝道 1.25 m），以保证纵向线形顺适，如图 4-66、图 4-67 所示。

图 4-66　护栏模板安装

图 4-67　防撞护栏不锈钢模板安装

护栏模板的安装应按模板试拼的编号进行，模板之间的接缝宜采用双面胶粘贴于模板接缝处，模板与桥面之间的接缝宜采用橡胶条等材料进行填缝。支模时宜在顶部和底部各设一道对拉螺杆，或采用其他固定模板的装置，同时应在模板内设置内支撑，待混凝土浇筑至此位置时，拆除此支撑。

应按照设计位置设置断缝。断缝宜采用易于拆除的夹板断开，该夹板可采用两片薄钢板夹一片泡沫制作，端头模板应采用钢板。

4. 混凝土施工

护栏混凝土的现场坍落度宜控制在 120 ~ 140 mm，砂率宜不大于 36%，且不宜采用泵车浇筑，可采用溜槽或吊斗，以减少混凝土表面气泡。同一跨内的单侧护栏应一次性浇筑，混凝土浇筑时宜采用斜向分三层浇筑的方法，第一层宜控制在 250 mm 左右，第二层浇筑到离护栏顶 350 mm 左右，然后浇筑到护栏顶。

对护栏曲面部位的混凝土，应勤布料，多振捣，一次性布料不宜过多，以利于气泡逸出，减少混凝土表面气泡，保证表面密实。浇筑至顶面时，应派专人按控制标高准确抹平，并做二次压平收光处理，保证护栏成型后，顶面光洁，线形顺畅。

若护栏模板底采用砂浆找平，则砂浆宽度在满足支模要求后，不得侵入护栏实体，在护栏施工完毕后，应予以清除。

5. 养护及其他

宜采用干净的无纺土工布覆盖，自动滴灌养护，养护时间应不少于 7 d。模板拆除的同时，应立即进行假缝的切割，在跨径长度内按护栏模板长度的整数倍（约 5 m）切缝，缝深 10 mm，缝宽 5 mm。

防撞护栏施工时应注意是否需要预留横向泄水孔，并应控制好泄水孔进水口标高，既保证桥面排水，又保证路面结构内部水排水通畅。

4.7.3.4 质量控制

防撞护栏的顶面和接缝处不得有开裂现象，对错台、平整度、外观质量等问题应及时处理，并应保证颜色一致。对防撞护栏的线形，直线段应顺直，曲线段弧形应圆顺，无折线与死弯。顶面应平顺美观、高度一致，不得出现露筋和空洞现象。

防撞护栏上的钢构件应焊接牢固，焊缝应满足设计和有关规范的要求，并应按设计要求进行防护。

质量控制过程应按如下内容做好质量记录：

（1）原材料（水泥、细集料、粗集料、钢筋、外加剂等）进场检验报告。

（2）钢筋检查记录。

（3）模板检查记录。

（4）混凝土、砂浆强度检验报告。

（5）护栏质量检查记录。

4.7.3.5 成品保护

拆除模板时不应采用大锤、撬棍硬砸猛撬，防止混凝土的外形和内部受到损伤。应避免施工的二次污染，加强对已完工护栏的外观保护。

4.7.3.6 安全施工

垫石施工高空作业时宜尽量利用墩台帽施工作业的安全防护设施。护栏施工时应设置操作平台和防护栏杆。桥面伸缩装置施工时，应封闭交通，并分左、右幅施工，设置好安全警示标志。已完桥梁在正式通车前，桥头应设栅栏，严禁非施工人员入内。

4.7.3.7 环境保护

施工中应尽量减少对墩台的污染，垫石施工完成后，对个别污染点应及时进行彻底清理。桥面破除和清扫的废渣、杂物等，应运至指定的地点弃放，严禁由桥上向桥下抛弃杂物。

第 5 章 路基工程

5.1 路基施工方案

5.1.1 一般填方路基拓宽

如图 5-1 所示，原有路基拓宽改建时，拆除原有老路护坡后，对原有路堤边坡开挖台阶，各级台阶开挖宽度不小于 100 cm，顶部硬路肩路面范围开挖深度不小于 150 cm。开挖反向台阶，底部第一级台阶高度可根据地形适当调整，但不宜超过 2 m，否则宜增加分级台阶。

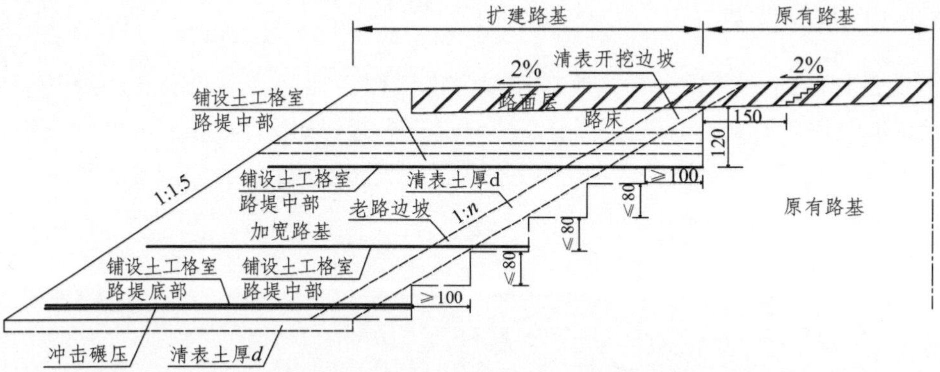

图 5-1 新旧路基衔接处理设计图

为了保证改建路面良好的使用功能，必须保证新老路基之间差异沉降不大于使路面结构破坏的临界值，即新老路基之间差异沉降的控制指标。根据国内其他改扩建项目的成功经验及路基规范要求，本项目新老路基差异沉降控制标准：原有路基与加宽路基的路拱横坡坡度的工后增大值不应大于 0.5%。

5.1.2 挡墙路基或用地受限路段加宽

沿线原路地面平坦，路基拓宽改建出现侵占厂房、大片民房、乡村道路、河沟、较大的排（灌）沟渠时，为避免或减少拆迁、减少改移乡村道路或较大的排灌沟渠，经技术经济比较，设置路肩挡土墙或路堤挡土墙进行支挡。挡土墙背与原有路基边坡的衔接处理与一般路基拓宽处理方式一致，挡土墙背采用回填透水填料填筑。

5.1.3 路基填筑与压实度控制

本项目一般路段路基地表清除 0.3 m（原高速公路两侧梯形边沟外有 3 m 土堆，为原高速公路施工时堆置的耕植土，施工时应将其挖除再进行填筑）后，采用砂砾石或透水性填料填筑至地表以上 0.6 m，以上路堤采用其他合格填料填筑。

为保证路基边缘部分的压实度，路堤两侧超宽填筑 50 cm，最后削坡。路基填料要求如表 5-1 所示。

表 5-1　路基压实度、填料最小承载比及最大粒径要求

路基部位	路面底面以下/cm	*CBR*/%	压实度/%	填料最大粒径/cm
上路床	0～30	8	≥96	10
下路床	30～120	5	≥96	10
上路堤	120～190	4	≥95	15
下路堤	＞190	3	≥94	15
零填及路堑路床	0～30	8	≥96	10
	30～120	5	≥96	10
清表回填			≥90	

5.1.4　特殊路基

本项目特殊路基主要为软弱地基且多为浅层软弱地基，对浅层软弱地基采用部分挖除后，填筑卵碎石或砂砾石等透水性填料进行处理，如图 5-2 所示；对软土埋深较大且有一定厚度路段，采用泡沫轻质土或 CFG 桩复合地基处理，如图 5-3 所示。

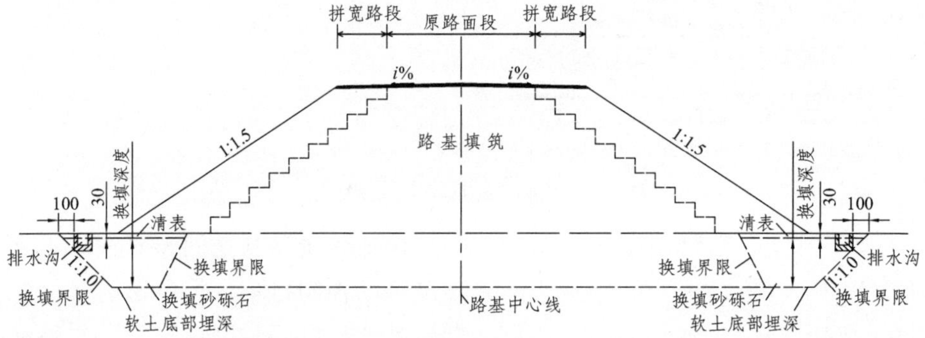

图 5-2　浅层软基处治

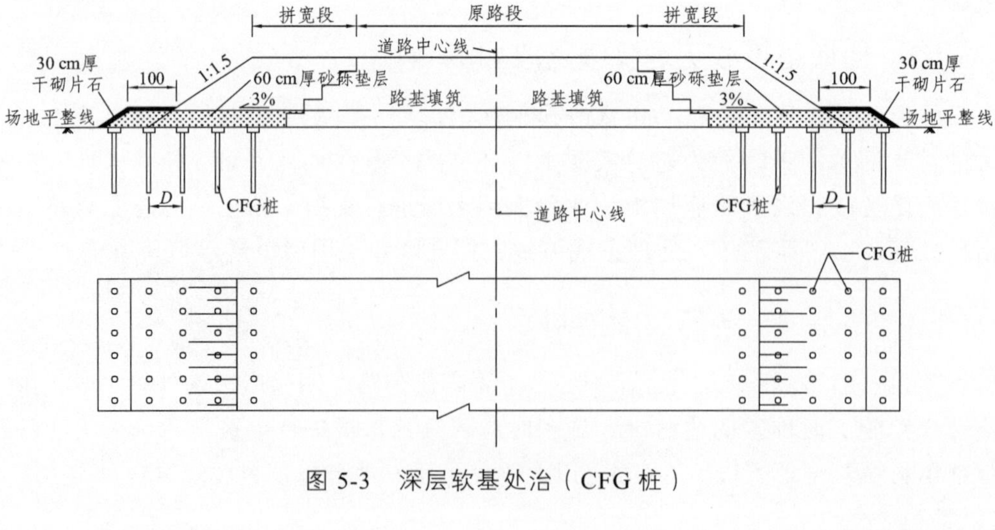

图 5-3　深层软基处治（CFG 桩）

5.1.5 路基防护

路基防护既要加大植草绿化面积、减少圬工体积，同时也要兼顾考虑改建后排水需要与边坡稳定。本项目防护工程材料采用 C20 混凝土材料，当填方边坡高度≤4.0 m 时，对不受水流冲刷的一般路段，边坡坡面采用喷播植草防护；当填方边坡高度＞4.0 m 时，采用菱形网格防护或拱形骨架护坡，拱形骨架护坡适用于超高单向横坡内侧填方边坡、凹型竖曲线底部填方边坡、桥头路堤边坡、骨架内及边坡平台种植草灌进行坡面防护；当填方坡脚伸入河流（或塘堰）时，一般采用实体护坡对高出河流（或塘堰）设计水位 0.5 m 以下的部分进行防护并设置泄水孔。

对于与主要建筑物发生干扰路段的路堤，为减少占地、收缩坡脚和避免拆迁，一般采用设置仰斜式挡墙进行防护。对于扩建工程侵占乡村道路、较大的排灌沟渠时，有条件的地段设置仰斜式挡墙，避免改移乡村道路和排灌沟渠，节约工程投资。

5.2 路基施工实施

5.2.1 施工准备

5.2.1.1 一般要求

路基工程开工前，应在全面理解设计要求和设计交底的基础上，进行现场调查与核对。根据设计文件、施工合同要求和现场实际情况，编制实施性施工组织设计，按规定程序进行报批。

施工单位进场后应配合建设单位组织设计单位、监理单位和沿线的地方政府对涉及沿线厂矿企业、村组通行及农业生产的跨线桥、通道、涵洞等进行核查。核查排水系统设计是否完善、合理，以及排水结构物的基础标高和走向，使全线的构造物满足功能要求，确保工程完工后不影响地方的生产、生活。

修建生活和工程用房，解决好通信、电力、水的供应，修建工程所需的临时便道、便桥、预制场地、拌和站等，确保施工设备、材料、生活用品的供应，满足正常施工需要，并能够确保原有道路、结构物及农田水利等设施的使用功能。

施工单位应对各类施工班组、施工人员进行岗前培训和技术、安全培训，重点对电焊工、模板工、钢筋工等特殊工种进行岗前考核，并持证上岗。

施工过程中，施工原始记录与施工工序必须同步，工程现场验收与施工资料签认同步，对隐蔽工程必须保留相关影像资料。各分项工程开工前，工程施工所需的各种材料、机械设备、人员已到位，完成首件工程或试验段总结，施工方案和开工报告按规定已批复。

路基施工应做好临时排水总体设计，应与永久性排水设施相结合、与自然排水系统相协调，做好现场取、弃土场的位置选择。

绿化工程应与路基工程同步准备、与路基边坡防护工程同步实施、与路基工程同步完成，做到“三同步”。

5.2.1.2 测量放线

1. 基本要求

施工单位应在工程开工前将现场调查和核对结果，在接管工地 14 d 之内通知监理工程师，根据监理工程师提供的测设资料和测量标志，在 28 d 内将复测结果提交监理工程师。对有异议的导线点，施工单位应及时报告监理工程师，由监理工程师确认最终解决办法；对有异议的水准点，施工单位应向监理工程师提交一份列有勘误的高程修正表，由监理工程师核定正确高程。

施工单位应将施工中所有控制桩以及监理工程师认为对放样和检验有用的标志桩进行加固并保护，树立易于识别的标志。施工过程中，应保护好所有控制桩，并及时恢复被破坏的桩。每半年至少应复测一次控制点。

2. 复　测

对设计单位提交的导线起终点、水准点应与国家大地点（三角点、导线点）联测，相邻合同段应组织联测；对于所有导线点应按照一级导线标准进行复测。原有导线点、水准点不能满足施工要求时，须增设满足相应精度要求的附合导线点、水准点，对可能受施工影响的导线点、水准点，施工前应加以固定或改移，并满足其精度。

沿路线每 500 m 宜有一个水准点。在结构物附近、高填深挖、工程量集中及地形复杂地段宜增设水准点，并应满足精度要求。

3. 放　样

路基开工前，应认真核对长短链情况，按照《公路勘测规范》及《公路勘测细则》中有关规定进行全段中线放样。施工单位应对原地面进行复测，并于开工前 28 d 内将复测结果提交监理工程师审核。

横断面测量应逐桩施测，断面布置数量及横向测点原则上应与设计对应，施测宽度应满足路基及排水设施的需要。对深挖高填路段，每挖填 3 ~ 5 m 或者一个边坡平台（碎落台）应复测中线、标高和宽度。位于曲线段的防护工程，放样时应加密桩位。

5.2.1.3 场地清理

1. 基本要求

施工单位应按设计文件进行用地界桩放样，确定路基施工界线，保护监理工程师指定所要保留的构造物。在原地表未被扰动之前，施工单位应重测地面标高及横断面，并将与设计文件不符的填挖方断面及土石方调配方案提交监理工程师审核。

施工单位应按工程量大小，合理划分施工段落，清理和拆除工作完成后，应报请监理工程师验收。

2. 地表清理

路基用地范围内的树木、灌木丛等应在清表前砍伐或移植，砍伐的树木应堆放在路基用地之外，并妥善处理。

路基用地范围内的垃圾、有机物残渣及农作物根系应予以清除，原地表以下至少30 cm的草皮、表土应予以清除并有序集中堆放，以供土地复耕和绿化使用。路基范围内的坑穴应填平夯实，并进行填前碾压，达到规定的压实度要求。

3. 拆除与挖掘

路基用地范围内的旧桥梁、旧涵洞、旧路面等结构物等应予以拆除，对正在使用的道路设施及构造物，应对其正常使用做出妥善安排后，才能拆除。原有结构物的地下部分，其挖除深度和范围应符合设计文件或监理工程师要求。拆除原有结构物或障碍物需要进行爆破或其他作业有可能损伤新结构物时，应在新建工程动工之前完成。

对所有指定为可利用的材料，应有序堆置于指定区域。对废弃材料，施工单位应按监理工程师指示妥善处理。对于因拆除施工造成的坑穴，必须回填并夯实，并达到规定的压实度。

5.2.2 一般路基施工

5.2.2.1 一般要求

按照合同要求，依据设计文件和经批复的施工组织设计方案，将路基施工所需的挖除、填筑、运输、拌和、养护等设备就位并检查、保养到位。对将要开工项目所需的材料按照进度计划提前做好准备，土方工程的取、弃土场的施工便道应完成，填筑土方所选料场储量应满足要求，质量达到标准；构造物施工所需的外购材料试验结果得到批复，材料运至现场。

路基填筑必须水平分层施工，每层上料前均应用灰线打出方格网并严格按方格网规定的数量上料，以控制松铺厚度；按填料类型选择性能优良、吨位足够、匹配的压实设备，严格工艺控制，保证压实质量。

路基主体完工后应留有半年以上的工后沉降期。若工期紧时，应对路堤采用增压补强措施，确保路基沉降符合设计要求，否则不得进行路面施工。

路基工程完工后，施工单位组织对全线排水系统、边坡防护工程及桥涵工程进行核查，结合路基地貌状况及水文地质情况对排水系统、防护工程进行完善。

5.2.2.2 挖方路基

1. 施工流程

土质路堑的施工流程如图5-4所示。

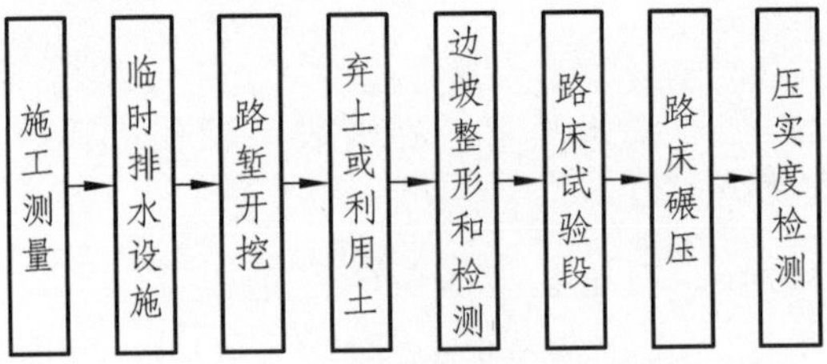

图 5-4　土质路堑施工流程

2. 施工要点

路堑开挖应根据地面坡度、地质、开挖断面、施工机械设备等及出土方向，结合土方调配距离，选用安全、经济、有序的开挖施工方案，以确保路堑边坡的稳定，并根据实际地形、地貌在适当位置先行设置截水沟，截水沟应与排水系统顺接，确保排水通畅。按照动态的管理模式，根据施工状况，及时维护和整修平台截水沟、坡面急流槽，确保已开挖边坡免受雨水冲刷影响。取（弃）土场、护坡道、碎落台等应按设计要求施工，外形整齐、美观，防止水土流失。

路堑开挖应按设计断面测量放样，边开挖，边整形，以确保坡面平顺、稳定，不得产生亏坡等病害；路基表面应平整，边线顺适，曲线圆滑。经试验确定能够用于路基填筑的土质应分类开挖，不适宜作为路基填料的应按相关的规定处理。开挖应按自上而下的顺序进行，随挖随修整边坡，并及时对坡面进行复测，不得乱挖、超挖，严禁掏底开挖。

在开挖至边坡线时，应预留 30 cm 厚度以便刷坡，开挖一级、防护一级、绿化一级，并需保证边坡平台和坡面排水顺畅。开挖至路床部位时，应尽快进行路床施工，如不能及时进行，应在路床顶面以上预留至少 30 cm 厚的保护层，待路床施工前挖除。

边坡开挖揭露土质、地下水等因素与设计地质资料不符时，应及时报告监理工程师，并综合其防护形式分析坡体稳定性考虑是否需要设计变更；坡体开挖过程中，应与边坡动态变形监测同步进行，做好施工期间坡体变形监测工作。对于窑洞或墓穴均应挖至底部，并采用合适填料分层夯填。

路床施工前应先开挖两侧排水边沟（纵向坡度不小于 1%），及时将雨水排出路基外，防止雨水集积危害路床。在渗水量大的部位有针对性地设置仰斜排水孔，并在边沟底设置渗沟。当路床以下存在含水层或含水量较大时，应采取设置排水盲沟、换填、改良土质等处理措施。路床填料除应满足规范要求外，还应具有良好的水稳性和透水性能。

填挖结合部应在路堑端挖台阶与填方路堤相衔接，台阶宽度根据原地面坡度大小确定，一般不小于 2 m，台阶平面设置 2% ~ 4%的倒坡；路床顶面横向衔接长度不宜小于 5 m。

5.2.2.3　填方路基

1. 基本要求

填方路基应优先选用级配良好的砾类土、砂类土等粗粒土作为填料；采用细粒土填筑时，*CBR* 值不满足规范要求时，宜掺用石灰、水泥、粉煤灰等无机结合料进行改良；桥涵台背和挡土墙墙背应优先选用透水性材料、轻质材料等；浸水路堤应选用渗水性良好且不易被冲刷的材料填筑。

路堤施工应按路基设计横断面整幅填筑，禁止半幅施工。不同的填料应水平分层、分段填筑，同一层路基的全宽范围内应采用同一种填料，不得混合填筑。

各作业段之间填筑层衔接时，每层搭接长度不得小于 2 m。每层碾压都必须到边缘，逐层收坡，后填段填筑时应把交界面挖成 2 m 宽的台阶，分层填筑碾压；当两段同时施工时，应交替搭接，搭接长度不小于 5 m，应加强搭接线两侧各 20 m 范围的压实控制，应比同层位规定压实度值提高 1%。

路基每侧应按规范要求超宽填筑不小于 0.5 m，土方填筑至路床顶后，及时进行边坡修整，以达到满足设计要求的坡率。

做好临时排水，路基两侧应做挡水埝，每 50 m 用砖砌等设置一道临时急流槽，防止冲刷路基边坡。对于 V 形沟槽清表后，应采用强夯作业，直至工作面能够进入大型压实机具开展施工。

成乐高速扩容建设 E1 试验段成败的关键因素之一，就是避免新老路基的不均匀沉降而产生的路基纵向开裂。本项目采用 6 个措施加以应对：

（1）老路路堤边坡开挖反向台阶，以加强新老路堤的衔接，如图 5-5 所示。

图 5-5　老路路堤开挖反向台阶

（2）除挡土墙、特殊路基及桥涵路段外全路段的路基填筑至原地表以上 0.6 m 时进行液压夯补强，特别针对路基拼接处加夯补强，如图 5-6 所示。

（3）对填土高度 $H \leqslant 2.1$ m 的路段，路床进行超挖后换填砂砾石或透水性填料并压实。

（4）对于填土高度 3.0 m $\leqslant H <$ 6.0 m 的路段，在路床中部设置 3 层土工格栅；填土高度 $H >$ 4.0 m 时，路堤底部铺设一层高强土工格室，如图 5-7 所示。

图 5-6　路基填筑液压夯补强

图 5-7　路堤底部铺设土工格室

（5）对于填土高度 $H \geqslant 6.0$ m 的路段，在路堤底部、路堤中部各铺设一层高强土工格室，填筑至路床底部后进行液压夯补强，并在路床中部设置 3 层土工格栅，如图 5-8 所示；液压夯层与土工格室层间距不得小于 2.0 m。

图 5-8　路床中部铺设土工格栅

（6）路堤优先采用粗颗粒、低压缩性填料，每层铺筑厚度严格控制在 30 cm，加宽路堤部分的压实度在规范基础上提高 1%。

2. 施工工序

填方路堤的施工流程如图 5-9 所示。

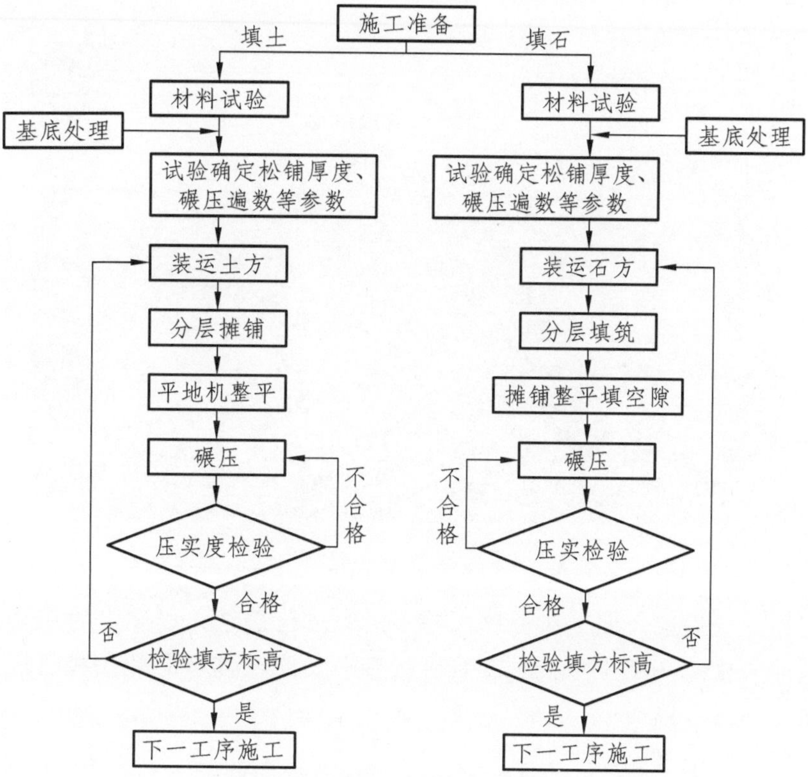

图 5-9　填方路堤施工流程

3. 试验路段

本项目在路基开工前，选择了地质条件、断面形式等具有代表性的填方路段进行试验段施工，如图 5-10 所示。

图 5-10　填方路堤试验路段

基底经检验合格后，根据自卸车容量计算堆土间距，在施工路段打上网格，均匀卸土，用推土机按设计松铺厚度在整个路基宽度内进行摊铺，如图 5-11 所示。土方摊铺后用平地机或推土机整平，形成路拱，经测定厚度后，在最佳含水量时进行碾压。碾压时采用振动压路机进行施工。碾压过程中，测定并记录不同阶段路基土方密实度及碾压后土层厚度，直至达到规定的密实度为止。

图 5-11　成乐 E1 砂砾石路基填筑试验段施工现场

试验路段完成后应及时对试验路段施工资料进行总结，以确定适宜的施工工艺参数，并将试验段施工总结上报监理工程师批准后，路基方可展开大规模施工。试验段总结报告的主要内容包括：

（1）试验段基本概况。

（2）原材料试验资料及标准击实试验资料。

（3）应根据压实机具型号规格，在不同含水量、不同填筑厚度、不同碾压遍数上确定最佳机械组合，以及每次上料、整平和碾压的适宜工作段长度。

（4）压实工艺主要参数：确定虚铺厚度、碾压遍数、碾压速度、最佳含水量、含水量允许偏差等。

（5）压实次数-压实度、含水量-压实度关系曲线。

（6）施工过程质量控制指标及控制方法，质量评价指标及评价标准。

（7）优化后的施工组织方案及施工工艺。

（8）施工原始记录、检测记录。

（9）相关建议和意见。

5.2.2.4　填土路堤

应根据设计要求，结合路基排水和当地土地规划、环境保护要求，尽量利用荒坡、荒地，取土深度应根据用土量、取土场面积并结合地下水等因素考虑。原地面若属于耕植土，将表面 30 ~ 40 cm 表层土挖出集中存放，以利再用。取土场应有规则的形状及平整的底部，不积水，边坡应按设计坡率修整。严禁使用含草皮土、生活垃圾、树根和腐殖物的土；不得采用淤泥、泥炭、冻土、强膨胀土、有机质土及易溶盐超过允许含量的土。

下承层经检验合格后，根据试验路确定的松铺厚度及自卸车容量计算卸料间距卸料，用推土机依据松铺厚度“标高台”（或标尺）在整个路基宽度内进行摊铺；采用平地机进行精细整平，形成路拱，虚铺厚度经检测合格后进行碾压作业。碾压前应检测填料含水量，压路机的碾压行驶速度不得超过 4 km/h，碾压无漏压、无死角。达到规定碾压遍数及压实度后，并经监理工程师抽检合格后方可进行下道工序。

填方作业应分层平行摊铺，分层填筑的各层间应平整，符合横、纵坡要求。如原地面不平，应由最低处分层填筑，每填一层，经压实度检测合格并经监理工程师抽检同意之后，方可再填上一层，并处理好接茬。

上料区、摊铺区、碾压区应按要求设置明显标识牌和如图 5-12 所示的上料区划网格，并应设置报检标示牌，注明施工段落起止桩号、层次、规定压实度、技术负责人以及现场监理工程师等。

图 5-12　上料区划网格

横坡陡峻地段的半填半挖路基，应按设计要求开挖台阶，台阶宽度不小于 2 m，内倾坡度不小于 4%。当路堤分几个作业段施工时，在两段交界处，则先填段应按 1∶1 坡度分层填筑，碾压到边，并逐层预留 2 m 宽的台阶收坡。当两段同时施工时，应交替搭接，搭接长度不小于 5 m，并应加强搭接位置的碾压。

不同性质的土应分层、分段填筑。同一水平层路基的全宽应采用同一种填料，不得混填。每种填料层累计总厚不宜小于 0.5 m。

5.2.2.5　三背回填

1. 基本要求

三背回填必须按隐蔽工程向监理报检，经过监理许可方可进行回填。施工回填前和施工过程中，承包人需每层留取隐蔽工程的影像资料，且必须经过验收认可，否则不予计量支付。

三背回填前首先要清理基底，基底要清理干净、彻底，不得混有杂物，将表面的树根、杂草、垃圾等杂物都处理完毕，清除干净。清理后全面进行填前碾压，压实度达到规定要求。

三背回填材料均应是级配良好的透水性材料或设计规定的材料，填料中不应含有机物、草皮、树根等杂物或生活垃圾，且填料最大粒径控制在 2/3 层厚以内。如设计文件另有规定，按设计文件严格执行。

三背回填必须和路基有效搭接，纵向接缝必须设台阶。填筑过程必须分层填筑压实，每层表面平整，路拱合适，并且当结构物强度达到设计强度的 100%以上时方可开始填筑，如图 5-13 所示。

图 5-13　涵背回填施工

各施工单位必须先做试验段。试验段进行之前，承包人应向监理工程师提供详细的施工方案，经批准后方可进行。试验段主要解决以下问题：

（1）不同回填材料合理的松铺系数、压实厚度。

（2）石灰土的最佳含水量。

（3）人员、机械配置。

（4）碾压或夯实遍数。

（5）试验段成功后，应总结试验段成果并报监理工程师批准后方可正式进行三背回填工作。

为了确保改扩建路面良好的使用功能，必须保证新老路基之间差异沉降不大于使路面结构破坏的临界值，为减少修旧路基沉降差，补强三背回填的压实度，本项目在原有设计补强措施基础之上，特别增加液压夯补强措施。

为了确保改扩建路面良好的使用功能，必须保证新老路基之间差异沉降不大于使路面结构破坏的临界值。为减少修旧路基沉降差，补强三背回填的压实度，本项目在原有设计补强措施基础之上，特别增加液压夯补强措施，如图 5-14 和图 5-15 所示。

图 5-14　涵背液压夯补强

图 5-15　桥背液压夯补强

为确保施工质量，三背回填施工单位必须先做试验段。试验段进行之前，承包人应向监理工程师提供详细的施工方案，经批准后方可进行。试验段成功后，应总结试验段成果并报监理工程师批准后方可正式进行三背回填工作。试验段主要解决以下问题：

（1）不同回填材料合理的松铺系数、压实厚度。

（2）石灰土的最佳含水量。

（3）人员、机械配置。

（4）碾压或夯实遍数。

2. 桥背回填要点

桥背回填范围：纵向长度下界宽按重力式桥台下界宽不小于 2 m、埋置式桥台下界宽距外边缘不小于 50 cm 执行，上界宽不小于桥台高度加 2 m；横向填筑宽度为路基全宽。桥背回填应与锥坡填筑同步进行，并按设计宽度一次填足。

桥背回填应分层填筑，每层松铺厚度不宜超过 20 cm，每层达到设计及规范密实度后才能进行下一层填筑。所用机具应适应回填操作空间。若不适宜用大型压路机碾压时，应采用小型手扶振动夯或手扶振动压路机压实。

3. 涵背回填

涵背回填范围严格按设计文件执行。当涵顶覆土厚度小于 0.5 m 时，涵顶及涵两侧填土必须采用人工方法分层夯实；当涵顶覆土厚度在 0.5 ~ 1.0 m 时，采用压路机静压。

涵背回填必须在两侧对称回填（盖板涵必须在盖好盖板后方可回填），逐层夯实，距离墙背 1 m 范围内，严禁使用重型压路机振动碾压。分层填筑的每层松铺厚度不宜超过 20 cm，每层达到设计及规范密实度后才能进行下一层填筑。

4. 挡墙背回填

挡墙分段长度结合地质情况可按 10 ~ 15 m 长设置一道沉降缝并以沥青麻絮填塞，挡墙最低一排泄水孔以下部分基坑采用石灰土回填并逐层压实，石灰土顶面铺设 30 cm C20 小石子混凝土隔水层，其上回填砂砾石。

5.2.2.6 临时排水

路基施工期间，应保证施工范围内以及取土场排水的畅通，采取临时性排水和永久性排水设施相结合的方式，具备条件时应优先采取永久性排水设施排水。

路基施工应重视地表水和地下水的处理。地表水以及可能发生的雨水径流应预先做好排水沟及出水口，如不能在填筑前做好的小桥涵，则应做好临时管涵或盲沟，在边坡坡脚处做好临时排水沟及防护。路基开挖施工前应按设计要求施工截水沟，完成临时排水设施，确保施工面不积水。

路基施工应重视施工过程中的边坡排水。应预先做好排水边沟，引导水流从急流槽流下或引导至排水管涵，避免雨水冲刷边坡。

高路堑地段应在渗水量大的部位有针对性地设置仰斜式排水孔，在边沟底设置复式渗沟。路堑两侧均应设置纵向盲沟，含水路段加大盲沟深度至路床下 2 ~ 3 m，坡顶截水沟在路堑开挖前必须完成。膨胀土路段挖方的坡面宜采用窗口式骨架护坡，并设置支撑渗沟。

5.2.3 特殊路基施工

5.2.3.1 一般规定

软土路基的类型较多，各地处理的方式和经验不同，在施工时应按设计要求选择合理的处理方案，或参考规范选择符合实际的方式。

特殊路基施工，应进行基础试验，编制专项施工组织设计，批准后实施，并应做好充分的技术准备工作。调研当地类似工程处理经验，在充分试验、论证、咨询的基础上，对设计方案进行优化、完善。

在实施过程中，如实际地质情况与设计不符，或设计方案因故不能实施，应按有关规定进行优化、报批。采用新技术、新工艺、新设备、新材料时，应制定相应的施工工艺和质量控制标准。

5.2.3.2 软土路基

1. 挖除换填

挖除换填适用于厚度小于 3 m 的不良软土，使用的材料应符合以下要求：

（1）碎石粒径宜为 19 ~ 63 mm，含泥量不大于 10%。

（2）砂砾应为天然级配砂砾，最大粒径小于 100 mm，含泥量不大于 5%，砾石强度为洛杉矶法磨耗率小于 60%。

（3）石渣的最大粒径不大于 100 mm，石料单轴饱水抗压强度不小于 30 MPa。

2. 施工要点

首先挖除原地面以下一定范围内的不良土体，然后，在基底上铺筑一层粒径较大的片石或卵石，碾压稳定后再分层填筑符合要求的透水性材料。透水性材料回填高度应高出地表水位以上 50 cm，分层铺筑压实厚度不得超过 20 cm，压实度必须达到设计或规范要求。换填应宽出路基边脚不少于 0.5 m。

5.2.3.3 CFG 桩施工

1. 施工准备

施工时应按设计配合比配置混合料，投入搅拌机加水量由混合料坍落度控制，长螺旋钻孔管内泵压混合料成桩施工的坍落度应以 180 ~ 220 mm，沉管灌注成桩施工的坍落度宜为 30 ~ 50 mm，成桩后桩顶浮浆厚度不宜超过 200 mm。

长螺旋钻孔管内泵压混合料成桩施工在钻至设计深度后，应准确掌握提拔钻杆时间，混合料泵送量应同拔管速度相配合，以保证管内有一定高度的混合料，遇到饱和砂土或饱和粉土层时，不得停泵待料；沉管灌注成桩施工拔管速度应按均匀速度控制，拔管线速度应控制在 1.2 ~ 1.5 m/min 左右，如遇淤泥或淤泥质土，拔管速度可适当放慢，如图 5-16 所示。

2. 施工工序

如图 5-17 所示，CFG 桩的施工流程包括如下步骤：

（1）场地平整及桩位放样。清理平整场地后按照设计的桩位、桩间距、数量现场放样，并试桩成孔经监理工程师验收。

图 5-16　CFG 桩施工

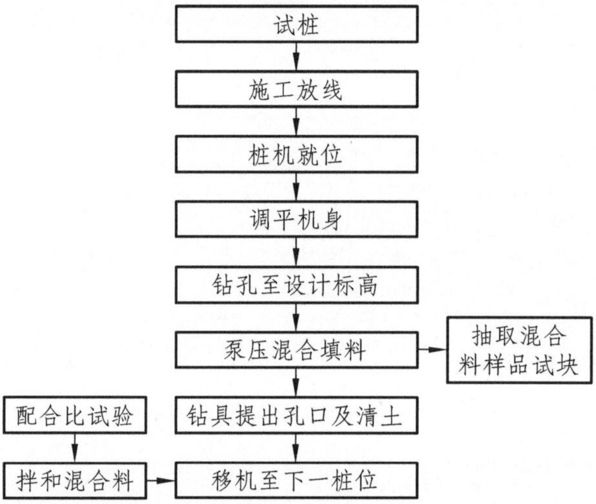

图 5-17　CFG 桩施工流程图

（2）钻机就位。钻孔开始时，关闭钻头阀门，向下移动钻杆至钻头触地时，启动电机钻进，先慢后快，同时检查钻孔的偏差并及时纠正。

（3）混合料搅拌。混合料搅拌必须进行集中拌和，按照配合比进行配料，每盘料搅拌时间按照普通混凝土的搅拌时间进行控制。一般控制在 90 ~ 120 s，由电脑控制和记录。

（4）灌注及拔管。钻孔至设计标高后，停止钻进，提拔钻杆 20 ~ 30 cm 后开始泵送混合料灌注，每根桩的投料量应不小于设计灌注量。钻杆芯管充满混合料后开始拔管，并保证连续拔管。施工桩顶高程宜高出设计高程 30 ~ 50 cm，灌注成桩完成后，桩顶盖土封顶进行养护。

（5）移机。灌注时采用静止提拔钻杆（不能边行走边提拔钻杆），提管速度控制在 2 ~ 3 m/min，灌注达到控制标高后进行至下一根桩的施工。

3. 施工要点

（1）桩长。

测量桩位前应对施工现场原始地面标高进行抄平测量，并用平地机平整碾压后放出各桩的准确位置，将线路纵坡、横坡考虑在内后，原地面平整度控制在±10 cm以内。施工桩顶高程控制在高于设计标高50 cm。将施工区域进行划分，并将各桩进行编号，定机定人进行管理。对进场施工的所有长螺旋钻机在开钻前应由施工技术人员对标尺、刻画进行复核，消除标识误差。尤其是钻机初始标识要指定专人进行复查，防止操作人员弄虚作假、骗取米数。使用反差大的反光贴条每0.5 m进行标识，粘贴在钻机导向架上，利于夜间记录人员识别读数。现场管理人员每根桩都要根据桩机上的垂球目测导向架垂直度，以保证桩身垂直度不大于1%，确保桩体的正常受力。

（2）强度。

长螺旋钻施工：钻孔开始时，关闭钻头阀门，向下移动钻杆至钻头触及地面时，启动电机钻进，一般先慢后快。在成孔过程中，如发现钻杆摇晃或难钻时，应放慢进尺，否则容易导致桩孔偏斜、位移，甚至使钻杆、钻具损坏。

判断钻头是否到了持力层一般有两种方法：在桩机驾驶室观测电流的变化。钻机开始钻孔及软弱地层钻孔时，电流表指针在 120 ~ 130 A，当钻头遇到持力层时，瞬间的电流将增大到 160 A 以上，同时电压下降，此时，应判定钻头已达到持力层；在钻机旁直观观察，当钻头到达持力层时，钻杆上部的动力头发生颤动和轻微的摆动，钻机的动力明显减弱，此时，应判定钻头已达到持力层。

5.2.3.4 泡沫轻质土施工

1. 泡沫轻质土施工特点

常规复合地基工法多为隐蔽工程，施工质量难以保证。而泡沫轻质土工法属非隐蔽工程，施工质量较易控制，可靠度高。采用泡沫轻质土施工便捷高效，可大幅缩短施工工期。泡沫轻质土填筑施工通过管道泵送实现，可不修或少修施工便道；泡沫轻质土施工可每天连续进行，无须因碾压问题而间断路基填筑；泡沫轻质土天然地基工法节省了地基处理施工的时间。

由于泡沫土内部均匀分布有大量气泡，其容重比一般土建材料小很多，用作路基填筑时，其湿容重一般取 4 ~ 6 kN/m^3，仅为普通路基填筑材料的 0.2 ~ 0.3 倍，因此可广泛适用于桥台台背高路堤软基路段、一般软基路段、新近填海路段、施工作业高度受限软基路段、征地困难或拆迁困难软基路段、抢工期软基路段及地下管道、线缆无法迁移路段。

2. 施工工艺流程

泡沫轻质土的施工流程如图5-18所示。

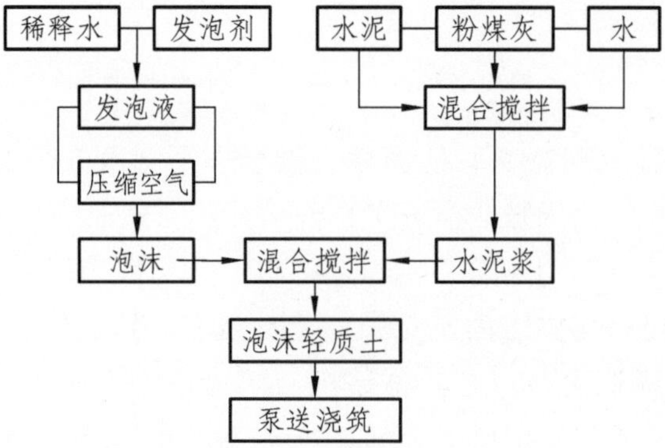

图 5-18　泡沫轻质土施工流程

3. 施工要点

（1）开挖台阶。

如图 5-19 所示，加宽路基填筑前应拆除既有边坡防护措施，并沿既有坡面挖台阶，台阶高度为 0.6 m，宽度为 0.9 m，并对挖好的台阶进行碾压，保证台阶部位的压实质量满足规范要求。

图 5-19　加宽路基开挖台阶

（2）保护面板安装。

如图 5-20 所示，保护面板是设置于泡沫轻质土侧向临空面的永久设施，在浇筑施工期起临时模板的作用，在工程使用期，起保护泡沫轻质土、避免暴露风化降低使用性能的作用，在与渗水面接触的地方，可避免渗水直接浸润泡沫轻质土。

如图 5-21 所示，本项目泡沫轻质土的保护面板由基础、挡板、拉筋及立柱组成，基础沉降缝位置应与填筑体沉降缝对应。基础采用 C25 水泥混凝土现浇，固定立柱和挡板，立柱采用角钢（L75×75×6）或槽钢。保护面板为预制，规格为 30 cm×90 cm 的 C30 小石子混凝土 4 cm 厚薄板。保护面板在安装过程中与内侧的角钢通过焊接形成一个整体。

图 5-20　保护面板与角钢安装

图 5-21　泡沫轻质土现场浇筑

（3）轻质土生成。

泡沫轻质土是采用特殊的原料经机械的方法制成泡沫，再将已制成的泡沫加入胶凝材料浆体，即制成混凝土拌和物，然后现浇成型，再经自然养护所形成的一种含有大量封闭气孔的轻质材料，是一种新型独特的多功能建材。

（4）现场浇筑。

泡沫轻质土单层浇筑厚度应控制在 0.5 ~ 1.0 m 范围。分区模板安装要牢固，浇筑区间应采用塑料布进行密封，防止轻质土沿缝隙渗流。单个浇筑区、浇注层的浇筑时间应控制在水泥浆初凝时间内，上层浇筑层仅当下层浇筑层终凝后方可浇筑施工。

泡沫轻质土应尽可能沿浇筑区长轴方向自一端向另一端浇筑，如采用一条以上浇注管浇注，则可并排从一端开始浇注，或采用对角浇注方式。浇筑过程中，需要移动浇注管时，应沿浇注管放置的方向前后移动，而不宜左右移动浇注管，如确实需要左右移动浇注管时，则应将浇注管尽可能提出当前已注轻质土表面后再移动。

（5）养护与维护。

轻质土浇筑区顶面浇筑至设计高程后，则应采用塑料薄膜进行表面覆盖，以对轻质土路基进行保湿养护；或者采用无纺土工布覆盖结合洒水的方式养护，养护时间不低于 7 d。

轻质土路基顶部填土施工前，严禁其上行驶工程机械；局部地段，无法回避时，应在合适位置铺设厚度不小于 50 cm 的临时保护层或采用钢板覆盖的方式作为临时便道，以提供工程机械行驶。

（6）镀锌金属网施工。

金属网按照设计要求位置铺设。铺设时，应展开铺平，避免出现卷起现象，并采用 U 形钉进行锚固，纵向锚固间距 2 m，横向锚固间距 1.0 m。

相邻幅的金属网平面位置应重叠搭接，搭接宽度不少于 2.5 cm，搭接处用塑料扎扣绑扎并用 U 形钉锚固。在变形缝位置，金属网应断开铺设，如图 5-22 所示。

图 5-22　镀锌金属网铺设

（7）HDPE 防渗土工膜施工。

不同轻度的泡沫轻质土填筑高程严格按照设计要求施工，泡沫轻质土路基顶部防渗土工膜应铺设在金属网上方，铺设时搭接应采用热焊的方式，搭接宽度不小于 5 cm。铺设时，应展平拉紧，避免局部卷起的现象，必要时，可采用 U 形钉进行锚固，如图 5-23 所示。

图 5-23　HDPE 防渗土工膜铺设

（8）成品保护。

当遇大雨、暴雨或持续时间较长的小雨天气时，未固化的泡沫轻质土表面应采取遮雨措施，防止雨水消泡。泡沫轻质土浇筑硬化成型后，在强度未达到设计强度前，不宜直接进入使用状态。

5.2.4 雨季路基施工

5.2.4.1 一般规定

路基施工前应根据工程量、合同工期、机械配置等制定科学的规划，合理安排路基施工的各项工作，尽量避免雨季施工。

雨季施工应根据季节特点、当地气候条件，结合地形、地貌、施工位置，制订合理的施工方案。施工期间，应保持与气象部门的联系，建立长效的联动机制，根据天气、气温、风力的变化，及时调整施工方案，并加强安全管理、安全教育，制定专职的安全员制度，制订防汛、防火、防风、温度急剧变化等各种应急预案，做好防洪抢险的准备工作。

沿河道施工时，应保持与水行政部门的联系，密切注意水流大小的变化，预防不安全事故的发生。在山岭重丘区地区或深路堑施工时，根据地形、地质状况，做好防、排水工作，尽可能减少水毁、自然灾害所产生的损失。

应重视雨季施工的排水工作，根据施工组织设计和工作计划，在施工作业面及其相关区域，须设置完善的排水系统，并做好抢险准备工作。

冬季施工应做好充分的防冻措施，对路基填筑、混凝土浇筑、构件预制等的施工应按要求做好预防工作，不得降低质量标准。

5.2.4.2 雨季施工

1. 路基基底处理

在雨季前应将基底处理好，孔洞、坑洼处填平夯实，整平基底，并设纵横排水坡。低洼地段应在雨季前将原地面处理好，并将填筑作业面填筑到可能的最高积水位 0.5 m 以上。

在地势较为平坦的路段施工时，应在路基外侧设置 20 cm 高的土埂作为临时排水设施，将地表水引出路基之外，并防止雨水浸泡路基。

结构物基坑在雨季开挖后未能及时施工时，应采取防浸泡措施，雨后应对基坑地基承载力重新进行检测。路肩式挡墙施工应适当增加排水口，使雨水能迅速排出路基，确保雨过天晴后能迅速投入生产。

制订雨季施工安全应急预案，做好防洪抢险和路基防冲刷准备工作。

2. 填方路堤施工

填料应选用碎（卵）石土、砂砾、石方碎渣和砂类土等透水性材料。

原地面施工时，应增加排水设施，雨后应组织人员及时排除路基表面积水，在上料前应组织复压复检。

分层填筑时，每层的表面应确保 2% ~ 4%的排水横坡。应增加临时排水设施，将水流截、引、排至路基外。雨季施工各道工序应连续进行，当天填筑的土层应当天（或雨前）完成压实，保持施工场地不积水。

在填筑路堤前，应在填方坡脚以外挖掘排水沟，将水流引至附近桥涵处或预留的桥涵缺口处，保持场地不积水。如原地面松软，应采取换填等措施进行处理。在斜坡地带修筑路堤，应开挖截水沟，以免冲刷路堤。

取土场的土方开挖过程中，雨后复工前应进行检查，如边坡上部有裂缝或坡面有开裂，应慎重处理后方可继续施工。

沿溪流或河道的施工，要警惕发生洪水的可能，除加强与当地水文站的联系外，还应将不需要的机械、材料等及时移出施工现场。

每天了解当地天气变化情况，准备好防渗土工布或彩条布、混凝土预制块，遇到阴雨天气及时碾压封住路基顶面，待天晴后再行施工。

3. 挖方路基施工

挖方边坡不宜一次挖到设计坡面，应预留一定厚度的覆盖层，待雨季过后再修整到设计坡面。雨季开挖路堑，当挖至路床顶面以上 30 ~ 50 cm 时应停止开挖，并在两侧挖好临时排水沟，并确保排水通畅，待雨季过后再施工。

5.2.5 涵洞、通道

5.2.5.1 一般要求

施工前要求分项工程开工报告已得到批复，所需的机械设备、人员已进场到位，施工现场的各种标示牌齐全，外购的钢波纹管涵质量检测、厂商质保资料齐全并已取得监理工程师的批复，拌和站已按相关要求建成并具备提供符合涵洞、通道的混凝土要求的能力。

新建通道形式与原通道形式基本保持一致，按原结构对应拼接。洞口浆砌工程与涵洞主体的衔接，要求接缝垂直、宽度上下统一，宽度 2 cm，填塞沥青玛瑺脂。

本项目涵洞拼接方案为上下部均不连接，加宽连接外新旧涵洞采取两端端墙对接方式，接缝处设置 2 cm 沉降缝，缝内用沥青麻絮填塞；基础通过换填砂砾石，减少新旧涵台的不均匀沉降，同时考虑到盖板涵上部有一定的填土，存在不同程度的工后沉降，经过处理的涵洞基础不均匀沉降对路基的影响不是很大。连接方案如下：

1. 板（明）涵

经过验算，原涵洞顶板不满足规范要求，不能继续使用，均拆除后重建顶板。两侧接长采用新建与原涵相同或相近孔径的板（明）涵接长。

2. 圆管涵

ϕ1.5 m 圆管涵采用ϕ1.5 m 圆管涵接长，ϕ1.0 m 圆管涵采用（1 ~ 1.5）m×1.2 m 盖板涵接长。

3. 盖板涵

盖板涵采用相同或相近的盖板涵接长。

5.2.5.2 圆管涵

1. 施工工序

圆管涵采用ϕ1.5 m 圆管涵接长，ϕ1.0 m 圆管涵采用（1 ~ 1.5）m×1.2 m 盖板涵接长。施工工序如图 5-24 所示。

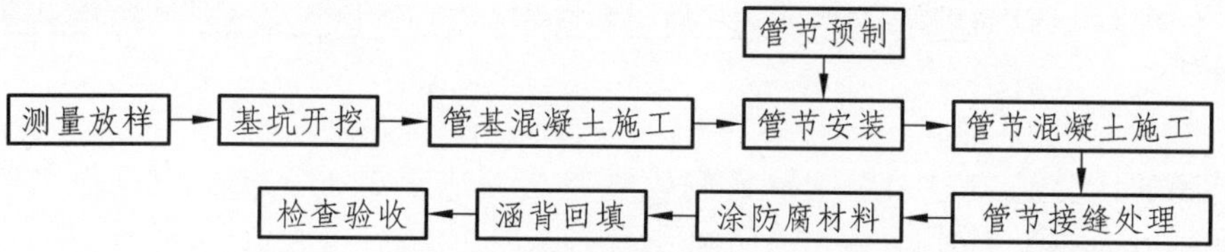

图 5-24　圆管涵施工工序

2. 施工要点

（1）圆管涵基坑的开挖应采用机械开挖。基坑开挖前应测量出基坑的开挖线，开挖时测量人员应配合观测，基坑开挖至基底高程 10 ~ 20 cm 时，采用人工开挖整修。

（2）圆管涵管节端面应平整，并与其轴线垂直；斜交管涵进出口管节的外端面，应按斜交角度进行处理。

（3）管节外壁应注明适用的管顶填土高度，相同规格管节应堆放在一起，以便于取用，防止弄错。

（4）管节在运输、装卸过程中，应采取防碰措施，避免管节损坏。

（5）基槽开挖后，必须检测基底承载力，符合设计要求方可进行下道工序的施工；如不符合要求，则必须上报相关部门进行地基处理，直至达到要求为止。

（6）各管节应顺流水坡度安装平顺，当管壁厚度不一致时，应调整高度使内壁齐平。管节必须垫稳坐实，管道内不得遗留泥土等杂物。若在软基处理区段设计的圆管涵，安装时应以进出水口标高为控制，适当抬高管涵中心标高，以防止软基固结沉降后涵管排水不畅。

（7）插口管接口应平整，环形间隙应均匀；平接管的接缝宽度一般为 1 ~ 2 cm，禁止用加大接缝宽度来满足涵洞长度要求。接口表面应平整，并用有弹性的不透水材料嵌塞密实，不得有间断裂缝、空鼓和漏水等现象。

3. 质量控制

洞身应顺直，进出口、洞身、沟槽等衔接应平顺，无阻水现象。帽石、一字墙或八字墙等应平直，与路线边坡、线形要匹配，棱角分明。外露混凝土表面应平整，颜色一致。实测项目质量应满足规范《公路路基施工技术规范》（JTG F10—2006）的要求。

5.2.5.3 盖板涵

1. 施工工序

经过验算，原板（明）涵的涵洞顶板不满足规范要求，不能继续使用，均拆除后重建顶板，两侧接长采用新建与原涵相同或相近孔径的板（明）涵接长；盖板涵采用相同或相近的盖板涵接长。盖板涵的施工工序如图 5-25 所示。

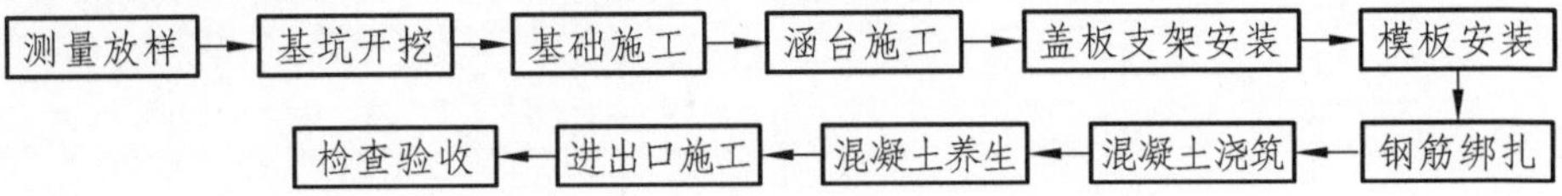

图 5-25　盖板涵施工工序流程

盖板涵的墙身施工应采用钢模，侧模数量必须满足施工需要，以确保墙身的混凝土外观满足设计要求，其施工工序如图 5-26 所示。

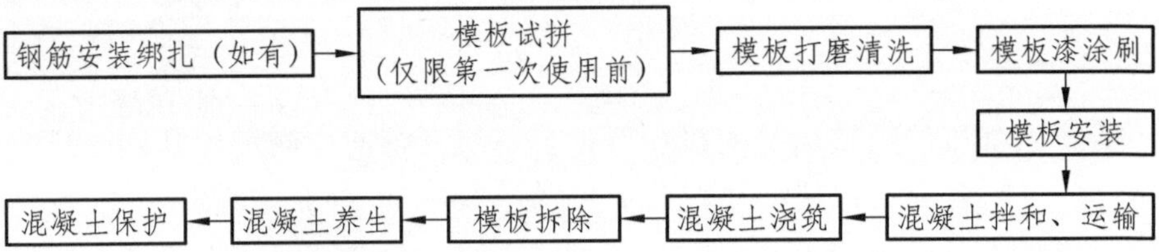

图 5-26　盖板涵墙身施工工艺流程

2. 施工要点

（1）钢筋安装绑扎。

钢筋加工时应考虑其叠放位置和穿插顺序，根据钢筋的占位避让关系确定加工尺寸。应考虑钢筋接头形式、接头位置、搭接长度、锚固长度对钢筋绑扎影响的控制点，通常钢筋应考虑端头弯钩方向控制，以保证钢筋总长度、钢筋位置准确和保护层厚度符合要求。

钢筋下料及成型的第一件产品必须经监理检验确认无误后，方可继续生产。受力钢筋顺长度方向全长的净尺寸、箍筋内净尺寸应满足相应规范及设计要求。必须确保钢筋在模板中的定位准确，保证保护层厚度；宜采用高强度混凝土砂浆垫块来保证保护层厚度。绑扎钢丝每一竖向筋与水平筋交叉点均绑扎，绑扎扎丝拧紧应不小于两圈，绑扎丝头均应朝向截面中心。

（2）模板加工。

模板应严格按照设计和表 5-2 所示加工要求进行加工，严格控制加工精度，保证模板表面平整、方正，接缝严密。对清水混凝土模板的钢模板周边加工，应采用铣边工艺，面板宜经抛光处理。加工的模板进场时，应按规范要求对其模板尺寸、方正、拼缝、企口和板面平整度等进行验收，也要对模板及配件数量进行统计。

表 5-2　模板的加工要求

项次	项　目	要求尺寸/mm	检验方法
1	面板厚度	≥5	游标卡尺
2	模板拼缝	≤1	尺量
3	模板错台	≤1	游标卡尺
4	相邻面板拼缝高低差	≤0.5	平尺、塞尺
5	相邻面板拼缝间隙	≤0.8	塞尺、尺量

对涵洞模板的加固体系如图 5-27 所示。

图 5-27　涵洞模板加固体系

（3）混凝土拌制和运输。

混凝土要保证同一配合比，保证原材料不变，并控制好混凝土搅拌时间，清水混凝土的搅拌应采取强制式搅拌机，且搅拌时间比普通混凝土延长 20 ~ 30 s。

根据气候条件、运输时间、运输道路的距离、砂石含水率的变化、混凝土坍落度损失等，可掺用相应的外加剂做适当调整。合理安排稠度，避免在浇筑过程中混凝土积压或供应不足，引起过大的坍落度损失。制备成的混凝土拌和物工作性能优良，无离析、泌水现象。

搅拌运输车每次清洗后应排净料筒内积水，避免影响水胶比。进场混凝土，应逐车检测坍落度，目测混凝土外观颜色、观察有无泌水离析，并做好记录。混凝土拌和物从搅拌结束到施工现场浇筑不宜超过 1.5 h，在浇筑过程中，严禁添加配合比以外的水。

（4）混凝土浇筑。

浇筑前需先清理模板内垃圾，保持模内清洁、无积水。清水混凝土浇筑时，在比普通混凝土施工时较轻的振捣下，应能满足模板，达到流平、密实的程度。

采用振捣棒进行振捣时，混凝土振点应从中间开始向边缘分布，且布棒均匀，层层搭扣，并应随浇筑连续进行。振捣棒的插入深度要大于浇筑厚度，插入下层混凝土中 50 ~ 100 mm，使浇筑的混凝土形成均匀密实的结构。

混凝土先后两次浇筑的间隔时间不超过 30 min，第二次浇筑前，要将上次混凝土顶部的 150 mm 厚的混凝土层重新振捣，以便使两次浇筑的混凝土结合成密实的整体；重新振捣之前，要确认上次的混凝土尚未初凝，凭振捣棒的自重就能穿入混凝土层。如先后两次混凝土浇筑时间间隔 30 min，或是虽未超过 30 min，但凭振捣棒的自重已不能穿入混凝土层，就不能直接浇筑第二层混凝土，应按接点处理。

振捣过程中应避免撬振模板、钢筋，每一振点的振动时间，应以混凝土表面不再下沉，无气泡逸出为止，一般为 20 ~ 30 s，要避免过振发生离析。振捣棒抽出速度为 75 mm/s，振捣过程中要使振捣棒离清水混凝土的表面保持不小于 50 mm 的距离。如果混凝土落差大于 2 m，应在布料管上接一软管，伸到模板内，保持下料高度不超过 2 m。振捣过程中，尽可能减少砂浆的飞溅，并及时清理掉溅于模板内侧的砂浆，如图 5-28 所示。

图 5-28　模板上飞溅的砂浆及时清理

（5）模板拆除。

拆模过程中不得损伤混凝土成品。模板拆除必须在结构混凝土强度达到设计要求后进行，当无设计要求时则使混凝土应达到其表面及棱角不会因拆模而受损的强度水平时方可进行。

模板的拆除顺序按模板设计要求进行，各紧固件依次拆除后，应轻轻将模板撬离；必须在确认模板与混凝土结构之间无任何连接后，方可起吊模板，且不得碰撞混凝土成品。模板拆除后，待砼强度达到 10 MPa，方可拆除留于混凝土上的清水砼堵头。拆除时必须使用配套的拆卸工具，作业工人用力均匀，避免损坏堵头周围混凝土。

（6）混凝土养护。

应在浇筑后及时对混凝土进行养护，并且保证相同的成熟度，避免由此形成的混凝土表面色差。清水混凝土的养护要求严于普通混凝土；混凝土立面结构拆模后须立即养护，墩柱在拆模后及时采用塑料薄膜包裹，并在墩顶放置水桶滴水养护，不宜采用养护剂养护；梁板混凝土浇筑完毕后，及时用土工布或养生膜覆盖，保湿养护。养护的时间一般不得少于 14 d。

模板拆除后的混凝土表面不得直接用草帘或草袋覆盖，以免造成永久性黄颜色污染，应采用干净塑料薄膜严密覆盖养护；如需保温，在塑料薄膜外可以覆盖草帘或草袋。

（7）成品保护。

清水混凝土的后续施工工序，不得损伤或污染前面工序已完成的清水混凝土成品；必要时接触点应垫橡胶板或木板，避免划伤。特别是安装涵洞盖板和搭支架现浇盖板时，应注意构件对混凝土的接触，避免发生磕碰。

混凝土拆模后应立即覆盖塑料薄膜，塑料薄膜与混凝土面均匀接触松紧一致，塑料薄膜覆盖后进行混凝土养护，养护前应对混凝土上预留的钢筋（如有）用 PVC 管进行密封处理；对于需进行多次浇筑的混凝土结构（如分段分层浇筑的盖板涵、箱涵），在后一道混凝土模板安装时，应根据情况采用发泡泡沫；所有清水混凝土构件都必须设置警示标语或警示牌，提示“不得刮涂、不得磕碰”。

通道两侧的清水混凝土构件，应在地面以上 2 m 范围内用土工布包裹，对于有重车通行的通道应在土工布外布设木板，防止车辆刮花混凝土表面，并在墩柱上方适当位置粘贴防眩反光纸，同时在通道两侧混凝土构件旁上下行方向分别设置防撞墩。

不允许擅自对混凝土成品表面进行修补与表面喷涂施工，并通过树立样板和悬挂宣传图文，激励并提高现场人员自觉保护混凝土成品的意识。

3. 质量控制

应满足管涵各项施工质量要求，保证混凝土表面平整，棱线顺直，无严重啃边、掉角。蜂窝、麻面面积不得超过该面面积的 0.5%，混凝土表面出现的非受力裂缝不得超过 0.1 mm。板的填缝应平整密实。施工过程中，严禁采用溜槽输送混凝土。对于山区低洼施工地段，在有必要的情况下，采用泵车进行混凝土的输送，不得使用长溜槽。

5.2.5.4 附属工程

涵洞主体工程完成后，其进出口防护工程应尽快施工，避免挖方边坡出现滑坡。兼过水功能的涵洞应尽快完成相关排水沟渠，避免涵洞长期积水浸泡影响基础，或影响涵洞通行。

第 6 章　路面工程

6.1　路面施工方案

6.1.1　路面拼接方案

本项目从中分带向外第一、二车道为原路面维修利用，第三、四车道和硬路肩为新建。根据施工图设计，新老路面拼接位置选择在硬路肩上，为避免轮迹处拼接的不利影响，基层及底基层的拼接缝避开轮迹处。路面拼接见图 6-1 所示。

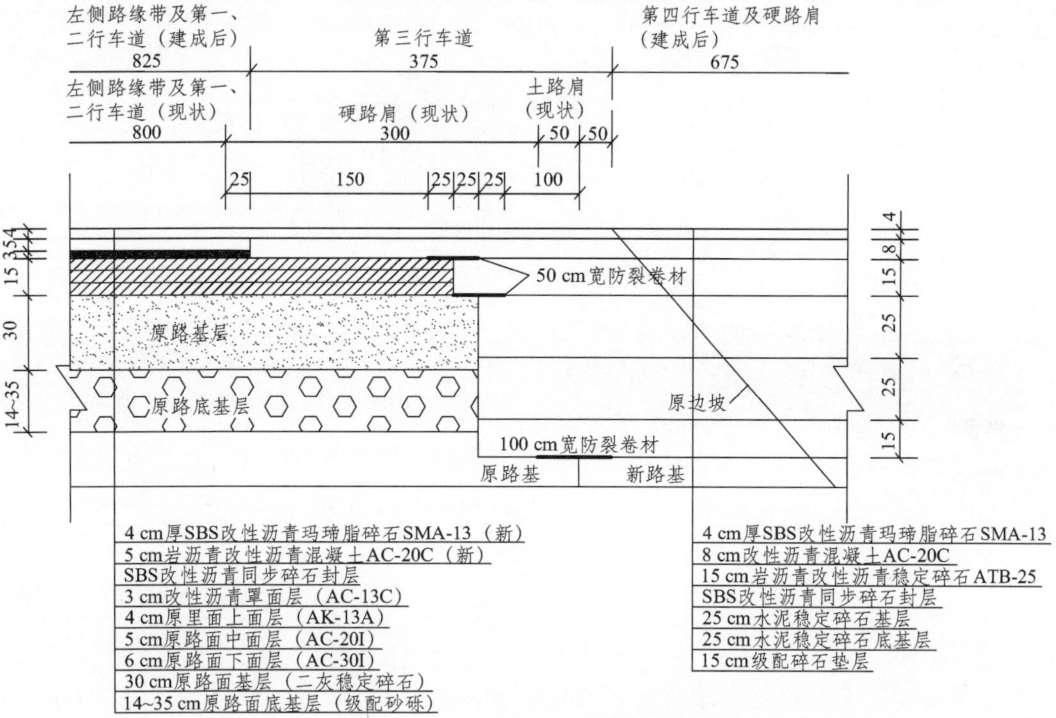

图 6-1　路面拼宽搭接示意图

新老路面的横向搭接，应保持原路面横坡不变，扩宽段从搭接点开始采用 2%的横坡。另外由于硬路肩在前期养护中，未加铺罩面层，导致硬路肩比现在车道低 3 ~ 4 cm，因此第二阶段需对原罩面层边缘按中面层搭接位置对边缘进行铣刨，以保证中面层搭接平顺。

路面拼接处补强处理措施：为了避免拼接缝从上到下一条直缝贯穿造成路面过早出现反射裂缝，新老路面各结构层需按设计文件设置错台，同时为了减轻下层搭接缝对上层沥青混合料的直接影响，在基层顶面及下面层顶面搭接处设置 50 cm 宽的防裂卷材，在路基搭接处设置 1 m 宽土工格栅。

6.1.2 路面结构

新建拼宽路面结构组成形式为 15 cm 厚级配碎石垫层+25 cm 水泥稳定碎石基层+25 cm 水泥稳定碎石底基层+15 cm 厚 ATB-25 下面层+8 cm 厚岩沥青改性 AC-20C 中面层+4 cm 厚 SMA-13 上面层；原路面结构组成形式为处治合格的原路面底基层+30 cm 厚处治合格的原路面基层+18 cm 厚处治合格的原路面面层+5 cm 厚岩沥青改性 AC-20C+4 cm 厚 SMA-13。新老路面结构如图 6-2 所示。

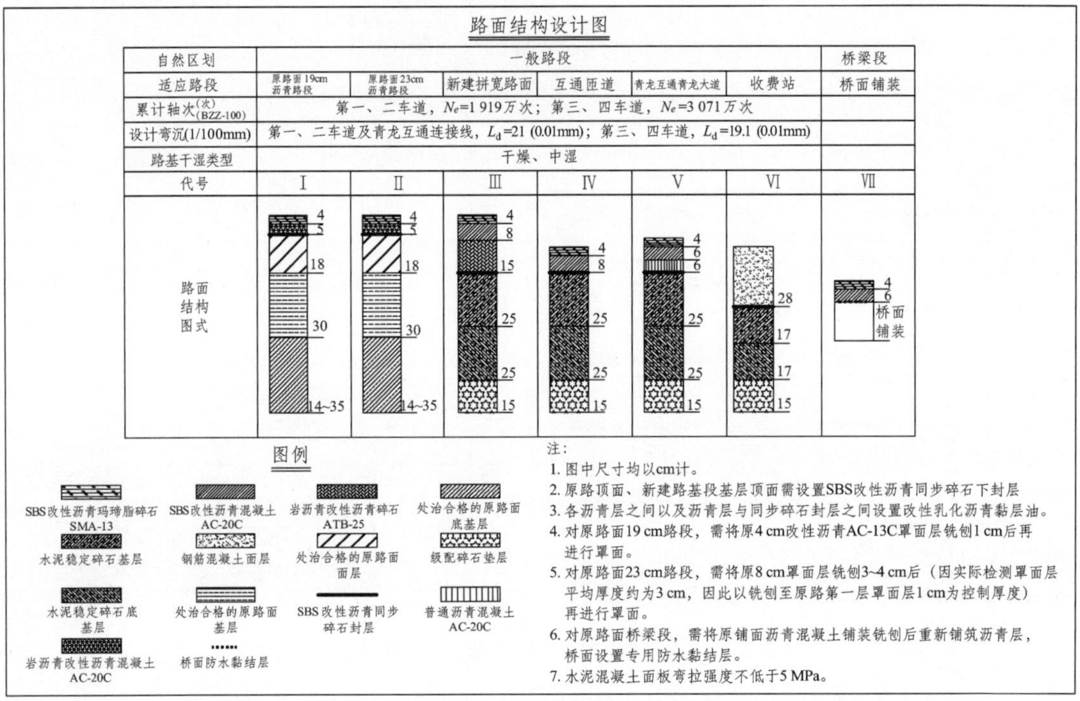

图 6-2 路面结构设计图

6.1.3 路面施工工艺流程

路面施工工艺流程为：第一阶段交通管制→护栏拆除→旧路破除→路床加固→级配碎石垫层摊铺→底基层摊铺→基层摊铺→同步碎石封层→下面层→第二阶段交通管制→中面层→上面层→交安工程→转移交通进入下一段落。

6.2 路面施工实施

6.2.1 施工准备

6.2.1.1 一般要求

承包人进场后，应结合工程的主要特点，调查沿线料源分布和交通条件，落实项目经理部、混合料拌和场的具体位置及平面布置等工作，经批准后，开展场地建设。项目经理部、料场、拌和场建设标准应符合招标文件。

承包人应按合同文件要求组织人员、设备进场，以满足施工要求，同时必须建立施工质量保证体系，推行全面质量管理、ISO 9002 质量管理体系，制定和完善质量要求，明确质量责任及考核办法，建立质量责任人档案，落实质量责任制。

路面工程施工前，应做好路基、桥梁及隧道工程等的验收和移交工作，并办理相应书面手续；路面工程施工期间，每一结构层施工前，应对其下承层和路基进行检查，合格后方可进行该结构层施工。

6.2.1.2　技术准备

路面工程开工前，应做好设计文件交底工作，监理单位、承包人应对设计文件进行审核。对设计中存在的问题及建议，应及时以书面形式提请设计单位答复。

如图 6-3 所示建立符合要求的工地试验室，工地试验室建成后应向有关部门履行备案手续。在正式开工前，应与相关试验检测机构，做好沥青、集料、混合料等原材料、成品料的试验比对工作。

图 6-3　路面试验室

承包人进驻工地后，应按规定对路线的导线点及水准点进行复测，并根据需要进行相应测点的加密。承包人应根据工程的结构特点，按图纸要求及相关规范的规定，以及设备情况编制路面工程各结构层的施工组织设计，在各结构层开工前及时报请监理人审查批准，否则不得开工。主要内容应包括：工程概况、编制依据、施工部署和施工方案、施工进度计划、施工平面图、主要技术经济指标等。

承包人应在开工准备工作就绪后，编制完整的《总体开工报告》，内容应包括：施工准备、施工组织设计、试验室建设、进度计划（含人员、材料、机械及试验检测仪器进场情况）以及质保体系、安全体系的建立情况等。各分项工程开工前，也须编制《分项开工报告》。

在正式施工前，承包人应对所有参加施工人员分层次组织技术培训和技术交底。培训内容应包括：施工工艺、质量控制、安全措施、环境保护等。

6.2.1.3 机械准备

工程施工机械设备，必须类型齐全、配套完整，并满足施工质量、进度、安全等要求。承包人在投标文件中承诺的施工机械设备进场计划，必须严格执行，其中压路机须配置视频倒车雷达，且有语音提示器，如图 6-4 和图 6-5 所示。

图 6-4　压路机倒车雷达及语音提示喇叭

图 6-5　可视倒车雷达探头

路面主要结构层类型的机械设备配置应不低于招标文件技术规范要求。路面施工单位应做好开工前的保养、调试和试机，并尽量避免在施工期间发生有碍施工进度和质量的故障。沥青面层宜采用单幅全宽机械化连续摊铺作业，确保铺筑的质量。路面主要施工设备要求见表 6-1 所示。

表 6-1　成乐 E1 路面施工设备投入一览表

名称		单位	基本数量	规格或要求
垫层、底基层、基层	稳定土拌和设备	套	3	每台生产能力 400 t/h 以上，全电子称重系统，至少 5 个冷拌料斗
	稳定土摊铺机	套	4	液压自动调节，并排摊铺
	重型振动压路机	台	6	≥18 t
	平地机	台	3	
面层	沥青拌和楼	套	2	总生产能力 320 t/h 以上
	沥青摊铺机	台	6	进口福格勒、超声波、雪橇调平装置
	双钢轮压路机	台	8	≥11 t，振幅及频率可调，其中须有 1 台水平振荡压路机
	胶轮压路机	台	6	≥26 t
	智能沥青洒布车	台	2	≥3 000 L，用于黏层及透层
	自行式强力清扫车	台	4	真空吸尘
	空压机	台	1	9～12 m^3/min 以上的空压机 2～3 台
	洒水车	台	6	4～12 m^3 洒水车，配高压水枪
其他	发电机组	套	1	≥250 kW
	自卸汽车	台	45	满足生产要求
	装载机	台	8	满足生产要求

6.2.1.4　试验检测仪器准备

路面工程承包人在正式开工前，须配备性能良好、精度符合规定的质量检测仪器，并配备足够的易损部件。开工前要求加强对拌和楼、检测仪器等设备的校验和标定工作，监理、建设单位必须对校验和标定情况进行检查、核验，确保拌和及检测数据真实可靠。施工过程中应加强对拌和楼、检测仪器等设备的检修、维护，以便能及时发现设备出现的问题。对拌和楼筛网等配件应经常检查，发现堵塞和破损现象应及时进行清理和更换，以便更好地控制配合比。

成乐高速 E1 面层工地试验室主要检测试验仪器配置不低于表 6-2 所示要求。

表 6-2　主要检测仪器配备标准

检测室	仪器设备名称	数量	仪器规格		
			测量范围	分度值	准确度
集料室	电子天平	2 台	0～5 kg	0.1 g	0.1 g
	标准筛	1 套	—	—	—
	烘　箱	2 台	300 °C	1 °C	1 °C
	游标卡尺	1 把	0～150 mm	—	—
	压碎值试验仪	1 台	—	—	—

续表

检测室	仪器设备名称	数量	仪器规格		
			测量范围	分度值	准确度
集料室	台称	1台	50 kg	—	—
	浸水天平	1台	0～6 kg	0.1 g	0.1 g
	灌砂仪	2套	灌砂筒直径≥15 cm		
	洛杉矶磨耗值测定仪	1套	符合规范要求		
	加速磨光试验机	1台	符合规范要求		
	砂当量测定仪	1台	符合规范要求		
	电子台秤	2台	0～30 kg	—	5 g
	压力机	1台			
沥青混合料室	沥青混合料电动搅拌机	2台	容积不小于10 L，控温精度2 °C		
	电子天平	2台	5 kg	0.1 g	0.1 g
	浸水天平	1台	0～3 kg	0.1 g	0.1 g
	数显恒温水浴箱	1台	10～100 °C	1 °C	—
	真空理论密度仪	1台	能达4 kPa负压		
	马歇尔稳定度仪	2台	最大荷载不小于25 kN，准确度100 N，加载速率能保持（50±5）mm/min，自动绘制荷载-位移曲线，建议采用ELE的自动马歇尔稳定度测定仪		
	脱模器	1台	—	—	—
	马歇尔击实仪	2台	自动计数准确，击实功准确、稳定，仪器性能稳定（建议采用ELE品牌）		
	烘箱	2台	300 °C	1 °C	1 °C
	车辙试验仪	1台	要求温控、碾压速度和压力符合规范要求		
	燃烧炉	1台	建议采用NCAT燃烧炉沥青含量测定仪		
现场检测室	路面渗水仪	1台	新型，配压重块		
	平整度仪	1台	连续式平整度仪或颠簸累积仪		
	摆式摩擦系数测定仪	1台	符合规范要求		
	取芯机	1台	功率不小于4 kW		
	路面弯沉仪	1台	符合规范要求		
	手持红外温度计	5把	现场测量温度用，精度0.1 °C		
	切割机	1台	能满足现场切割路面试件要求		
	构造深度仪	1台	—	—	—
水泥室	振动成型实验仪	1台	符合规范要求		
	电动实验抗折机	1台	符合规范要求		

6.2.1.5 料场及材料准备

1. 料场和拌和场建设

料场、拌和场建设标准按照相关技术要求执行。施工总体布置合理，拌和场要选在空旷、干燥、交通便利，并远离工厂、居民区、经济农作物及畜牧业集中的区域，同时不受季节性洪水影响的地方，避免对当地居民的生产、生活和居住环境带来不利影响。应充分利用地形条件，解决好用水、用电措施，减少环境污染，原材料运输进场与成品料运出不得相互干扰，整个场地要求布置合理、各功能区协调。拌和场原则上不应设在路基上。拌和场地内应设有安全防护措施，配备消防设备。

路线上每 15 km 须设置 1 处冷拌场，用于备料及基层、底基层及垫层混合料的生产拌和，满足集料的分级堆放及有效隔离，每处占地面积不少于 1.2 hm^2。拌和能力要求不低于 400 t/h。冷拌场材料加工、堆放、拌和场地及场区道路要求进行硬化处理，硬化结构应平整、坚实，不得有沉陷、唧泥、松散等影响材料洁净程度的情况，要求采用不小于 30 cm 砂砾石+15 cm C20 水泥混凝土和修建隔离墙，堆料隔离墙采用浆砌片石材料，墙高不小于 3 m，同时高于堆料高度 0.5 m，墙宽不小于 0.6 m，并完善排水设施。为有效控制含水量，集料堆场应设置足以覆盖堆放细集料的钢架防雨棚，棚高要求不低于 6 m。

路线上每 30 km 设置 1 处热拌场，作为备料、沥青混合料的拌和及基本的试验、生活用地。热拌场应满足集料的分级堆放及有效隔离，占地不少于 5.3 hm^2。在热拌场必须建立一个运料车的循环清洗系统，以保持路面的清洁。场地应进行硬化处理，硬化结构应平整、坚实，不得有沉陷、唧泥、松散等影响材料洁净程度的情况，要求采用不小于 30 cm 砂砾石+15 cm C20 水泥混凝土和修建隔离墙，堆料隔离墙采用浆砌片石，墙高不小于 3 m，同时高于堆料高度 0.5 m，墙宽不小于 0.6 m，并完善排水设施（硬化后的场坪应中间高四周低，利于雨水向场外排出，四周设排水暗沟，并且排水不至于形成集中冲刷而损毁附近的农林经济作物和房舍构筑物等），集料堆场应设置足以覆盖所堆放集料材料的钢架防雨棚，棚高要求不低于 6 m。

项目经理部要采取有效措施，按原材料质量管理程序进行检验。不合格材料不得进入料场。场外施工便道要按投标文件承诺和施工组织设计的要求合理布设。施工便道宽度小于 4.5 m 时，应每隔 200 m 设置 20 m 会车道。

拌和场外 300 m 范围内的便道也要求必须进行硬化，并由专人负责养护，以确保路面平整，防止扬尘和积水，使运输车辆的轮胎尽量保持干净；若不干净，应有专人负责冲洗干净。

2. 料场作业

料场应按图纸所示设置或由承包人自己选择并经监理人批准。料场应依照试验室提供的集料组成设计指定的各种集料规格进行开采作业。承包人应经常检验材质的变化情况，随时向监理人报告。若材质变化，则不合要求的集料不得使用，否则所发生的费用由承包人承担。集料来源的初步判断合格并不意味着这个料源的所有集料都已被批准。

料场在开采之前应办好所有相关的用地手续及生产许可证。料场爆破作用应取得当地公安机关的批准，特殊工种人员应持证上岗。炸药库的位置与设计、炸药运输方法、炸药的管理使用以及防止事故所采取的预防措施等，都应符合国家的法定规章。

料场应剥去覆盖层及风化层，清除杂草和其他杂质后始得开采。弃土应在指定的地点处理。材料开采完毕后，应进行清理，防止水土流失，并符合环境保护部门的有关要求。合格的集料应分等级、规格堆放在硬化、无污染场地上。

承包人进场后，应抓紧进行集料料源情况的调查工作，集料必须符合规范及设计级配要求。经试验检测合格、拌和场建设完成后，应抓紧备料工作；在开工前，要储备足够的原材料（一般不低于合同段设计总量的 30%），以满足路面大规模连续施工的需要。

集料质量应从源头抓起，施工、监理单位派专人进驻集料加工厂，对不合格的集料不得装车、装船。

各种材料必须在使用前选定。承包人应将具有代表性的样品，委托监理中心试验室或监理人确认的试验室按规定进行材料的标准试验或混合料配合比设计，试验结果提交监理人审批，未经批准的材料不得使用，未经批准的混合料配合比设计不能施工。监理人未批准的混合料，应由承包人在规定的时间清除出现场，并用符合要求的材料替换，所需费用承包人自负。

6.2.1.6　通用材料要求

1. 碎　石

碎石由新鲜、坚硬、洁净的片石或卵石（满足设计要求的粒径）轧制，应洁净、干燥，并具有足够的强度和耐磨耗性。其颗粒形状应具棱角、接近立方体，不得含有软质岩石或其他杂质。其技术指标应符合现行规范的要求。

2. 砾　石

砾石应坚硬、耐久，有机质、黏土块和其他有害物质的含量应符合有关规范的规定。

3. 天然砂

砂应洁净、坚硬、干燥、无风化、无杂质，符合规定级配，其泥土杂物含量应小于 3%。按细度模数（M_x）将砂分组如下：

（1）粗砂 M_x=3.7 ~ 3.1。

（2）中砂 M_x=3.0 ~ 2.3。

（3）细砂 M_x=2.2 ~ 1.6。

（4）特细砂 M_x=1.5 ~ 0.7。

在混凝土配制时应同时考虑砂的细度模数和级配情况，细度模数的计算可按《公路工程集料试验规程》（JTJ E42—2005）中 T0327—2005 的规定执行。

4. 机制砂

机制砂系专用制砂机轧制而成，机制砂应采用坚硬、洁净的卵砾石轧制加工（不得用加工碎石产生的石屑进行加工），机制砂生产应具备吸尘或水洗设备。机制砂应坚硬、清洁、干燥、无风化、无杂质，并且有适当的级配。

5. 水

水应洁净，不含有害物质。来自可疑水源的水应按照《公路工程水质分析操作规程》（JTJ 056—84）的要求进行试验，未经监理人批准的水源不得使用。

6. 水　泥

根据路用要求可采用普通硅酸盐水泥、硅酸盐水泥、道路硅酸盐水泥，其中用于水泥混凝土路面面板及用于水泥稳定碎石基层、底基层的水泥要求选用大厂旋窑生产的普通硅酸盐水泥，采用其他种类水泥应报监理人批准。

水泥进场应有产品合格证及化验单，并按相关要求进行抽验。不同标号、厂牌、品种、出厂日期的水泥不得混合堆放，严禁混合使用。出厂期超过 3 个月或受潮的水泥，必须经过试验，按其试验结果决定降级使用或废弃，并得到监理人认可，否则不得使用。严禁使用结块变质的水泥。

7. 沥　青

沥青材料应为道路石油沥青、岩沥青、乳化石油沥青和道路石油沥青改性产品等，沥青质量应符合图纸、招标文件及《公路沥青路面施工技术规范》（JTG F40—2004）的要求。每一批沥青材料都应有厂家的技术标准、试验分析证明书，并提交监理人审核。沥青存放应覆盖防雨，防止包装桶生锈、破损，防止杂质污染沥青。

6.2.1.7　下承层验收与准备

1. 路基及桥梁工程验收

路基、桥梁、隧道验收应按照设计及规范要求，执行《公路工程质量检验评定标准》（土建工程）。桥梁工程验收应重点检查水泥混凝土铺装层纵断高程及横坡度、水泥混凝土铺装层表面裂缝和桥面排水系统；隧道工程验收应重点检查整平层、混凝土基层、连续配筋混凝土层。软基处理段应检查连续两个月沉降量是否符合设计要求。

当路面工程与路基、桥梁或隧道工程由不同承包人承担施工时，路面施工承包人应参加业主与监理组织的路基、桥梁与隧道工程的验收，验收合格后须办理移交手续。成乐高速 E1 段的页岩路基交验如图 6-6 所示，砂砾石路基交验如图 6-7 所示。

图 6-6　成乐扩容 E1 页岩路基交验

图 6-7　成乐扩容 E1 砂砾石路基交验

2. 路面工程作业面准备

（1）垫层、底基层作业面准备。

对路基外形进行复查，检查内容包括高程、中线偏位、宽度、横坡度和平整度。

清除路基表面浮土、杂物，宜采用 18 t 以上振动压路机进行慢速全幅碾压检验，路基顶面必须平整无坑洼；在碾压过程中，如发现土过干，表面松散，应适当洒水，如土过湿，发生“弹簧”现象应进行处理。

进行中线恢复。其中，直线段每 15 ~ 20 m 设一桩，平曲线段每 10 ~ 15 m 设一桩，并在两侧路肩边缘外 0.3 ~ 0.5 m 设指示桩，并进行水准测量，标出上覆层边缘的设计高程。

当天气炎热时，应在垫层、底基层铺筑之前洒水湿润，防止混合料失水过快。

（2）基层作业面准备。

对底基层外形检查，检查内容包括高程、中线偏位、宽度、横坡度和平整度。

对底基层缺陷检查和修复，同时用硬扫帚和鼓风机将下承层浮浆及杂物清理干净。

当天气炎热时，应在基层铺筑之前洒水湿润，防止混合料失水过快。

（3）透层、下封层作业面准备。

对基层外形检查，检查内容包括高程、中线偏位、宽度、横坡度和平整度。

对基层缺陷检查和修复，水泥稳定碎石基层应在 7 ~ 10 d 龄期内能取出完整的芯样，如果取不出完整芯样，应进行返工处理。

（4）黏层作业面准备。

按相关规定对中、下面层的外观质量与内在质量进行全面检查，对局部质量缺陷（如严重离析和开裂、油污染等）进行修复；对中、下面层表面的污染物必须清扫干净，必要时用水冲刷，对于局部被水泥等杂物污染冲刷不掉的，应用人工将表面水泥砂浆凿除。

（5）沥青面层作业面准备。

检查下封层完整性。对已成型的下封层，用硬物刺破后应与基层表面相黏结，以不能成片被撕开为合格。下封层表面浮动矿料应扫至路面以外，表面杂物应清扫干净。

在进行中、上面层施工前，应检查黏层洒布情况，如出现多洒、少洒和漏洒等缺陷，应进行处理。

检查桥面防水黏结层。对局部外露和两侧宽度不足部分应按施工要求进行补洒。

（6）桥面防水黏结层作业面准备。

水泥混凝土桥面在防水黏结层施工前，应进行桥面板处理，并应经过验收合格。桥面板处理推荐采用抛丸、精铣刨两种方式，处理后应满足水泥混凝土桥面处理质量控制标准。如原桥面板提浆过多无法满足抛丸露骨率要求时，应采用精铣刨进行处理。

6.2.2 石料开采、集料加工与储运

6.2.2.1 一般要求

自行开采石料与集料加工的，石料开采、集料加工与储运等过程应符合国家环境保护、安全等的规定；石料开采应取得相关主管部门的行政许可。

不同岩性、不同料源的石料不得混杂开采、加工，不同岩口、不同岩性、不同规格的集料不得混堆、混运。雨雪天不得进行集料加工。

6.2.2.2 石料开采

成乐高速公路扩容项目路面工程所用碎石，除路面上面层采用玄武岩轧制外，其余均采用卵石轧制。采用卵石轧制垫层、水泥稳定层碎石时，卵石原料粒径应大于 6 cm。采用卵石轧制沥青面层碎石时，卵石原料粒径应大于 8 cm，如图 6-8 所示。

图 6-8　用于轧制碎石的卵石

6.2.2.3 集料加工

碎石加工采用联合破碎机，该机由给料机、破碎机、筛分机、输送机组成，总产量每小时不小于 500 t，并能满足本项目路面工期要求。

碎石加工采用三级破碎方式。粗碎：采用颚式破碎机，出料粒径为 10 ~ 20 cm。中碎：采用反击式破碎机，出料粒径 5 ~ 8 cm。细碎：采用冲击式破碎机，出料为成品料，

然后进入筛分机筛分。

对于以采石场爆破生产的片石，要求干净，不得含有风化石、泥土，否则应进行筛选和水洗，并按岩石最大粒径选择初级破碎机，如图 6-9 所示。对于卵砾石原材料，应在碎石机进料口前按照水稳碎石、沥青路面碎石相关要求设置振动筛进行预筛、筛取粒径符合要求的卵砾石进行轧制，为了减少成品料粉尘含量和环保需要，联合破碎机必须配置吸尘设备或清洗设施。三级破碎的生产率要匹配，为了保证设备运行不堵塞，后一级破碎生产容量比前一级容量增大 10%～20%。

图 6-9　粗集料水洗装置

设备在启动前应检查各种破碎机、筛分机、输送机是否有物料，如有应清除物料后再启动。启动时，顺序应从末级工序开始逐级启动，停止工作时，应从第一级工序开始，逐级停机，严禁设备带料停机、开机。

设备应按要求进行润滑，经常注意设备的噪声及振动情况，出现异常，应迅速停机检查。设备运行时，当质量与产率不正常时，检查破碎机、筛分机是否堵塞或筛面破损。

碎石分为 5 级：0～2.36、2.36～4.75、4.75～9.5、9.5～19、19～26.5。振动筛最大筛孔尺寸与所分材料应对应，如表 6-3 所示：

表 6-3　材料粒级与振动筛筛孔

材料粒级/mm	2.36	4.75	9.5	19	26.5
振动筛分/mm	3	6	11	21	29

集料从细破到振动筛之前，从皮带机取样，应在料流的整个宽度上取样。料样取回试验室进行分析，采用四分法进行缩分，或者把取样料全部进行筛分，分析各级料组成比例，当与水泥稳定碎石配合比有较大出入时，可调节各破碎机进料和出料口尺寸，尽量减少浪费，或用富余的集料回轧或制砂。

碎石机每天生产，都要进行取样分析，各级料都要取样筛分，一般在料堆取样，在离料顶、料脚一定距离的上、中、下部位取样。取样送回试验室进行筛分，检查针片状颗粒含量和超粒径颗粒含量、各级料颗粒组成，要求每级料含其他颗粒组成不超过 5%，否则应检查轧石机、振动筛设备。

当生产碎石材料发生异常时，应检查颚式破碎机的颚板是否需要更换，调整排料口尺寸，检查反击破板锤是否需要更换、反击板是否严重磨损，调整反击板与板锤之间的间隙大小，检查振动筛是否堵塞、磨损。各级破碎机的选择与原材料的强度、品质有关系，力求成品料形状为立方体、针片状颗粒少。

在集料加工过程中，应采用洒水设备洒水作业，保护环境，减少扬尘和集料的二次污染。成品料的下料口处各规格集料必须分开堆放，相互之间采用隔墙分离，严禁不同规格集料之间相互串料，如图 6-10 所示。

图 6-10　眉山热拌站料仓隔墙

6.2.2.4　集料储运

集料堆放场地应进行硬化，场内运输道路应采用水泥混凝土路面。各规格集料应分开堆放，相互之间采用隔墙分离，严禁出现串料和混料现象。在粗集料堆放时，宜按图 6-11 所示的 10°～15°倾角分层堆放。运料车在坡角处紧密卸料，然后由推土机向高处推平，减少集料离析，禁止汽车自料堆顶部向下卸料。成品集料运输过程中，应采取覆盖措施，防止二次污染。

图 6-11　粗集料堆放示意图

6.2.2.5　质量控制

在石料开采和集料加工过程中，应有专人进行检查，防止风化石、泥块、杂草等不合适材料进入集料生产线。集料加工时，在每次开机前对破碎机、振动筛、除尘器、皮带运输机等设备进行检查，对筛面的完整性、成品集料的粉尘含量进行控制，发现问题及时处理。

集料加工过程中，应按要求检查各规格集料的质量，如发现集料质量波动较大时，应停止生产，并检查排除生产设备、工艺等环节存在的问题。集料加工质量标准和抽检频率按照技术规范中相关规定执行。承包人不得随意改变材料的来源，未经批准的材料不得用于工程。由于材料不合格造成的工程损失应由承包人承担一切费用。

6.2.3 路面拼接施工

按照路面施工工艺流程，路面施工前需要对成乐原路面路肩进行拆除、破除沥青面层及水稳层边部，以便利于路面新老搭接。本项目从中分带向外第一、二车道为原路面维修利用，第三、四车道和硬路肩为新建。根据图 6-12 所示施工图设计，新老路面拼接位置选择在硬路肩上，为避免轮迹处拼接的不利影响，基层及底基层的拼接缝避开轮迹处。

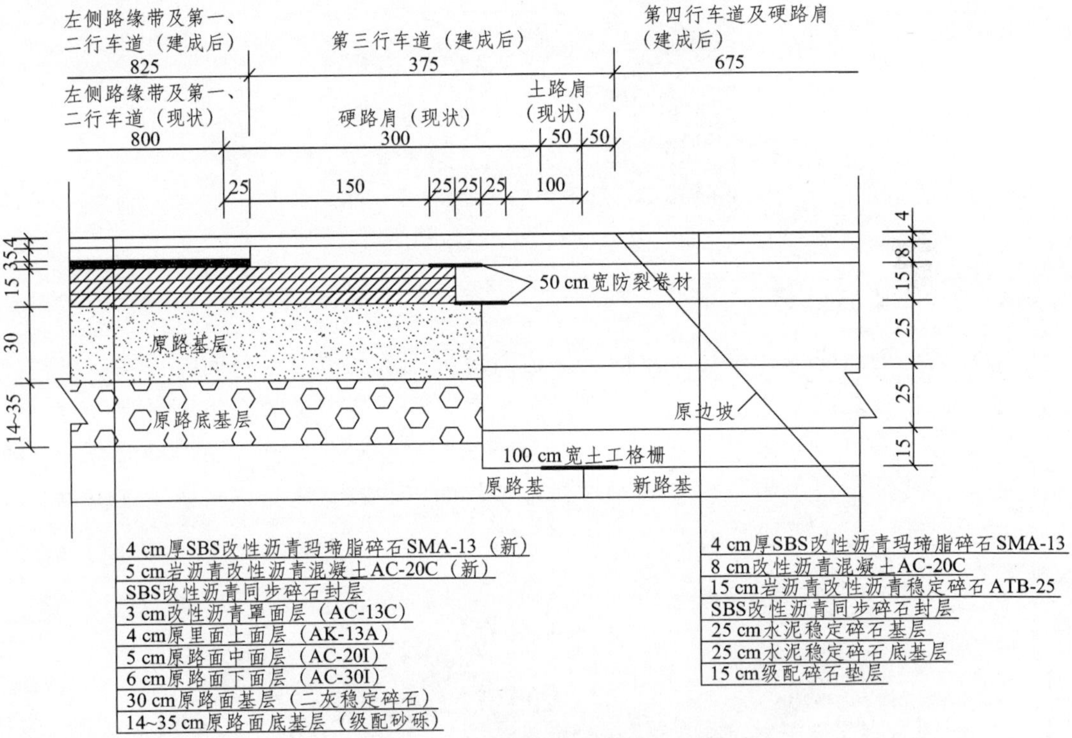

图 6-12 路面拼宽搭接设计图

路面拼接施工具体步骤如下：

6.2.3.1 沥青层铣刨

铣刨时按拼接图要求的几何尺寸形成台阶，台阶及拼接面不允许有松动粒料和灰尘，也不得因机械通过造成缺角、啃边、松散等情况出现，横向工作缝要求尽量放在结构物处，遇特殊情况，按实际铺筑层次形成台阶，其台阶宽度＞2 m，并按垂直接缝的要求进行施工，如图 6-13 所示。

油面铣刨作业应当和施工路段的车辆通行密切协调，防止因车辆通行，拼接缝出现松散、啃边影响拼接质量，如图 6-14 所示。铣刨机在施工段加水时不得泄漏，防止水渗入保留的路面结构层中，影响路面的长期使用质量。

图 6-13　破除原老路立柱及路缘石

图 6-14　确定油面铣刨位置

6.2.3.2　水稳层破除

首先根据设计图在水稳搭接位置画线标记，然后用马路机对照标记线进行切割。切割分两次，第一次对原路面油面进行切割，深度约 15 cm，然后对油面进行清除，第二次对水稳进行切割，深度 30 cm（将水稳层切穿），切割之后采用破碎头对水稳层进行破除。

施工方按照原方案采用切割机配合破碎头进行切割及破碎，发现作业面宽度小、深度大，需要多次切割破碎，施工效率低，2 ~ 3 d 只能完成 100 m 左右长度的作业面。为提高施工效率，项目部创新使用如图 6-15 所示的叉车+铣刨机+钢垫板+60 破碎头的组合，其中叉车用于循环前后移动钢垫板，以便于铣刨机履带行走，60 破碎头用于破除铣刨机不彻底的水稳层。通过技术革新，极大地提高了破除原路面应急车道的效率，每天能够完成 700 m 左右长度的作业面，如图 6-16 所示。

在破除水稳过程应注意以下事项：

（1）搭接位置画线标记必须顺直，切割时注意及时洒水，减少扬尘污染。

（2）保证有效切割深度，以保证水稳搭接面平整。

（3）破除后的建渣及时清运，合理利用，可用于便道、场坪填筑等处，不得随意乱倒。

（4）根据先行工程段路面施工情况，由于原水稳层厚度不均，以及原底基层为级配砂砾石，因此原设计图中的水稳基层与底基层之间的 25 cm 台阶不予保留。

图 6-15　叉车+铣刨机+钢垫板+60 破碎头组合施工

图 6-16　铣刨原路面应急车道完成效果

6.2.3.3　路床加固

原硬路肩路面破除后，应检查路基质量。当原路面结构层破除铣刨后，采用液压夯处理搭接位置。若发现原路路基及边坡位置存在大量软土，重车碾压呈软弹现象，则对部分原路基进行换填处治，并用液压夯补强及单钢轮重新碾压，如图 6-17 ~ 图 6-19 所示。

（a）

（b）

图 6-17　原路基软弱部分进行挖换处理

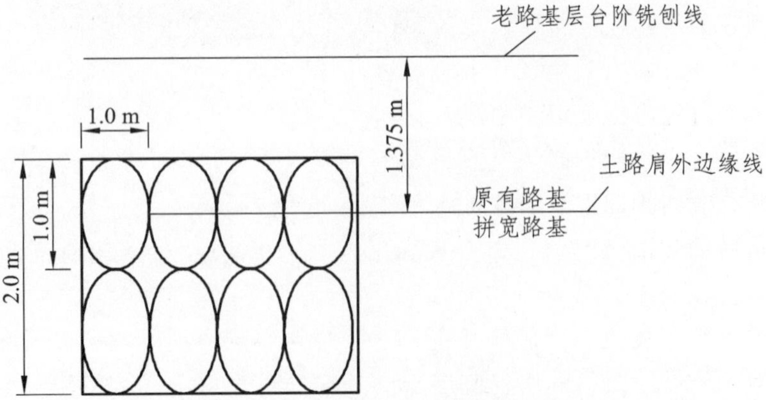

图 6-18　液压夯夯实位置示意图

图 6-19　液压夯夯实后效果

在新旧路基拼接处路基顶面铺设 100 cm 宽土工格栅，加强路基搭接。如图 6-20 所示，土工格栅要求铺设顺直，不得有坚硬凸起物，相邻段落土工格栅搭接采用尼龙绳或 U 形钉固定，搭接长度不小 20 cm。铺设格栅时，注意格栅间联结与拉直平顺。格栅的纵、横向接缝用尼龙线或涤纶线缝接，使格栅间连成整体，格栅间互相搭接宽度不小于 20 cm。铺设时用手拉直，使格栅平顺均匀，铺好的土工格栅每隔 1.5 ~ 2.0 m 用钩头固定于填土层面。

图 6-20　路基顶面铺设 2 m 宽土工格栅

6.2.3.4　水稳底基层及基层拼接

成乐高速公路原底基层为级配砂砾结构，基层为二灰稳定碎砾石结构。为了保证新老基层之间纵向接缝的施工质量，基层施工时采用水泥浆涂刷拼接面的方法来增加新老基层之间的黏结力，保证基层整体受力。

1. 水稳层界面剂施工工序

水稳层界面剂施工工序为：基层作业面清扫→湿润作业面→水泥浆配制→涂刷水

泥浆→基层施工。

2. 纵向拼接施工技术要求

（1）缝面无杂物、无尘土，线形顺畅、整齐、无污染。

（2）接缝垂直立面涂刷水泥浆，采用 1∶3～1∶4 水泥净浆涂刷均匀，不漏白，不流淌。

（3）水泥浆黏合剂涂刷后要紧跟进行摊铺，防止水泥净浆初凝失去黏结作用。

（4）碾压前必须对接缝位置混合料不饱满处先补料，碾压时先距接缝 20～30 cm 将新铺料压实，然后紧靠缝面碾压。

（5）加强接缝处的保湿养生，以提高接缝的整体强度。

（6）接缝面因标高控制不严，薄弱夹层的清除、局部沉陷等原因造成接缝处产生台阶的，应清除台阶。

3. 横向拼接施工技术要求

水泥稳定碎石基层工作缝不能在 3 h 内连续铺筑时，采用垂直接缝。二次铺筑时，接缝面应喷涂水泥净浆，如图 6-21 所示。

（a）　　　　　　　　　　（b）

图 6-21　水稳层接缝涂刷水泥浆

6.2.3.5　防裂卷材铺设

为了加强路面拼接质量，按路面拼接示意图所示位置，在基层顶面和下面层顶面拼接缝处各铺设 50 cm 宽防裂卷材。

1. 作业面清扫

施工前将作业面上尘土、杂物等清扫干净并保持表面干燥。

2. 喷洒沥青黏层油

喷洒黏层油的横向范围要比防裂卷材宽 5～10 cm。黏层油必须要喷洒均匀，用量符合设计要求。

3. 防裂卷材的铺装与搭接

防裂卷材及其铺设设备应垂直于拼接缝，待乳化沥青破乳后，及时铺设防裂卷材。铺装前用火焰枪对卷材接触地面进行烘烤，使卷材表面沥青熔化，边烘烤边向前推铺卷材，随后用工具适当碾压，以保证防裂卷材能及时与沥青牢固黏结在一起；若铺装时发生褶皱或打折现象，应当及时用工具刀切开褶皱部位，然后在铺设方向上再搭接起来，用黏结料胶结并压实，以保证防裂卷材与黏结料的良好黏结，如图 6-22 和图 6-23 所示。

图 6-22　基层顶面铺设防裂贴

图 6-23　沥青下面层顶面处铺设防裂贴

铺设施工时，应尽可能铺设成一条直线；当需要转弯时，将防裂卷材弯曲处剪开，重叠铺设并喷涂黏结料胶结，应尽量避免防裂卷材打折起皱，在弯道安装时若有不便，应尽量减少防裂卷材的铺设长度。

防裂卷材纵向接缝搭接宽度为 5 ~ 10 cm，横向接缝搭接宽度为 10 ~ 15 cm，横向接缝搭接方向应当为摊铺沥青混凝土的方向，将后端压在前一端之下并用热沥青黏结料黏结好，搭接宽度不宜过宽。

防裂卷材铺设施工完成后，在形成有效黏结前应禁止车辆进入，以防止由于车轮粘油将防裂卷材带起或破坏，并禁止任何车辆在防裂卷材上行驶时突然刹车或急转弯，以免对防裂卷材造成极大破坏。

6.2.3.6　路面拼接高程控制

路面拼接高程控制，主要包括新建拼宽部分路面高程控制、老路面铣刨加铺高程控制和新老路面拼接高程控制。

1. 新建拼宽部分路面高程控制

新建部分路面各水稳、油面结构层高程均按照设计高程控制。老路面已通车多年，并经过多次养护处治，存在沉降不均及施工误差，为保证路面整体纵横坡，新建路面均按设计高程控制。

2. 老路面铣刨加铺和新老路面拼接高程控制

老路面交通管制封闭后，立即对老路面按每 10 m 一个断面，每个断面 4 个点进行测量（其中一个点位于已建成拼宽部位），与设计高程进行对比，确定每个部位铣刨加铺深度。

老路面中面层加铺，靠近中分带一侧摊铺机采用走钢丝的方式按设计高程控制，靠近新建拼宽部分一侧摊铺机采用在已新建成路面上走滑靴的方式控制。

上面层采用两台摊铺机联合梯队摊铺，摊铺机间距约 10 m 一次成型。两侧采用激光扫描自动找平仪或者浮动式基准梁，中间热接缝处采用在前面一台摊铺机已铺好的路面上走滑靴的方式控制纵横坡平整度。

6.2.4 级配碎石垫层

6.2.4.1 一般要求

级配碎石混合料施工采用集中厂拌、摊铺机摊铺的施工方法。在正式施工前，必须铺筑试验段，对施工工艺进行总结，试验段的质量检查频率应是正常路段的两倍。

施工期的日最低气温应在 5 °C 以上，严禁雨天施工。

6.2.4.2 施工准备

级配碎石施工前的技术、机械、试验检测仪器、料场与材料及作业面等各项准备遵照前列章节所述执行。应对作业面进行检查、清理及修整，确保下卧层表面平整、密实，具有规定的横坡，无任何松散、软弱和积水等现象。

施工前应做好放样工作。恢复中线时，每 10 m 设一个中桩，并在两侧边缘外设指示桩，桩上应明显标记出该层边缘的设计高度，用白灰画出该层的边缘线。承包人应在监理人验收合格的路基上铺筑垫层材料，未经监理人批准而在其上摊铺的材料，应由承包人自费清除。在铺筑垫层前，应将路基面上的浮土、杂物全部清除，并洒水湿润。

6.2.4.3 材料要求

1. 集　料

集料必须清洁，不含有机物、土块、杂物及其他有害物质。

粗集料的碎石最大粒径不应超过 37.5 mm；按《公路工程集料试验规程》（JTG E42—2005）标准方法进行试验时，压碎值不大于 30%，针片状颗粒的含量不超过 20%，*CBR* 值应大于 80%。碎石集料级配应满足表 6-4 的要求。

表 6-4　级配碎石的集料组成范围

通过下列方孔筛（mm）的质量百分率/%								液限/%	塑性指数
37.5	31.5	19	9.5	4.75	2.36	0.6	0.075		
100	90 ~ 100	73 ~ 88	49 ~ 69	29 ~ 54	17 ~ 37	8 ~ 20	0 ~ 7	＜28	＜6

细集料采用碎石加工过程中的石屑，有机质含量不宜超过 1%，水洗 0.075 mm 通过率不得大于 15%。

2. 水

水应洁净，不含有害物质。来自可疑水源的水应按照《公路工程水质分析操作规程》(JTJ 056) 要求进行化验鉴定。

6.2.4.4 混合料配合比设计

级配碎石混合料应采用重型击实方法或振动压实方法进行混合料配合比设计。级配碎石颗粒组成和塑性指数等应符合《公路路面基层施工技术规范》(JTJ 034—2000) 相关要求。级配碎石 *CBR* 值应满足设计文件要求，回弹模量应不小于 300 MPa。

级配碎石混合料取实际使用的集料，分别进行筛分，按颗粒组成进行计算，按照《公路沥青路面设计规范》(JTG D50—2006) 或《公路路面基层施工技术规范》的级配范围要求，调整各种矿料比例设计粗、中、细 3 组初试级配。对每种级配选取 5 个含水率进行重型击实试验，确定级配碎石的最佳含水率及最大干密度。在最佳含水率下成型试件，选取 *CBR* 值最大者作为设计级配。

6.2.4.5 施工要点

1. 拌　和

采用中心站集中拌和，摊铺机摊铺。拌和机各料仓开口大小和皮带计量精度应事先标定，并在施工过程中经常检查和校正。细集料及拌和机料斗应采用钢架雨棚遮盖。

开始拌和前，拌和场的备料至少应能满足 5 ~ 7 d 摊铺用料。每天拌和前应检查各拌和设备的工作参数，使混合料颗粒组成和含水率达到规定的要求，与此同时，还应测定各种规格集料的含水率，结合天气、运距等情况调整外加水量。一般情况下，混合料的含水率比最佳含水率宜提高 0.5% ~ 1%，在气温高、风速大、天气干燥的情况下，宜提高 1% ~ 2%。早晚与中午的含水率要有区别。

应有足够数量的装载机加料，确保拌和机各仓集料充足，同时避免料仓窜料。拌和机出料不应采取自由跌落式的落地成堆、装载机装料运输的办法，应配备带活门漏斗的料仓，由漏斗出料直接装车运输。装车时车辆应前、后、中三次装料，避免混合料离析。

2. 运　输

运输车辆应采用大吨位的自卸车，车况应良好、整洁，运输车辆在每天开工前，要检查其完好情况。运输车辆数量须满足拌和、出料及摊铺需要，并略有富余。混合料在运输过程中必须覆盖，以减少水分损失。

3. 摊　铺

在级配碎石垫层边缘打好厚度控制线支架，根据松铺系数计算松铺厚度，确定控制线高度，挂好控制线。用于控制摊铺机摊铺厚度的钢丝拉力应不小于 800 N。摊铺前及摊铺过程中应检查摊铺机各部分运转情况，确保运转正常。

摊铺机前等待卸料的运输车辆应不少于 5 辆，保持连续摊铺。在摊铺机前应设专人组织自卸车卸料，避免自卸车撞击摊铺机。

用大功率摊铺机时，可采用单机单幅全断面摊铺，也可采用两台摊铺机梯队作业方案。现场摊铺采用单机摊铺时应采用两侧走钢丝的方法控制高程；采用两台摊铺机梯队作业时，两台摊铺机前后间距宜控制在 10 m 以内，前台摊铺机采用路侧钢丝和设置在路中的导梁控制路面高程，后台摊铺机路侧采用钢丝、路中采用滑靴控制高程和厚度。前后两台摊铺机应重叠 50 ~ 100 mm。

摊铺速度一般宜在 2 ~ 3 m/min。摊铺过程中根据拌和能力和运输能力确定摊铺速度，避免摊铺机停机待料的情况。摊铺过程中应随时注意材料离析情况，应设专人随时消除粗细集料离析现象，如图 6-24 所示。对于粗集料集中或细集料集中的地方，应分别添加细集料或粗集料，并拌和均匀。对严重离析部位应挖除后用符合要求的混合料填补。

图 6-24　级配碎石垫层铺筑作业

熨平板前的混合料高度以略高于螺旋布料器 2/3 高度为宜，且全长同高；螺旋布料器在全部工作时间内应匀速转动，避免过快或停顿。

结构物两侧的摊铺应符合以下要求：

（1）应在施工前对结构物两侧工作面进行清理和修整，扫除松散材料和所有杂物，处理好欠压实、不平整等问题。

（2）正交结构物两侧作为摊铺起点时，应使用相应厚度的垫块，不得采用人工摊铺。

（3）斜交结构物两侧等摊铺机无法工作的部位采用人工摊铺，应控制好松铺厚度和平整度。

4. 碾　压

经过整平和整型，承包人应按试验路段所确认的压实工艺，在全宽范围内均匀地压实至重型击实最大密度的96%以上。在摊铺、修整后，压路机应在全宽范围内紧跟碾压，一次碾压段落长度一般为 50 ~ 80 m。碾压应遵循先轻后重、先慢后快、横断面从低到高的原则。碾压段落必须层次分明。

碾压程序应按试验段确认的方法进行，碾压时，应重叠 1/3 轮宽。各部位碾压遍数应尽量相同，压路机碾压不到的部位用小型平板式振动器施振密实。

碾压应遵循试验段确定的程序与工艺。宜按照稳压（静压）→弱振→强振→稳压收面的工序进行压实。严禁压路机在正在施工和刚完成的路段上调头或急刹车。出现拥包时，应铲平处理。

为保证级配碎石垫层边缘压实度，应有 10 cm 的超宽压实；采用型钢模板支撑时，超宽可适当减小。压实后表面做到平整均匀，无轮迹。施工过程中及时用 3 m 直尺进行平整度检测。

一个路段碾压完成以后，应按批准的方法做密实度试验。若被检验的材料没有达到所需的压实度、稳定性，则承包人应重新碾压、整型及整修，所需费用由承包人自理。

5. 接缝处理

当采用梯队摊铺时，纵向接缝应一次碾压密实。如有间隔时间较长的纵向接缝，应留 5 ~ 8 m 暂不碾压，在后续摊铺后跨缝一次碾压密实。横向接缝应与路面车道方向垂直设置。接缝按以下方式施工：

（1）压路机碾压完毕，沿端头斜面开到下卧层上停机过夜。

（2）第二天将压路机沿斜面开到前一天施工的垫层上，用 3 m 直尺纵向放在接缝处，定出垫层离开 3 m 直尺的点作为接缝位置，沿横向断面挖除坡下部分混合料，清理干净后，摊铺机从接缝处起步摊铺。

（3）压路机沿接缝横向碾压，由前一天压实层逐渐推向新铺层，碾压完毕再正常碾压。

（4）碾压完毕，接缝处纵向平整度应满足规定要求。

6. 养生及交通管制

级配碎石垫层在施工完毕后宜禁止车辆通行。施工完成后应尽快安排上覆层施工。承包人应充分考虑天气因素，合理安排垫层与基层的施工时间，确保垫层施工完成后能及时施工底基层。雨天应进行防雨覆盖。

级配碎石垫层不宜过冬。必要时应采取措施，保证级配碎石不发生冻坏现象。

7. 质量控制

原材料试验应按照《公路路面基层施工技术规范》有关规定进行，检测频率建议粗集料不少于每 2 000 t 检测 1 次、细集料不少于每 1 000 t 检测 1 次。石料质地坚硬、无杂质，颗粒级配符合要求。

混合料级配检验宜在拌和场运输机皮带上取样，在施工现场取样时，应采取措施确保样品的代表性。配料必须准确，塑性指数应符合规定。施工过程中随时检查级配碎石混合料拌和以及摊铺的均匀性，应达到无粗细集料离析现象。

施工过程中应注意高程、厚度、平整度控制及对离析的检查，发现问题及时分析解决。压实度检查应在碾压结束后立即进行，碾压应达到要求的压实度，对于小于规定值的测点应立即进行处理。在已完成的垫层上每一作业段或不大于 2 000 m^2 随机取样 6 次，按《公路路基路面现场测试规程》（JTG E60—2008）的规定进行压实度试验，并按规定检验其他项目。所有试验结果，均报监理人审批。

级配碎石混合料质量控制内容与垫层成品质量要求分别按表 6-5 和表 6-6 的规定执行。

表 6-5　级配碎石混合料质量控制标准

项目		质量要求或允许差	检查频度	取样/试验方法
矿料级配，与生产级配的差/%	0.075 mm	±2	1 次/2 000 m^2	拌和机皮带上取样
	≤2.36 mm	±6		
	≥4.75 mm	±7		
CBR/%		≥80	1 组/3 000 m^2	JTG E40—2007
含水率/%		+2，−1	1 组/2 000 m^2	烘干法

注：生产级配指的是通过试铺确定的设计级配。

表 6-6　级配碎石垫层质量控制标准

检查项目	质量要求	检查规定
压实度（代表值）/%	≥96	按 JTG F80/1—2004 附录 B 检查，每 200 m 每车道 2 处
平整度（mm）	≤12	3 m 直尺：每 200 m 测 2 处×10 尺
纵断面高程/mm	+5，−15	水准仪：每 200 m 测 4 个断面
厚度/mm	−10	按 JTG F80/1—2004 附录 H 检查，每 200 m 每车道 1 点
宽度/mm	不小于设计	尺量：每 200 m 测 4 处
横坡度/%	±0.3	水准仪：每 200 m 测 4 个断面
外观要求	表面平整密实，边线整齐，无松散现象	

注：检测频率除注明之外，系指单幅双车道。

6.2.5　水泥稳定底基层和基层

6.2.5.1　一般要求

水泥稳定结构层应采用集中厂拌、摊铺机摊铺、压路机碾压密实的施工工艺。在正式施工前，必须铺筑试验段，对施工工艺进行总结，试验段的质量检查频率应是正常路段的两倍。

成乐高速公路扩容建设水泥稳定底基层、基层压实厚度为 25 cm。施工段落的长度应与配套的施工机械相匹配，每个施工段落长度以 200 m 为宜。

当工地气温低于 5 °C 时，不应进行施工，并应在重冰冻（-3 ~ -5 °C）之前一个月结束。雨季施工，应特别注意天气变化，勿使水泥和混合料受雨淋。降雨时应停止施工，但已摊铺的混合料应尽快碾压密实。

6.2.5.2　施工准备

水泥稳定碎石施工前的技术、机械、试验检测仪器、料场与材料准备及作业面准备按前列章节所述执行。在水稳施工前，对下承层进行外观检查。主要对已铺筑完成的垫层进行宽度、高程、压实度、横坡等各项指标检测；检测数据符合设计要求，方可进行水稳施工。在进行水稳层铺筑前视路面干湿情况，如比较干燥用水车雾状喷洒，以工作面湿润没有积水为度，如图 6-25 所示。在新旧水稳层搭接处提前涂刷水泥浆。

图 6-25　铺筑前下承层洒水润湿

试验段施工区域测量放样按每 10 m 一根桩放出两边边桩，复测下承层标高，打钢钎支架，挂上钢丝，并按标高值和松铺系数（按 1.3 预设，松铺系数测定后进行调整）调整钢丝的高程，作为纵横坡基线。钢丝直径采用 3 mm 钢丝，每段长 100 ~ 300 m，每次两侧 4 根交替使用。每根钢丝一端用紧线器将钢丝绷紧，钢丝拉力不小于 600 kN，以保证摊铺成型面的平整度。

6.2.5.3　材料要求

1. 水　泥

宜选用终凝时间较长的普通硅酸盐水泥、道路硅酸盐水泥，不得使用快硬水泥、早强水泥以及已受潮变质的水泥。用于基层、底基层的水泥必须采用大厂旋窑生产的水泥，如采用散装水泥，则必须存放 24 h 以上方可使用。

用于底基层、基层的水泥，要求初凝时间在 4 h 以上，终凝时间在 6 h 以上且不大于 10 h。

水泥剂量，系指水泥质量占集料干重的百分率。稳定土拌和机需带电子计量系统，确保水泥剂量的准确控制。采用稳定土拌和机施工时水泥的最大剂量：水泥稳定碎石底基层不得大于 3.5%，水泥稳定碎石基层不得大于 4%（在施工过程中，强度满足要求的范围，水泥剂量不得再人为调高比例）；应尽可能通过调整级配组成来达到满足强度的要求，从而减少收缩裂缝的产生。

2. 集　料

集料应洁净、干燥、表面粗糙、无风化、无杂质。碎石颗粒的最大粒径不应超过 31.5 mm。碎石应先筛分成 5 级（建议分级界限：0 ~ 2.36 mm、2.36 ~ 4.75 mm、4.75 ~ 9.5 mm、9.5 ~ 19 mm、19 ~ 31.5 mm），不同粒级的碎石以及细集料应隔离，分别堆放然后配合，使颗粒组成符合表 6-7 所列的级配范围。应采取措施保护集料，特别是细集料应有覆盖，防止雨淋。

表 6-7　水泥稳定碎石底基层、基层集料的颗粒组成范围

通过下列方孔筛（mm）的质量百分率/%									液限/%	塑性指数
层　位	31.5	26.5	19	9.5	4.75	2.36	0.6	0.075		
基层、底基层	100	90 ~ 100	72 ~ 89	47 ~ 57	29 ~ 39	17 ~ 27	8 ~ 15	0 ~ 3	<28	<9

细集料采用碎石加工过程中的石屑时，有机质含量不宜超过 1%，水洗 0.075 mm 通过率不得大于 15%。粗集料采用沿线洁净、坚硬的灰岩用大型联合碎石机（反击破或冲击破）轧制成的碎石，压碎值不得大于 30%，针片状颗粒的含量应不超过 20%。

碎石宜采用冲击式或反击式破碎机轧制的碎石，进场后按标化工地的要求分档堆放，为便于材料堆放和施工组织。底基层与基层集料的粒径和分级一致，并满足表 6-7 和表 6-8 的质量要求。

表 6-8　基层、底基层碎石质量要求

项　目	压碎值/%	针片状含量/%	小于 0.075 mm 颗粒含量/%		密度/（t/m^3）	砂当量/%	吸水率/%	坚固性/%
			2.36 mm 以上	0 ~ 2.36 mm				
质量要求	≤30	≤20	≤2.0	≤10	＞2.5	≥50	≤3	≤12

3. 水

水应洁净，不含有害物质。来自可疑水源的水应按照《公路工程水质分析操作规程》要求进行化验鉴定。

6.2.5.4　混合料配合比设计

1. 一般要求

混合料的组成设计应符合《公路路面基层施工技术规范》（JTJ 034—2000）的有关规定。水泥稳定底基层与基层集料粒径与分级一致，为了减少水泥稳定碎石施工离析，

集料最大粒径控制在 31.5 mm，水泥稳定碎石底基层和基层根据试验采用同一级配，只是水泥用量不同。

为了减少水泥稳定碎石底基层、基层的裂缝，在级配设计中通过降低 4.75 mm 的通过率，增加粗集料含量，形成骨架密实结构，特别是减少 0.075 mm 通过率，降低水泥用量提高半刚性材料的抗裂能力。

在混合料组成设计中，在级配范围内按粗、中、细三种级配做试验，确定三种级配的最佳含水量和水泥用量，通过试验摊铺、压实、检测确定采用哪种级配。

建议水泥稳定底基层强度达到 7 d 龄期无侧限抗压强度代表值大于 2 MPa，水泥稳定基层强度达到 7 d 龄期无侧限抗压强度代表值大于 3 MPa 但不超过 4.5 MPa，并且偏差系数控制在 10%以内。

混合料组成设计注意事项：

（1）为减少基层裂缝，应做到三个限制：在满足设计强度的基础上限制水泥用量；在合成级配满足要求的同时限制细料、粉料用量（合成级配中小于 0.075 mm 颗粒含量不大于 3%）；根据施工时气候条件限制含水量。

（2）在规定的水泥剂量范围内，强度如达不到设计要求，应采取调整级配和更换料源等措施，不得单纯采用提高水泥剂量的方式。设计水泥剂量如超出规定范围，必须报发包人审批。

（3）生产配合比调试时，应根据施工时的气候条件，通过试验确定混合料拌制用水量。

2. 试　验

用于底基层、基层的原材料应进行标准试验，试验项目见表 6-9 所示。混合料按设计掺配后，应采用振动成型法成型试件并进行抗压强度试验。

表 6-9　水泥稳定碎石底基层、基层原材料的试验项目

试验项目	材料名称	频　率
含水率	碎　石	每天使用前测 2 个样品
颗粒分析	碎　石	每种碎石使用前测 2 个样品，使用过程中每 2 000 m^3 测 2 个样品
液限、塑限	集料中 0.5 mm 以下的细料	每种碎石使用前测 2 个样品，使用过程中每 2 000 m^3 测 2 个样品
相对密度、吸水率	碎　石	使用前测 2 个样品，使用过程中每 2 000 m^3 测 2 个样品，碎石种类变化重做 2 个样品
压碎值	碎　石	同上
强度等级和凝结时间	水　泥	做材料组成设计时测一个样品，料源或标号变化时重测
水泥剂量	混合料	使用中测 2 个样品，从拌和机出料口取样
混合料级配	混合料	使用前测 2 个样品，从拌和机出料口取样，水洗法筛分

3. 混合料

水泥稳定混合料的设计应考虑气候、水文条件等因素，按《公路工程无机结合料稳定材料试验规程》(JTG E51—2009)的规定进行试验，通过试验确定最佳的水泥剂量和最佳含水量。混合料的设计步骤如下：

(1)制备同一种集料、不同水泥剂量的水泥稳定碎石混合料。

(2)确定各种混合料的最佳含水量和最大干密度，应至少做三个不同水泥剂量(即最小剂量、中间剂量和最大剂量)混合料的击实试验。

(3)按工地预定达到的压实度，分别计算不同水泥剂量的试件应有的干密度。

(4)按最佳含水量和计算所得的干密度制备试件。进行强度试验时，作为平行试验的最少试件数量应不少于表6-10的规定。如试验结果的偏差系数大于表中的规定值，则应重做试验，并找出原因，加以解决。如不能降低偏差系数，则应增加试件数量。

表6-10　最少试件数量

偏差系数	＜10%	10%～15%	15%～20%
最少试件数量	6	9	13

(5)试件在规定温度(25 °C±2 °C)下保湿养生6 d，浸水24 h后，按《公路工程无机结合料稳定材料试验规程》进行无侧限抗压强度试验。

(6)计算试验结果的平均值和偏差系数。

(7)根据相关规范要求的强度标准，选定合适的水泥剂量，此剂量试件室内试验结果的平均抗压强度$\overline{R}$应符合下列公式的要求：

$$\overline{R} \geqslant \frac{R_{\mathrm{d}}}{1-Z_a C_{\mathrm{v}}}$$

式中：R_{d}——设计抗压强度(MPa)；

C_{v}——试验结果的偏差系数(以小数计)；

Z_a——标准正态分布表中与随机保证率(或置信度a)有关的系数，高速公路保证率95%，即Z_a=1.645。

在进行混合料设计时，水泥剂量若控制不住(偏高)，应从改善原材料、调整级配方面做工作。

4. 抗压强度

设计抗压强度见表6-11。

表6-11　水泥稳定碎石底基层和基层的强度标准

项　目	强度/MPa
水泥稳定碎石底基层	2.5
水泥稳定碎石基层	4.0

6.2.5.5　施工要点

1. 拌　和

水泥稳定碎石底基层、基层混合料的拌和须采用厂拌法，拌和机的产量宜大于400 t/h。要求拌和机冷料仓与输送带搭棚覆盖。厂拌的设备及布置位置应在拌和以前提交监理人并取得批准后，方可进行设备安装、检修与调试，使拌和的混合料颗粒组成和含水量达到规定要求。拌和机各料仓开口大小和皮带计量精度应事先标定，并在施工过程中经常检查和调整。

施工中细集料宜采用篷布覆盖，避免细集料含水率过大，导致施工过程中料仓口堵塞。开始拌和前，拌和场的备料至少应能满足5～7 d的摊铺用料。每次开始拌和前，应检查场内各处集料的含水率，计算当天的施工配合比，外加水与天然含水率的总和要比最佳含水率略高1%左右。

每次开始拌和之后，出料时应取样检查是否符合设计的配合比，进行正式生产之后，每天定时检查拌和情况，抽检其配合比、含水率是否变化。高温作业时，早晚与中午的含水率要有区别，要按温度变化、风速大小及时调整。

料仓的加料应有足够数量的装载机，以确保拌和楼各仓集料充足并且相互之间数量协调。拌和楼在每天结束后应清理干净，检查并进行适当维护，尤其要注意避免水泥结块而堵塞水泥下料口。

拌和机出料不得采取自由跌落式的落地成堆、装载机装料运输的办法，应配备带活门漏斗的料仓，由漏斗出料直接装车运输。装车时车辆应前后移动，分三次装料，避免混合料离析。

2. 运　输

运输车辆应采用大吨位的自卸车，车况应良好，运输车辆在每天开工前，要检验其完好情况，装料前应将车厢清洗干净。运输车辆数量应满足拌和、出料与摊铺需要，并略有富余。混合料在运输过程中必须如图6-26所示进行覆盖，以减少水分损失，并应尽快将拌和的混合料运送到铺筑现场。如运输车辆中途出现故障，应尽快排除，如车内混合料不能在初凝时间内运到工地，或预计混合料到碾压最终完成的延迟时间超过水泥初凝时间，必须予以废弃。

图6-26　成乐扩容E1水稳运输车全覆盖

3. 摊　铺

在铺筑底基层之前，应从填好的垫层上把浮土、杂物全部清除，并整形和压实。垫层上的车辙、松软部分和压实度不足的地方，以及任何不符合规定要求的部分都应翻挖、填筑新填料，重新整形。

在水泥稳定碎石基层边缘打好高程控制线支架，根据松铺系数计算松铺厚度，决定控制线高度，挂好控制线。

摊铺前应将作业面洒水湿润。对于底基层表面，宜喷洒水泥净浆，按水泥质量计，不少于 1.0 ~ 1.5 kg/m^2。水泥净浆稠度以能洒布均匀为宜，洒布长度以摊铺机前 30 ~ 40 m 为宜。

基层、底基层必须采用如图 6-27 所示摊铺机摊铺，并使混合料按规定的松铺厚度，均匀地摊铺在要求的宽度上。摊铺时应尽量减少混合料的离析，摊铺过程中应采用人工对已经离析的部分，及时更换新的混合料补救。

图 6-27　成乐扩容 E1 水稳铺筑作业

摊铺时混合料的含水量宜高于最佳含水量 0.5% ~ 1.0%，以补偿摊铺及碾压过程中的水分损失。基层和底基层每层摊铺前均应对下层表面均匀洒水润湿，洒水时间应视施工气温而定。基层和底基层间还应使用专用的水泥净浆洒布车在基层摊铺前 1 h 以内均匀洒布水泥浆，确保层间黏结。

待等候卸料的混合料运输车多于 5 辆后开始摊铺，并应保持连续摊铺。现场宜采用两台摊铺机梯队作业的方式，在单向双车道路面施工过程中，当单台大功率摊铺机抗离析效果较好时，也可采用单机全断面摊铺的摊铺方式。

采用双机梯队作业时，两台摊铺机型号应相同，前后相距 5 ~ 10 m，前台摊铺机采用路侧钢丝和设置在路中的导梁控制路面高程，后台摊铺机采用路侧钢丝、路中滑靴控制高程和厚度的方式。前后两台摊铺机重叠 50 ~ 100 mm，中缝辅以人工修整。采用单机摊铺时应采用两侧走钢丝的方法控制高程。

摊铺机的摊铺速度宜控制在 1.5 ~ 2 m/min。摊铺过程中应根据拌和能力和运输能力确定摊铺速度，中途不得随意变更摊铺速度，避免摊铺机停机待料的情况。

摊铺前及摊铺过程中应检查摊铺机各部分运转情况。调整好传感器臂与导向控制线的关系；严格控制基层厚度和高程，保证横坡满足设计要求。设专人看护导向控制线，不得出现掉线和人为碰线的情况。摊铺机的螺旋布料器应有三分之二埋入混合料中。

摊铺机在安装、操作时应采取如降低布料器前挡板的离地高度等混合料防离析措施，摊铺机后应设专人消除离析现象，铲除局部粗集料集中部位，并用新拌混合料填补。

结构物两侧摊铺应符合以下要求：

（1）应在施工前对结构物两侧工作面进行清理和修整，扫除松散材料和所有杂物，处理好欠压实、不平整等问题。

（2）正交结构物两侧作为起点时，应采用相应厚度的垫块起始摊铺，并严格按照设计要求衔接路面结构层和过渡板，不得采用人工摊铺。

（3）斜交结构物两侧等摊铺机无法工作的部位采用人工摊铺，应控制好操作时间、松铺厚度和平整度。

4. 碾　压

在摊铺、修整后，立即用压路机跟在摊铺机后在全宽范围内进行碾压。碾压应遵循先轻后重、先慢后快、从低到高的原则。如图 6-28 所示，每台摊铺机后，压路机应紧跟碾压，碾压段落长度一般为 50 ~ 80 m。碾压段落必须层次分明，设置明显的分界标志。碾压应遵循试验段确定的程序与工艺。

图 6-28　成乐扩容 E1 水稳基层碾压作业

碾压过程中，水泥稳定碎石底基层、基层的表面应始终保持湿润。如表面水分蒸发过快，应及时补洒少量的水。应严格控制碾压含水量，使其不低于最佳含水量，也不宜高于最佳含水量 1%，在夏天高温季节施工时，如施工刚结束时检测含水量已小于最佳含水量的 80%时应停止施工。

基层和底基层严禁采用薄层贴补的方法进行找平及标高调整。严禁有意进行表面提浆。

碾压宜在水泥初凝前及试验确定的延迟时间内完成，并达到要求的压实度。应做水泥稳定碎石混合料的延迟时间对其强度影响的试验，以确定合适的延迟时间。施工中，从加水拌和到碾压终了的延迟时间不得超过水泥终凝时间，按试验路段确定的合适的延迟时间严格控制施工。压路机碾压时应重叠 1/3 轮宽。

压路机换挡要轻且平顺，不要拉动铺面，在第一遍初步稳压时，倒车后尽量原路返回，换挡位置应在已压好的段落上，在未碾压的一头换挡倒车位置应错开，成齿状，出现个别拥包时，应进行铲平处理。

压路机停机应错开，相互间距约 3 m，且停在已碾压好的路段上。严禁压路机在正在碾压的路段或刚完成的路段上调头和急刹车。为保证水泥稳定碎石基层边缘压实度，应有 100 mm 的超宽压实，如图 6-29 所示；采用型钢模板支撑时，超宽可适当减小，如图 6-30 和图 6-31 所示。

图 6-29　采用小型夯机进行临边压实

图 6-30　水稳铺筑钢模板

图 6-31　使用钢模进行水稳铺筑的线形效果

5. 接　缝

两台摊铺机梯队施工时的纵向接缝应采用斜接缝，压路机跨缝碾压时一次碾压密实。

水泥稳定碎石混合料摊铺时，应连续作业，如因故中断时间超过 2 h，则应设横缝；每天收工之后，第二天开工的接头断面也要设置横缝。横缝应与路面车道中心线垂直设置，接缝断面应是竖向平面。

压路机碾压完毕，沿端头斜面开到下卧层上停机过夜；第二天将压路机沿斜面开到前一天施工的基层上，用 3 m 直尺纵向放在接缝处，定出基层面离开 3 m 直尺的点作为接缝位置，沿横向断面挖除坡下部分混合料，清理干净后，横切面也应洒布水泥净浆润湿，然后摊铺机从接缝处起步摊铺。压路机沿接缝横向碾压，由前一天压实层逐渐推向新铺层，碾压完毕再正常碾压。碾压完毕，接缝处纵向平整度应符合要求。

6. 养生及交通管制

如图 6-32 所示，底基层碾压完成后应立即覆盖节水保湿养生膜进行养生，基层碾压完成后应立即施工透层油并覆盖节水保湿养生膜进行养生，养生时间不少于 7 d，如 7 d 后不能铺筑下一结构层，养生膜覆盖时间应保持到下一结构层开展时，以避免干缩裂缝。

图 6-32　水稳覆盖节水保湿养生膜养生

节水保湿养生膜技术指标要求应满足表 6-12 的要求。

表 6-12　节水保湿养生膜

检验项目		要求
3 d 有效保水率/%		≥90
一次性保水时间/d		≥7
单位面积吸蒸馏水量/（kg/m^2）		≥0.5
拉伸强度/MPa		≥10
直角撕裂强度/（kN/m）		≥50
保温性能/°C		≥4
混凝土抗压强度比（与标养比较）/%	3 d	≥95
	7 d	≥95
混凝土抗折强度比（与标养比较）/%	3 d	≥90
	7 d	≥90
混凝土磨耗量/（kg/m^2）		≤2.5

养生期间除洒水车外应封闭交通，洒水车的喷头应向上成雾状喷洒，不得直接喷洒路表面，不得用高压式喷管，以免破坏基层结构，每天洒水次数应视气候而定，整个养生期间应始终保持基层表面湿润。当养生期结束后不能及时进行下一道工序时，若有车辆通行须经监理人批准，并将车速限制在 30 km/h 以下，禁止重型车辆通行。养护完成的半刚性基层（底基层）上禁止一切超载车辆通行，同时应采取措施避免车辆集中快速行驶，以保护基层（底基层）骨料不受破坏，如图 6-33 所示。

图 6-33　水稳养生期交通管制

底基层施工结束 7 d 后即可进行基层水泥稳定碎石的施工。两层水泥稳定碎石施工间隔不宜超过 30 d。应做好底基层、基层铺筑的施工组织安排。

7. 取样和试验

水泥稳定碎石应在施工现场每天进行一次或每 2 000 m^2 取样一次，检查混合料的级配是否在规定的范围内；并按《公路工程无机结合料稳定材料试验规程》（JTG E51—2009）标准方法进行混合料的含水量、水泥含量、无侧限抗压强度试验；在已完成的铺筑层上按《公路路基路面现场测试规程》（JTG E60—2008）进行压实度试验。基层、底基层应取钻件（路面芯样）检验其整体性，水泥稳定碎石基层龄期达到 7 ~ 10 d 时，应能取出完整的芯样。对于所有试验结果，均应报监理人审批。

8. 工序衔接

底基层养生结束后应立即进行基层的施工，基层养生期满后应立即进行 SBS 改性沥青同步碎石封层的施工。

9. 污染处理

基层、底基层如受到污染，在进行下一道工序之前必须采用旋转扫地机或空压机等设备彻底清除污染物。

6.2.5.6　质量控制

（1）水泥、集料质量检测项目及频率按表 6-13 的要求执行。

表 6-13　原材料检测项目及频率要求

材料种类	控制项目	控制标准	检测频率
水　泥	细　度	满足 JTJ 034—2000 的规定	不少于每批每 300 t 检测 1 次
	安定性		
	水泥初凝时间		
	水泥终凝时间		
	胶砂强度		
集　料	压碎值		粗集料不少于每 2 000 t 检测 1 次，细集料不少于每 1 000 t 检测 1 次
	粗集料针片状		
	液　限		
	塑性指数		
	粗集料小于 0.075 mm 颗粒含量		
	细集料小于 0.075 mm 颗粒含量		

（2）混合料级配检验在拌和机运输皮带上取样，抗压强度检验在料车上取样。

（3）除用滴定法检测水泥剂量要求外，还应进行总量控制检测。要求记录每天的实际水泥用量、集料用量和实际工程量，计算对比水泥剂量的一致性。

（4）混合料拌和均匀，无粗细颗粒离析现象。

（5）压实度检查应在碾压结束后立即进行（图 6-34），对于小于规定值的测点应立即进行处理，直到测点全部符合要求为止。

图 6-34　基层压实度现场测试

（6）水泥稳定碎石混合料质量控制标准、水泥稳定碎石底基层、基层质量控制标准按表 6-14 和表 6-15 执行。

表 6-14　水泥稳定碎石混合料质量控制标准

项目		质量要求或允许差	检查频率	取样/试验方法
矿料级配，与设计标准级配的差（%）	0.075 mm	±2	1 次/2 000 m²	拌和机混合料输送皮带上取样
	≤2.36 mm	±4		
	≥4.75 mm	±7		
水泥剂量/%		±0.5	6 个以上样品/每 2 000 m²	滴定法
含水率/%		最佳含水率−1～+2	随时	烘干法、微波加热法或燃烧法
强度/MPa		不小于设计要求	2 组/d	7 d 无侧限抗压强度

表 6-15　水泥稳定碎石底基层、基层质量控制标准

项目	检查项目		规定值或允许偏差		检查方法
			底基层	基层	
1	压实度（代表值）/%		≥97	≥98	按 JTG F80/1—2004 附录 B 检查，每 200 m 每车道测 2 处
2	平整度/mm		≤12	≤8	3 m 直尺：每 200 m 测 2 处×10 尺
3	纵断高/mm		+5，−10	+5，−10	水准仪：每 200 m 测 4 个断面
4	宽度/mm		不小于设计值		尺量：每 200 m 测 4 处
5	厚度/mm	代表值	−10	−8	按 JTG F80/1—2004 附录 H 检查，每 200 m 每车道 1 处
		合格值	≤−25	≤−15	
6	横坡/%		±0.3	±0.3	水准仪：每 200 m 测 4 个断面
7	强度/MPa		符合设计要求		按 JTG F80/1—2004 附录 G 检查
8	整体性		基层龄期 10～15 d 时应能取出完整的钻件		每车道 500 m 或每一作业段取样 1 次
9	代表弯沉值		小于设计值		每车道 20 m 测 2 点
10	外观鉴定		表面平整密实，无坑洼，无明显离析，无软弹现象，无浮浆现象；表面露石，粗集料嵌镇紧密，边线整齐，边缘无松动现象；施工接缝平顺、稳定		

6.2.6　透层、黏层

6.2.6.1　一般要求

在已建成并经监理人验收合格的基层上洒布透层沥青，在透层油渗透入基层后方可开展下道工序。在沥青面层之间以及 SBS 改性沥青同步碎石封层顶面、水泥混凝土路面与沥青路面连接处等洒布黏层沥青。

透层、黏层施工应采用智能型沥青洒布车一次均匀洒布。黏层应在上覆层施工前24 h内进行，不宜过早施工。透层、黏层应在干燥和较热的天气施工。气温低于10 °C、大风、浓雾或即将降雨时，不得施工。透层、黏层施工结束后，立即进行封闭管理，避免后期污染。

6.2.6.2 透　层

1. 施工准备

透层施工前应做好技术、机械、试验检测仪器、料场与材料及作业面等各项准备，并对基层进行全面调查，及时处理相关缺陷。工作面应整洁而无尘埃；监理人应对已准备好的工作面进行检查，在未批准前不得喷洒沥青材料。

2. 材料要求

透层的沥青材料宜采用慢裂的高渗透性的洒布型阴离子乳化沥青（PA-2），应符合表6-16的要求。透层油使用之前应按照《公路工程沥青及沥青混合料试验规程》（JTJ 052—2011）的方法进行试验，且满足规范要求。透层油的规格和质量应符合图纸及《公路沥青路面施工技术规范》（JTG F40—2004）要求，如表6-16所示。

表6-16　透层油及黏层油技术指标要求

试验项目		阴离子透层沥青（PA-2）	阳离子乳化沥青（PC-3）
沥青标准黏度计 $C_{25.3}$/s		8～20	
恩格拉黏度 E_{25}		1～6	
筛上残留物（1.18 mm 筛）大于/%		0.1	
蒸发残留分含量不小于/%		35	50
蒸发残留物	针入度（25 °C，100 g，5 s）/（0.1 mm）	60～100	
	延度（15 °C）不小于/%	40	
溶解度（三氯乙烯）不小于/%		—	97.5
常温储存稳定度/%		1 d 不大于	1
		5 d 不大于	5
与矿料的黏附性，裹覆面积不小于			2/3

3. 施工要点

在基层碾压成型、表面稍变干燥但尚未硬化的情况下喷洒透层油。透层每次施工段落长度根据洒布车装油的数量决定，确保每车油单幅全宽喷洒完毕。透层油应采用智能型沥青洒布车喷洒，喷洒数量通过试验确定，并符合图纸及《公路沥青路面施工技术规范》（JTG F40—2004）表9.1.4和表9.2.3的要求。透层油喷洒后，基层表面不得有漏洒及浮油现象，在后期施工车辆作用下不得粘起油皮。

如图6-35所示，沥青洒布车喷嘴的轴线应与路面垂直，并保证所有喷嘴的角度一致，同时保证洒布管的高度，尽量使同一地点能够接受到两个或三个喷洒嘴喷洒的沥青。透层油宜用沥青洒布车一次喷洒均匀，注意起步、终止以及纵向搭接处的洒布量。

图 6-35　基层顶面洒布透层油

沥青洒布设备应配备有适用于不同稠度沥青喷洒用的喷嘴，在沥青洒布机喷不到的地方可采用手工洒布机。喷洒超量或漏洒或少洒的地方应予纠正。喷洒区附近的结构物和树木表面应加以保护，以免溅上沥青受到污染。

透层油洒布后，如有花白遗漏应人工补洒，喷洒过量的立即撒布石屑或砂吸油，必要时作适当碾压。洒布完成应及时封闭交通，不得有车辆通行等损害透层的现象发生。水分蒸发后应尽早施工下封层。

如果透层沥青被尘土或泥土完全吸收，以致使覆盖的面层无法与透层黏结，监理人可要求在摊铺沥青路面之前在透层上补洒一次黏层沥青。

4. 质量控制

透层油的质量应符合《公路沥青路面施工技术规范》相关规定。施工过程中随时进行外观检查，确保透层油洒布均匀，数量符合规定。采用钻孔或挖掘检查透层油渗透入基层的深度，宜不小于 5 mm。透层的检测项目、频率、技术标准及试验方法应符合表 6-17 的规定。

表 6-17　透层检测标准

检测项目	检测频率	技术标准	试验方法
外观	随时	外观均匀一致，与下卧层表面牢固黏结，不起皮	目测为主
沥青	每批检查 1 次	符合 JTG F40—2004 规定	按 JTG E20—2011 进行
洒布量	1 000 m^2 一组	满足设计要求	洒布时固定容器收集

6.2.6.3　黏　层

1. 施工准备

黏层施工前的技术、机械、试验检测仪器、料场与材料及作业面等各项准备分别按前列章节所述执行。下卧层表面污染物应清除干净，必要时可用水冲刷洗净，待表面干燥后施工黏层。应采用智能型沥青洒布车一次均匀洒布。

2. 材料要求

沥青面层之间以及 SBS 改性沥青同步碎石封层上的黏层宜采用热沥青（70 号 A 级道路石油沥青），但环境温度低于 15 °C，可采用快裂的洒布型阳离子乳化沥青（PC-3）。黏层油使用之前应按照《公路工程沥青及沥青混合料试验规程》要求的方法进行试验，且满足规范要求。黏层油的规格和质量应符合图纸及《公路沥青路面施工技术规范》的要求。

3. 施工要点

洒布数量宜通过试验确定，并符合图纸及《公路沥青路面施工技术规范》（JTG F40—2004）的要求。喷洒应均匀，注意起步或终止和接缝的洒布量。喷洒的黏层油必须成均匀雾状，在路面全宽度内均匀分布成一薄层，不得有洒花镂空或成条状，也不得有堆积。对于局部喷量过多的段落应刮除，对于漏洒的应人工补洒。在路缘石、雨水进水口、检查井等局部位置采用人工涂刷。

黏层沥青应在铺筑覆盖层之前 24 h 内用沥青洒布车洒布，并应禁止车辆通行。如图 6-36 所示，沥青洒布车喷嘴的轴线应与路面垂直，并保证所有喷嘴的角度一致，同时保证洒布管的高度，尽量使同一地点能够接受到两个或三个喷洒嘴喷洒的沥青。

图 6-36　成乐扩容 E1 粘层油撒布施工

4. 质量控制

黏层油的质量应符合《公路沥青路面施工技术规范》相关规定。施工过程中随时进行外观检查，确保黏层油洒布均匀。

黏层的检测项目、频率、技术标准及试验方法应符合表 6-18 的规定。

表 6-18　黏层检测技术标准

检测项目	检测频率	技术标准	试验方法
外　观	随　时	外观均匀一致，与下卧层表面牢固黏结，不起皮	目测为主
改性乳化沥青质量	每批检查 1 次	符合 JTG F40—2004 规定	按 JTG E20—2011 进行
沥青洒布量	1 000 m^2 一组	满足设计要求	洒布时固定容器收集

6.2.7　SBS 改性沥青同步碎石封层

6.2.7.1　一般要求

在已建成并经监理人验收合格的基层上铺筑 SBS 改性沥青同步碎石封层。风速不影响 SBS 改性沥青洒布效果；空气温度和地面温度都不得低于 10 °C，阴雨天或路面潮湿时不得施工。

应采用具备智能控制沥青与石料用量、能精确调节和控制碎石的撒布量及其均匀性的同步碎石封层车进行施工，需用的设备进入待命状态，包括沥青洒布车、碎石撒布机、胶轮压路机。

6.2.7.2　施工准备

封层施工前的技术、机械、试验检测仪器、料场与材料及作业面等各项准备分别按前列章节所述执行。

封层施工前，需对下卧层进行全面调查，缺陷路段需处理。如基层出现裂缝，应根据裂缝的类型、成因、规模采取相应的处理方案。路段施工前应将下卧层表面清扫干净，并用鼓风机将浮灰吹净，使表层集料颗粒部分外露，必要时用水冲洗，如图 6-37 和图 6-38 所示。雨后或用水清洗的表面，水分必须蒸发干净、晒干，确保基面粗糙、干燥、无灰尘、石屑、油污、杂物等，路缘石等防护良好。

图 6-37　成乐扩容 E1 同步碎石施工前下卧层表面清扫

图 6-38　成乐扩容 E1 同步碎石施工前下卧层表面水冲洗

6.2.7.3　材料要求

1. 集　料

集料应采用石质坚硬、清洁、不含风化层近立方体颗粒的单一粒径碎石，选用反击式或者冲击式破碎机轧制的碎石。碎石须以 0.4% ~ 0.6%（按照集料重量计）的沥青（采用 70 号 A 级道路石油沥青）进行预裹覆（裹覆温度在 120 °C 以上），预裹覆的集料堆放时间不宜超过两周，且必须做好防雨防尘措施。质量满足表 6-19 所示要求，严禁直接采用卵石或石灰岩轧制过程中的下脚料。

表 6-19　集料技术指标要求

检验项目	技术要求
石料压碎值/%	≤24
洛杉矶磨耗损失/%	≤28
视密度/（t/m^3）	≥2.6
吸水率/%	≤2.0
对沥青的黏附性	≥4 级
坚固性/%	≤12
针片状颗粒含量/%	≤15
水洗法＜0.075 mm 颗粒含量/%	≤0.5
软石含量/%	≤3.0

2. 基质沥青

SBS 改性沥青用基质沥青采用符合“道路石油沥青技术指标”要求的 70 号 A 级沥青，其技术指标应符合表 6-20 的要求。

3. SBS 改性沥青

SBS 改性沥青技术指标应满足表 6-21 的要求。

表 6-20　道路石油沥青 70 号 A 级技术要求

试验项目		70 号（A）	试验方法
针入度（25 °C，100 g，5 s）/0.1 mm		60 ~ 80	T 0604—2011
针入度指数 *PI*		1.5 ~ +1.0	T 0604—2011
延度（5 cm/min，15 °C）不小于/cm		100	T 0605—2011
延度（5 cm/min，10 °C）不小于/cm		15	T 0605—2011
软化点（环球法）不小于/°C		46	T 0606—2011
密度（15 °C）/（g/cm^3）		实测记录	T 0620—2000
含蜡量（蒸馏法）不大于/%		2.2	T 0603—2011
闪点（COC）不小于/°C		260	T 0615—2011
溶解度（三氯乙烯）不小于/%		99.5	T 0611—2011
60 °C 动力黏度不小于/（Pa · s）		180	T 0607—2011
薄膜加热试验（163 °C，5 h）	质量变化不大于/%	±0.8	T 0609—2011
	残留针入度（25 °C）不小于/%	61	T 0604—2011
	残留延度（15 °C）不小于/cm	6	T 0605—2011

表 6-21　SBS 改性沥青技术要求

项　目			技术指标	试验方法
针入度 25 °C/（0.1 mm）		最小	50	T 0604—2011
延度 5 °C/cm		最小	20	T 0605—2011
软化点/°C		最小	70	T 0606—2011
运动黏度 135 °C/（Pa · s）		最大	3	T 0625—2011
闪点/°C		最小	230	T 0611—2011
溶解度/%		最小	99	T 0607—2011
离析，软化点（°C）差		最大	2.5	T 0661—2011
弹性恢复 25 °C/%		最小	90	T 0662—2000
旋转薄膜烘箱加热后残留物	质量损失/%	最大	+1.0	T 0610—2011
	针入度比 25 °C/%	最小	65	T 0604—2011
	延度 5 °C/cm	最小	15	T 0605—2011
Superpave 沥青结合料性能试验				
原样沥青				
动态剪切 76 °C　$G^*/\sin\delta$/kPa		最小	1.0	T 0628—2011
旋转薄膜烘箱加热后				T 0610—2011
动态剪切 76 °C　$G^*/\sin\delta$/kPa		最小	2.2	T 0628—2011
压力老化后				T 0630—2011
动态剪切 31 °C　$G^*\sin\delta$/kPa		最大	5 000	T 0628—2011
蠕变劲度 -12 °C（MPa）*M* 值		最大	300	T 0627—2011
		最小	0.3	
路用性能分级			PG76-22	AASHTO M320-05

6.2.7.4 试验段施工

（1）正式开工之前，应进行试验段施工。试验段应选择在经验收合格的主线下卧层上进行，长度为 100 ~ 200 m。

（2）通过试铺确定沥青洒布方式和洒布量、集料撒布方式和撒布量、碾压工艺及质量控制方法。

（3）当使用的原材料、施工机械、施工方法符合要求，试验段各项检测结果符合规定后，编写试铺总结，经审批后作为申报正常路段开工的依据。

（4）试验段经检验合格，作为正常路段的一部分，若不符合要求，经采取补救措施后仍无法满足使用功能的路段应铲除重铺。

6.2.7.5 施工要点

1. SBS 改性沥青及碎石的洒布

施工前应调试同步碎石封层车，确保沥青膜厚度均匀，碎石和沥青两者撒布匹配。SBS 改性沥青洒布量采用（2.0±0.2）kg/m^2，碎石撒铺量按满铺面积的 60% ~ 80%洒布，碎石不宜满铺，以下面层施工时沥青不粘轮、碎石不散失为准。

同步碎石封层车必须按照调试好的速度平稳、匀速行驶，起步和终止位置应铺工程纸，以准确进行横向衔接，洒布车经过后应及时取走工程纸，纵向衔接应与已洒布部分重叠 10 cm 左右，如图 6-39 所示。

图 6-39　成乐扩容 E1 分部同步碎石封层施工

沥青洒布后出现表面空白时，应及时进行人工补洒，沥青聚集时应刮除，当发现有油条时应及时检查，发现有泛油时应在泛油处补撒石料并扫匀，当有过多浮动石料时，应扫出路面，并不得搓动已黏着就位的石料。同步碎石封层车、胶轮压路机在正常行驶情况下，同步碎石封层不得有破损。

2. 碾　压

碎石撒铺后应立即进行碾压作业，胶轮压路机应同时进行碾压，紧跟同步碎石撒铺车，全宽碾压 1～2 遍，如图 6-40 所示。碾压时候每次轮迹重叠约 30 cm。碾压速度开始约 2 km/h，以后可稍微增大。从洒布 SBS 改性沥青到碾压完成宜在表 6-22 所规定时间内完成。

图 6-40　成乐扩容 E1 同步碎石封层碾压

表 6-22　施工时间要求

下承层温度/°C	完成碾压时间/min
＞40	20
18～40	10

SBS 改性沥青同步碎石封层施工应与上面层沥青混凝土紧凑进行，中间不开放交通，若其间必须开放交通，须待其施工完成 3 h 后方可开放，但车速不宜超过 5 km/h，不得急刹车或调头，以免该层遭受破坏，同时做好防尘防污染等。

在铺筑上层沥青混合料前，应对 SBS 改性沥青同步碎石封层进行清扫，彻底清除粒土、浮土以及没有黏结的松散碎石，避免影响与面层的黏结性能，清扫时严禁破坏同步碎石封层。同时在其上施工沥青混凝土前须加洒黏层油，黏层油洒布量宜控制在 0.25 kg/m^2（沥青质量）左右，具体根据试验段确定。

6.2.7.6　质量控制

1. 沥青洒布条件

准备浇沥青的工作面，应整洁而无尘埃。监理人应对已准备好的工作面进行检查。铺筑下封层前，基层表面应经监理人验收，合格后才能铺筑。

洒布沥青材料的气温不应低于 10 °C，风速适度。浓雾或下雨不应施工。在正常温度下洒布，如气温较低，稠度较大的可适当加热。

2. 沥青洒布和洒布量控制

将要洒布沥青时，在标准尺寸矩形容器内置沥青油毡，称其重量并置于洒布车前

5 ~ 10 m，待洒布车经过容器后立即取出再称其重，以此计算实际洒布量，再结合沥青洒布车电脑调节装置直至调到设计洒布量为止。

3. 碎石洒布和洒布量控制

将要洒布碎石时，取一标准尺寸矩形容器称其重量并置于洒布车前已洒布沥青路面的路段最尾处，待洒布车经过容器后立即取出再称其重，以此计算实际洒布量，然后通过调节装置直至调到设计洒布量为止。

6.2.8 热拌沥青混合料面层

6.2.8.1 一般规定

热拌沥青混合料面层施工，应采用集中厂拌混合料、摊铺机摊铺、压路机碾压的施工工艺，如图 6-41 所示。在正式施工前，必须铺筑试验段，对施工工艺进行总结，试验段的质量检查频率应是正常路段的两倍。

图 6-41 成乐扩容 E1 沥青下面层施工

各沥青层之间设置黏层，施工间隔时间应尽量缩短，做到连续施工并黏结成为整体。沥青面层应在不低于 10 °C 气温下进行施工，同时严禁在雨天、路面潮湿的情况下施工。施工期间，应注意天气变化，已摊铺的沥青层因遇雨未进行压实的应予以铲除。雨天过后，等下卧层完全干燥后方可进行沥青面层的施工。

6.2.8.2 施工准备

1. 沥青混合料拌和场

拌和场应在其设计、协调配合和操作方面，都能使生产的沥青混合料符合工地配合比设计要求。拌和场必须配备足够试验设备的试验室，能及时提供试验资料，并应将试验人员的资质及试验设备报请监理人批准。

拌和场地布置应保证热料运送距离合理，进出方便，电、水供应好，且远离居民区，并应符合《公路环境保护设计规范》(JTJ/T 006—98) 的有关要求。

2. 沥青混合料拌和设备

沥青混合料拌和机产量一般不低于 400 t/h，采用间歇式拌和机，必须配备计算机设备，能采集打印每盘的材料用量、温度等各种参数作为计量支付质量证明附件依据。

拌和机设备在使用前，必须请计量部门对所有计量装置进行检验和标定，包括集料、矿粉、沥青电子秤的标定，冷料给料系统的标定，温度系统的标定。

（1）冷料仓。

冷料仓一般需配置 6 个以上，各冷料仓之间应用不低 1.5 m 的钢板分隔，以防冷料仓发生窜料，最靠近烘干筒的冷料仓装最细集料，依粒径由小到大依次编号。冷料仓的集料用量比例由目标配合比确定，生产时，冷料仓应按一定比例和速度供料。要求冷料仓与输送带搭棚覆盖。

冷料仓流量调试，找出流量关系与集料规格，出料口开启大小、转速之间的关系，并用流量关系曲线表示，根据计算的集料用量，在曲线查得所需转速。

在 1 号冷料仓装满集料，冷料仓出料口大小根据集料粗细由经验确定大小，在水平皮带运输机上选择某一转速，启动并开始计时，直至出料总质量超过 10 t 为止，并记录时间，根据称量总量及出料时间，计算出该转速的流量（t/h）并调整 4 ~ 5 种转速，测定每个转速下的流量，用同样方法测定其他冷料仓不同规格的集料在不同转速时的流量，绘制出各冷料仓转速与流量的关系曲线。

在实际生产中，由于集料组成的变化，含水量的不同，需根据热料仓实际筛分结果对冷料仓流量进行调整，以达到冷、热料仓供料匹配，避免溢料、等料现象。

（2）干燥滚筒。

干燥滚筒的烘干能力与其几何尺寸有关系，与集料颗粒大小及含水量也有关系，若集料含水量增加 1%，烘干能力降低 10%，为了保证产量，尽量保持集料干燥，特别是细集料。干燥滚筒的直径与长度应与搅和机生产能力相匹配。在干燥滚筒的出料口处应装有测温仪，并在控制室内能显示。

（3）燃料。

燃料一般采用柴油和燃料油，燃料油一般由于含杂质多，要加强过滤，要选择发热值高、能很好雾化、杂质少的燃烧油。选择燃料应考虑发热值高、燃烧热效率高、杂质少的燃料，如柴油。选择重油为燃料时，在燃烧之前应过滤其杂质。不得采用烧煤为燃料，其发热值低、灰分多，温度不易控制。

成乐 E1 项目部沥青混合料拌和站采用如图 6-42 和图 6-43 所示的 LNG 液态天然气作为燃料，燃烧不产生污染物，能更好满足环保要求。在生产过程应注意经常检查红外线测温器的镜头是否清洁，保持良好的感应能力。

（4）除尘装置。

除尘装置必须采用二级除尘方式，一级除尘一般采用旋风式除尘器，二次除尘装置采用袋式除尘装置，一级除尘大于 0.075 mm 的颗粒应回收利用，小于 0.075 mm 的粉尘进入袋式除尘装置，并放入带水的废池中。

图 6-42　成乐 E1 观音热拌站 LNG 燃料设备

图 6-43　成乐 E1 眉山热拌站 LNG 燃料设备

测出集料中含 0.075 mm 以下粉尘比例，每天生产完及时清理废池中的粉尘，并拉出拌和站。

（5）振动筛。

振动筛要合理选择安装倾斜角度，振幅和振动频率。筛分能力应大于热碎拌提升机的生产能力。

振动筛筛孔尺寸可按冷料分级尺寸相同，也可根据热料仓容积比例和拌制沥青混合料配合比决定。

经常检查筛网是否破损、松动，以便及时更换振动筛。

（6）热料仓。

热料仓一般配置 4 ~ 5 个。热料仓配置越多，生产出来的沥青混合料级配越稳定。拌和过程中，冷料仓和热料仓供料应相匹配，否则热料仓会出现等料和溢料现象。

搅拌缸衬板和搅拌叶片之间的间隙一般为 8 ~ 10 mm，当间隙大于 20 mm 时，应更换衬板和叶片。每次工作结束时，先用热粗骨料干拌一次，然后用细集料干拌一次，来清洗搅拌缸黏附的沥青。拌和时间越长，拌和均匀性越好，但沥青易老化，最终由试验确定。

（7）计量控制系统。

计量控制系统采用自动控制方式，配置计算机监控系统对称量、搅拌、温度进行动态监控。计量控制系统的调试由供应商的专业人员进行。

在计算机设定某一热料仓称重值，集料放入搅拌缸、用装载机在搅拌缸接料后称重，检查计算机打印数据与实际称重的误差。

3. 摊铺机械

运料设备应采用干净有金属底板的自卸槽斗车辆运送混合料，车槽内不得沾有杂物。运输车辆应有保温措施，车槽四角应密封坚固。

沥青混合料摊铺设备应是自动式的，安装有可调的熨平板或整平组件。熨平板在需要时可以加热，能按照规定的典型横断面和图纸所示的厚度在车道宽度内摊铺，摊铺机应有振动夯锤或可调整振幅的振动熨平板的组合装置，夯锤与振动熨平板的频率和振幅，应能各自单独地调整。

摊铺沥青混合料时，摊铺机的摊铺速度应根据拌和机产量、施工机械配套情况及摊铺层厚度、宽度确定。摊铺机应配备熨平板自控装置，传感器可通过基准线自动发出信号来操纵熨平板，使摊铺机能铺筑出理想的纵横坡度和平整度，如图 6-44 所示。

图 6-44　摊铺机采用非接触平衡梁方式找平

压实设备应配有钢筒式压路机、轮胎式及振动压路机，能按合理的压实工艺进行组合压实。还应备有监理人认可的小型振动压路机具，以用于压路机不便压实的地方。配置规格及数量应满足图纸和实际施工需要。

应对沥青混合料拌和机、摊铺机、压路机等各种施工机械和设备进行调试，对机械设备的配套情况、技术性能、计量设备等进行检查或标定。

应准备施工过程中所需要的各种记录表格和现场温度、厚度检测设备，根据摊铺长度估算当日生产吨位，明确拌和场、施工现场、试验室责任联系人，实现拌和场与施工现场畅通联系、动态控制。

铺筑沥青面层前，应检查基层或下卧沥青层的质量，不符合要求的不得铺筑沥青面层。如基层出现裂缝，应根据裂缝的类型、成因、规模采取相应的处理方案。下卧层已被污染时，必须清洗或经铣刨处理后方可铺筑沥青混合料。

提前恢复中线，中面层桥头处和下面层摊铺前，中分带、路肩外侧直线段宜每 10 m 设一边桩，平曲线段宜每 5 m 设一个边桩，中、上面层在中分带、路肩外边缘设置指示标志，应明显标记出施工桩号，用白灰画出各结构层的边缘线。

6.2.8.3 材料要求

1. 粗集料

粗集料应为洁净、干燥、无风化、无杂质的碎石，具有足够的强度、耐磨耗性，并符合表 6-23 所示的质量要求。

表 6-23 沥青面层用粗集料质量技术要求

指标		要求		试验方法
压碎值/%		≤28		T 0316—2005
洛杉矶磨耗损失/%		≤30		T 0317—2005
对沥青的黏附性/级		≥5		T 0616—1993
表观相对密度		≥2.5		T 0304—2005
水洗法小于 0.075 mm 的颗粒含量/%		≤1		T 0310—2005
坚固性硫酸钠/%		≤12		T 0314—2000
吸水率/%		≤3		T 0304—2005
软石含量/%		≤5		T 0320—2000
针片状含量（混合料）/%	总含量	≤15		T 0312—2005
	粒径≥9.5 mm	≤12		
	粒径<9.5 mm	≤18		
具有一定数量破碎面颗粒的含量/%		1 个及以上破碎面	≥90	T 0346—2000
		2 个及以上破碎面	≥80	

热拌沥青混合料用的粗集料颗粒应接近立方体，在生产过程中必须水洗，不含泥土和粉尘，采用大型成套联合破碎机（不低于三级，其中反击破碎或冲击破碎不少于两级）轧制的碎石，应是承包人使用符合要求的机械和符合要求的片石轧制的碎石，且分级（2.36 ~ 4.75 mm、4.75 ~ 9.5 mm、9.5 ~ 19 mm、19 ~ 26.5 mm）加工堆放。用于轧制碎石的片石应不带风化层、不带泥土而且强度符合要求。

粗集料的粒径规格应符合图纸要求，并按表 6-24 所示的要求选用。

表 6-24 沥青面层用粗集料的规格

规格	公称粒径/mm	通过各个筛孔的质量百分率/%					
		26.5	19.0	13.2	9.5	4.75	2.36
S9	10 ~ 20	100	90 ~ 100	—	0 ~ 15	0 ~ 5	
S10	10 ~ 15		100	90 ~ 100	0 ~ 15	0 ~ 5	
S12	5 ~ 10			100	90 ~ 100	0 ~ 15	0 ~ 5

2. 细集料

沥青混合料所需的细集料一般包括天然中粗砂、机制砂和粗集料加工的 0 ~ 2.36 mm 部分。

中、粗砂应干净，无软弱颗粒，无杂质并满足规范的级配要求，含 0.075 mm 以下的粉尘小于 5%。机制砂一般采用片石轧制，采用专用制砂机设备，并配置水洗装置，要求颗粒方正，并有一定级配，含 0.075 mm 以下颗粒不超 6%。

粗集料加工时的 0 ~ 2.36 mm 细集料，要求颗粒方正，含针片状颗粒少，通过轧石机吸尘设备后，含 0.075 mm 以下的粉尘不超过 10%。同时应加设 3 mm 筛，将石屑分成 0 ~ 2.36 mm 和 2.36 ~ 4.75 mm 两部分使用。使用时石屑的用量不应超过机制砂的用量。

细集料应干净、坚硬、干燥、无风化、无杂质或其他有害物质，并有适当的颗粒级配，其规格和质量技术要求应符合表 6-25 和表 6-26 的要求规定。

表 6-25　细集料质量技术要求

技术指标	要求	试验方法
表观相对密度	≥2.6	T0329—2005
坚固性（>0.3 mm 部分）硫酸钠/%	≤12	T0340—2005
砂当量	≥70	T0334—2005
亚甲蓝值/（g/kg）	≤2.5	T0349—2005
棱角性（流动时间）/s	≥30	T0345—2005

表 6-26　沥青混合料用细集料规格要求

类别	通过下列筛孔（方孔筛/mm）的质量百分率/%							
	9.5	4.75	2.36	1.18	0.6	0.3	0.15	0.075
S16	—	100	80 ~ 100	50 ~ 80	25 ~ 60	8 ~ 45	0 ~ 25	0 ~ 10

注：① 采用水洗法筛分。

② 关于细集料中小于 0.075 mm 颗粒含量的说明：对进场的拌和设备应事先标定经过二级除尘后各级热料仓中小于 0.075 mm 的颗粒含量是否符合要求（0 ~ 3 mm 热料仓中小于 0.075 mm 颗粒含量不得超过 8%，其余各级热料仓中小于 0.075 mm 颗粒含量不得超过 1%），如果设备之最大除尘能力仍不能满足此要求，应采取措施严格控制冷料加工过程中的粉尘含量，尤其是细集料中小于 0.075 mm 颗粒的含量，并据此确定细集料中小于 0.075 mm 颗粒含量的控制上限（将表中 0.075 mm 筛孔通过率的上限 10%下调，但不得上调）。

3. 填　料

填料采用石灰岩石料经磨制的矿粉，不应含泥土杂质和团粒，要求干燥、洁净，其质量应符合表 6-27 的要求。经监理人批准，采用水泥、石灰等作为填料时，其用量不宜超过集料总量的 2%。

矿粉罐应装备有破拱装置。拌和楼回收的粉料不能用于拌制沥青混合料。

表 6-27　沥青面层用矿粉质量技术要求

指　标		规定值
表观密度　不小于/（t/m^3）		2.5
含水量　不大于/%		1
粒度范围/%	＜0.6 mm	100
	＜0.15 mm	90～100
	＜0.075 mm	75～100
亲水系数		＜1
塑性指数		＜4
外　观		无团粒结块
加热安定性		实测记录

4. 抗剥落剂

为保证沥青与集料间黏结力，提高抗水损害能力，要求采用增加沥青与集料间黏结力的措施，要求掺加抗剥落剂。抗剥落剂应满足：性能优良、稳定、持久且施工易于操作。沥青中加入抗剥落剂后，应进行一定老化（薄膜烘箱中加热 96 h，有条件时可再在压力老化仪 PAV 中进行）然后进行黏附性试验，经过初期老化后的混合料须进行浸水马歇尔试验、冻融劈裂试验，并满足相应技术要求。沥青在添加化学抗剥落剂后针入度变化不超过-4 或+10 的范围。

抗剥落剂添加设备：有专门的流体抗剥落剂加热存储保温罐，通过管道混合器在沥青进入拌和楼前与沥青同步混合，该装置能对抗剥落剂的流速测定并数显，且能进行总量累计显示，当该装置的流速设定完毕后，不能随意更改。

5. 沥　青

成乐高速使用的沥青材料为 70 号 A 级道路石油沥青。沥青材料的技术要求应符合《公路沥青路面施工技术规范》（JTG F40—2004）表 4.2.1-2 的规定及满足表 6-28 的相关要求，并取得监理人的批准。承包人应于施工开始前 28 d 将拟用的沥青样品和上述证明及试验报告提交监理人检验、批准。除监理人另有指示外，承包人不得在施工中以其他沥青替代。运到现场的每批沥青都应附有制造厂的证明和出厂试验报告，并说明装运数量、装运日期、订货数量等。

表 6-28　道路石油沥青 70 号 A 级技术要求

项　目			技术指标	测试方法
针入度 25 °C/（0.1 mm）			60 ~ 80	T 0604—2011
针入度指数 *PI*			−1.5 ~ +1.0	T 0604—2011
延度 15 °C/cm		最小	100	T 0605—2011
延度 10 °C/cm		最小	15	T 0605—2011
软化点/°C		最小	46	T 0606—2011
60 °C 动力黏度/（Pa · s）		最小	180	T 0620—2000
含蜡量（蒸馏法）/%		最大	2.2	T 0615—2011
闪点/°C		最小	260	T 0611—2011
溶解度/%		最小	99.5	T 0607—2011
薄膜烘箱加热后残留物	质量损失/%	最大	±0.8	T 0610—2011
	针入度比 25 °C/%	最小	61	T 0604—2011
	延度 5 °C/cm	最小	6	T 0605—2011
Superpave 沥青结合料性能试验				
原样沥青				
动态剪切 64 °C　$G^*/\sin\delta$/kPa		最小	1.0	T 0628—2011
旋转薄膜烘箱加热后				T 0610—2011
动态剪切 64 °C　$G^*/\sin\delta$/kPa		最小	2.2	T 0628—2011
压力老化后				T 0630—2011
动态剪切 25　°C　$G^*\sin\delta$/kPa		最大	5 000	T 0628—2011
蠕变劲度−12 °C（MPa）*M* 值		最大	300	T 0627—2011
		最小	0.3	
路用性能分级			PG64-22	AASHTO M320-05

为加强对沥青进场质量的监控，承包人应对进场沥青按每车次进行取样，测定三大指标，并通知监理对每车次沥青进行三大指标的抽检。同时承包人仍应按《公路工程沥青及沥青混合料试验规程》（JTG E20—2011）的规定进行沥青试验，试验内容应包含全部指标，取样频率应满足规范与设计规定。不同生产厂家、不同标号的沥青必须分开存放，不得混杂，并应有防水措施。

6.2.8.4　沥青混合料组成设计

1. 基本要求

沥青混合料各层应满足所在层位的功能性要求，便于施工，不容易离析。各层沥青混合料的技术标准应符合《公路沥青路面施工技术规范》（JTG F40—2004）表

5.3.3-1 ~ 表 5.3.3-4 的规定，沥青混合料的各种使用性能检验应符合该规范第 5.3.4 条的规定，同时须符合图纸要求。

承包人应按目标配合比设计、生产配合比设计和生产配合比验证三阶段进行沥青混合料的配合比设计。沥青混合料配合比的设计与检验应按《公路沥青路面施工技术规范》（JTG F40—2004）附录 B、C 或 D 规定的方法进行。

承包人应在 28 d 前向监理人提交拟用的沥青混合料级配、沥青结合料用量及沥青混合料稳定度、流值、空隙率、动稳定度、残留稳定度等各项技术指标的书面详细说明。在承包人提交的目标配合比未经监理人批准前，不得进入生产配合比设计。如果承包人建议改变料源时，应在材料生产之前，把新的目标配合比设计报告监理人审批。审批新的工地拌和料级配时应做试验。

在沥青混合料配合比未被批准之前，不得进行下一步工序。未经监理人认可、批准的沥青混合料配合比和原材料品种不得更改。生产配合比在经监理人审核后，承包人应组织相关专家对生产配合比进行评审。

2. 目标配合比设计阶段

目标配合比目的是确定拌和楼冷料仓的供料比例，进料速度及试拌使用。从成品料仓的各种粗细集料不同位置分别取有代表性样品到试验室，将样品拌和均匀，按四分法取样，洗净烘干后，进行筛分试验，确定不同规格的粗细集料的实际颗粒组成，按筛分结果分别绘出各种集料的筛分曲线。

测定不同粒径的集料的毛体积密度和视密度、吸水率。在设计级配范围内选择粗、中、细不同配合比，根据成品料的颗粒组成进行试配，确定各种规格集料的比例。

根据经验选择沥青用量，以 0.5%间隔的油石比分别做马歇尔试验，测定试件密度并计算空隙率、沥青饱和度、矿料间隙率物理指标进行体积分析，测定马歇尔稳定度及流值等物理力学性质，确定最佳沥青用量。

按沥青面层所选定的沥青混凝土类型，根据 JTG F40—2004 的规定，面层沥青混凝土应符合表 6-29 所示的马歇尔试验技术标准。

表 6-29　热拌沥青混凝土马歇尔试验技术标准

试验项目		普通沥青混凝土 AC-20C
马歇尔试件击实次数		两面击实 75 次
空隙率 *VV*/%		3 ~ 5
矿料间隙率 *VMA*/%	设计空隙率 3%　不小于	12
	设计空隙率 4%　不小于	13
	设计空隙率 5%　不小于	14
沥青饱和度 *VFA*/%		65 ~ 80
稳定度/kN	不小于	8.0

续表

试验项目		普通沥青混凝土 AC-20C
流值/mm		2～4
车辙试验动稳定度/（次/mm）	不小于	1 000
沥青与石料的黏附性/级	不小于	5
残留稳定度（48 h）/%	不小于	80
冻融劈裂强度比/%	不小于	75
−10 °C 弯曲试验破坏应变/με	不小于	2 000
渗水系数/（mL/min）	不大于	120
路面现场空隙率/%	不大于	7
注：① 沥青混合料矿料间隙率（*VMA*）当马歇尔试件设计空隙率为 3%、4%、5%时，AC-20 分别为 12、13、14；当设计空隙率不足整数时，用内插法确定要求的最小 *VMA*。 ② 配合比设计中，粉胶比宜控制在 0.6～1.6 范围内。		

由以上得到的目标配合比确定冷料仓的供料比例、进料速度和试拌使用。根据拌和机 1 h 生产的混合料计算各冷料仓每小时供应量，通过调试冷料仓供料的转速来实现目标配合比。对同一拌和厂两台拌和机，如果使用相同品种的矿料，可使用同一目标配合比。目标配合比需经驻地监理人审查，报总监批准后才能进行生产配合比设计。如果某种矿料产地、品种发生变化，必须重新进行目标配合比设计。

3. 生产配合比阶段

在目标配合比确定以后，根据实际施工的拌和机进行生产配合比设计，生产配合比设计的目的是确定每个热料仓的比例，使进入拌和缸的各种集料组成符合要求的级配，每台拌和机均应进行生产配合比设计。

按目标配合比各冷料仓送料，集料通过烘干筒并通过二次除尘后通过拌和机筛分进入各热料仓，从各个热料仓中逐一放料到装载机斗，卸在平地上，从不同部分取样到试验室，用四分法取样品进行筛分试验。

根据各热料仓集料的颗粒组成，确定生产配合比和各热料仓比例做生产配合比的马歇尔试验，取目标配合比设计最佳油石比和±0.3%三个油石比，确定生产配合比的最佳油石比。

4. 生产配合比验证阶段

按生产配合比确定的级配进行试拌，铺筑试验路。分析每次拌和各热料仓的质量、沥青用量和设置质量差异，并通过试拌决定拌和机的操作方式，如上料速度、拌和数量与拌和时间、拌和温度等。

分析每盘设置温度和出料温度差异。每盘分别取有代表性样品做抽提筛分试验和马歇尔试验，检验混合料级配和油石比、马歇尔指标、水稳性和高温稳定性。

6.2.8.5 施工要点

1. 沥青混合料拌和

拌和时，宜控制每盘沥青混合料的重量使其大致保持一致，误差以不超过 15%为宜，同时每种规格的集料、矿粉和沥青都必须按批准的生产配合比准确计量，其计量误差应控制在规定的范围内。粗细集料应分类堆放和供料，取自不同料源的集料应分开堆放。每个料源的材料应进行抽样试验，并经监理人批准。

严格掌握沥青和集料的加热温度以及沥青混合料的出厂温度。集料温度应比沥青温度高 10 ~ 15 °C，热混合料成品在贮料仓储存后，其温度下降不应超过 10 °C，沥青混合料的施工温度控制范围见表 6-30 所示。

表 6-30 沥青混合料的施工温度 单位：°C

沥青加热温度		150 ~ 160
混合料出厂温度		正常范围 150 ~ 165，超过 190 者废弃
混合料运输到现场温度		≥145
摊铺温度	正常施工	≥135
	低温施工	≥150
开始碾压混合料内部温度	正常施工	140 ~ 150
	低温施工	≥145
碾压终了表面温度	轮胎压路机	≥80

拌和楼控制室要逐盘打印沥青及各种矿料的用量和拌和温度，并定期对拌和楼的计量和测温进行校核；没有材料用量和温度自动记录装置的拌和机不得使用。拌和时间由试拌确定。必须使所有集料颗粒全部裹覆沥青结合料，并以沥青混合料拌和均匀为度。

要注意目测检查混合的均匀性，及时分析异常现象。如混合料有无花白、冒青烟、粗细集料离析和结团等现象。如确认是质量问题，应作废料处理并及时予以纠正。在生产开始以前，有关人员要熟悉本项目所用各种混合料的外观特征，这要通过细致地观察室内试拌的混合料而取得。

每台拌和机每天上午、下午各取一组混合料试样做马歇尔试验和沥青燃烧试验或抽提筛分试验，检验油石比、矿料级配和沥青混凝土的物理力学性质。油石比与设计值的允许误差为−0.2%至+0.3%，矿料级配与生产设计标准级配的允许差值：

0.075 mm ±2%

≤2.36 mm ±4%

≥4.75 mm ±5%

每天结束后，用拌和楼打印的各料数量，进行总量控制。对照表 6-31，以各仓用量及各仓筛分结果，在线抽查矿料级配；计算平均施工级配和油石比，与设计结果进行校核；以每天产量计算平均厚度，与路面设计厚度进行校核，同时计算沥青混合料的允许偏差。材料的规格或配合比发生改变时，都应根据室内试验资料进行试拌。试拌时必须抽样检查混合料的沥青含量、级配组成和有关指标，并报请监理人批准。

表 6-31　热拌沥青混合料允许偏差

项目		检查频率及单点检验评价方法	允许偏差	试验方法
矿料级配/mm	0.075	逐盘在线检测	±2%	计算机采集数据计算
	≤2.36		±4%	
	≥4.75		±5%	
	0.075	逐盘检查，每天汇总一次取平均值评定	±1%	JTG F40—2004 附录 G 总量检查
	≤2.36		±2%	
	≥4.75		±2%	
	0.075	每台拌和机，每天 1～2 次，以 2 个点试样平均值评定	±2%	T0725 抽提筛分与标准级配比较的差
	≤2.36		±4%	
	≥4.75		±5%	
沥青用量		逐盘在线检测	±0.3%	计算机采集数据计算
		逐盘检查，每天汇总一次取平均值评定	±0.1%	JTG F40—2004 附录 F 总量检查
		每台拌和机，每天 1～2 次，以 2 个点试样平均值评定	±0.3%	T0722、T0721

2. 沥青混合料运输

自卸汽车在运输混合料前应清理干净车厢、车壁，并且在车壁喷洒隔离剂。隔离剂应均匀喷洒，且不得在车厢底部形成积液。

采用数字显示插入式热电耦温度计检测沥青混合料的出厂温度和运到现场温度，插入深度要大于 150 mm，在运料卡车侧面中部设专用检测孔，孔口距车厢底面约 300 mm。运料车辆应如图 6-45 所示加装保温板，以确保沥青混合料运到现场温度符合施工要求。

拌和机向运料车放料时，汽车应按车厢前、后、中的顺序装料，以减少粗集料的分离现象。沥青混合料运输车的运量应较拌和能力和摊铺速度有所富余，摊铺机前方应有 5 辆运料车等候卸料。运料车应有良好的篷布覆盖设施，卸料过程中继续覆盖直到卸料结束取走篷布，以避免污染环境。

连续摊铺过程中，运料车在摊铺机前 10～30 cm 处停住，不得撞击摊铺机。卸料过程中运料车应挂空挡，靠摊铺机推动前进。已经离析或结成团块或在运料车辆卸料时滞留于车上的混合料，以及低于规定铺筑温度或被雨水淋湿的混合料都应废弃。运至铺筑现场的混合料，应在当天或当班完成压实。

图 6-45　沥青保温车运输

3．沥青混合料摊铺

半刚性基层沥青路面的基层与沥青层宜在同一年内施工，以减少路面开裂。在清扫干净的基层上，也可先做下封层，以防止基层干缩开裂，同时保护基层免遭施工车辆破坏，宜在铺设下封层后的 10～30 d 内开始铺筑沥青面层的底面层。在经监理人验收合格的基层上，方可铺筑沥青混合料。摊铺必须均匀、缓慢、连续不断地进行，这是提高路面平整度最主要的措施。

摊铺机的摊铺速度应根据拌和机的产量、施工机械配套情况及摊铺厚度、摊铺宽度，按 2～4 m/min 予以调整选择，做到缓慢、均匀、不间断地摊铺。严禁任意以快速摊铺几分钟，然后再停下来等下一车料。用餐应分批轮换交替进行，切忌停铺用餐。争取做到每天收工停机一次。并在摊铺面层时必须采取措施防止层面之间被污染。除陡坡急弯摊铺方向沿上坡方向前进外，其余摊铺方向均应与行车方向一致。

用机械摊铺的混合料未压实前，施工人员不得进入踩踏。一般不用人工不断地整修，只有在特殊情况下，如局部离析，需在现场主管人员指导下，允许用人工找补或更换混合料，缺陷较严重时应予铲除，并调整摊铺机或改进摊铺工艺。

下面层摊铺厚度采用钢丝引导的高程控制方式。钢丝为扭绕式，直径不小于 6 mm，钢丝拉力大于 800 N，每 10 m 设一钢丝支架，弯道或结构物附近加密。采用两台摊铺机实施摊铺施工，靠中央分隔带侧摊铺机在前，左侧架设钢丝，摊铺机上安装横坡仪控制摊铺层横坡；后面摊铺机右侧架设钢丝，左侧在摊铺好的层面上走“雪撬”。两台摊铺机摊铺层的纵向接缝，应采用斜接缝，避免出现缝痕。通常应采用两台或两台以上摊铺机组成梯队联合摊铺，两台摊铺机前后的距离，一般为 10～20 m。前后两台摊铺机轨道重叠 30～60 mm。

沥青混合料的摊铺温度应符合《公路沥青路面施工技术规范》（JTG F40—2004）表 5.6.6 的要求并应随沥青的标号及气温的不同通过试验确定。

摊铺机应调整到最佳工作状态，调好螺旋布料器两端的自动料位器，并使料门开度、链板送料器的速度和螺旋布料器的转速相匹配。螺旋布料器内混合料表面以略高于螺旋布料器 2/3 为度，使熨平板的挡板前混合料的高度在全宽范围内保持一致，避免摊铺层出现离析现象。要注意摊铺机接料斗的操作程序，以减少粗细料的离析，并避免运料车卸料时撞击摊铺机。

摊铺机熨平板必须拼接紧密，不许存有缝隙，防止卡入粒料将铺面拉出条痕。摊铺时应调整好摊铺机熨平板的激振强度，使各块熨平板激振力相一致。以避免激振强度强弱不均使铺层粗、细料在表面和铺层下部分布不均，摊铺的初压实度≥85%。

沥青混合料摊铺过程中随时检查其宽度、厚度、平整度、路拱及温度，对不合格之处应及时进行调整。对于铺面上所出现洞眼，应在碾压前用人工及时填入适量热沥青混合料，以达到平整。

对外形不规则、路面厚度不同、空间受到限制以及人工构造物接头等摊铺机无法工作的地方，经监理人批准可以采用人工铺筑混合料。

4. 沥青混合料压实

一个工作面应至少配置 3 台钢轮压路机、3 台胶轮压路机，如图 6-46 所示。其中至少包括一台振荡钢轮压路机，桥面铺装不得采用振动碾压，应使用振荡式压路机。混合料摊铺后应立即进行压实作业。压实分初压、复压和终压（包括成型）三个阶段，为保证压实度和平整度，初压应在混合料不产生推移、开裂等情况下尽量在摊铺后较高温度下进行。初压严禁使用轮胎压路机，以确保面层横向平整度。每阶段的碾压速度应符合表 6-32 的要求。

图 6-46　成乐扩容 E1 路面下面层碾压

表 6-32　热拌沥青混合料碾压速度

单位：km/h

压路机类型	初压速度		复压速度		终压速度	
	适宜	最大	适宜	最大	适宜	最大
钢轮压路机	1.5～2	3	2.5～3.5	5	2.5～3.5	5
轮胎压路机	—	—	3.5～4.5	8	4～6	8
振动压路机	1.5～2（静压）	5（静压）	4～5（振动）	5（振动）	2～3（静压）	5（静压）

为避免碾压时混合料推挤产生拥包，碾压时应将驱动轮朝向摊铺机；碾压路线及方向不应突然改变；压路机起动、停止必须减速缓行，不准刹车制动。压路机折回不应处在同一横断面上。压路机不得在未碾压成型和未冷却的路段上转向、制动或停留，每天摊铺结束时施工机械应停放于已经冷却的路面上。同时，应采取有效措施，防止油料、润滑脂、汽油或其他杂质在压路机操作或停放期间落在路面上。

压路机的碾压温度，应按试验路确定的碾压温度进行碾压，并应符合《公路沥青路面施工技术规范》（JTG F40—2004）表 5.2.2 的要求，并根据混合料种类、压路机、气温、层厚等情况经试压确定。在不产生严重推移和裂缝的前提下，初压、复压、终压都应在尽可能高的温度下进行。同时不得在低温状况下作反复碾压，以防石料棱角磨损、压碎、破坏集料嵌挤。碾压中应注意压路机的粘轮现象，对于钢轮压路机和轮胎压路机应分别采用各自相适应的措施进行处理。

宜对初压、复压、终压段落设置明显标志，便于司机辨认。对松铺厚度、碾压顺序、压路机组合、碾压遍数、碾压速度及碾压温度应设专岗管理和检查，使面层做到既不漏压也不超压，保持全路段压实均匀。

沥青混合料施工应按试验室标准密度和最大理论密度双控指标进行控制，即 AC-20C 压实度应大于试验室标准密度的 97%，并大于最大理论密度的 93%（对应现场空隙率为 7%，实际现场空隙率应控制在 4% ~ 7%）。在压路机压不到的其他地方，应采用小型振动压路机或振动夯板把混合料充分压实，如图 6-47 所示。已经完成碾压的路面，不得修补表皮。

图 6-47　采用小型压路机对临边部位压实

钢轮压路机碾压过程中，应使用洁净的可饮用水作为隔离剂，喷水量不宜过大，使钢轮表面湿润不粘轮为度。钢轮压路机喷水效果如图 6-48 所示。

（a）（b）

图 6-48　钢轮压路机自动喷水

5. 路面平整度的控制

各面层平整度的质量缺陷应及时得到弥补，否则将会影响上一级面层的平整度。应特别注意清除表面污染，保证表面清洁；应按规定做好桥头搭板前后、面层施工接缝和桥梁接缝等位置衔接。必须严格控制面层集料最大粒径的含量和级配的准确性，以减少压实系数的波动，从而保证路面平整度。

注意机械设备的调试和日常检修，应采用具有自动调整摊铺厚度装置（接触式或非接触式平衡梁）的摊铺机进行沥青面层施工；应注意减少压路机初压产生的推挤现象，保证平整度。

合理确定拌和、运输的生产能力并和摊铺能力相匹配，以保证均匀、连续不断地摊铺。

6. 施工接缝的处理

（1）纵向施工缝。

采用两台摊铺机成梯队联合摊铺方式的纵向接缝，应采用热接缝。在前部已摊铺混合料部分留下 10 ~ 20 cm 宽暂不碾压作为后高程基准面，并有 5 ~ 10 cm 左右的摊铺层重叠，以热接缝形式在最后作跨接缝碾压以消缝迹。如果两台摊铺机相隔距离较短，也可做一次碾压。上下层纵缝应错开 15 cm 以上。

（2）横向施工缝。

横向施工缝全部采用平接缝。用 3 m 直尺沿纵向位置，在摊铺段端部的直尺呈悬臂状，以摊铺层与直尺脱离接触处定出接缝位置，用锯缝机割齐后铲除，如图 6-49 所示；继续摊铺时，应将摊铺层锯切时留下的灰浆擦洗干净，涂上少量黏层沥青，摊铺机熨平板从接缝处起步摊铺；碾压时用钢筒式压路机进行横向压实，从先铺路面上跨缝逐渐移向新铺面层。

图 6-49　横向施工缝切割

7. 取样和试验

沥青混合料应按《公路工程沥青及沥青混合料试验规程》(JTG E20—2011) 规定的方法取样，以测定矿料级配、沥青含量。混合料的试样，每台拌和机应在每天进行 1～2 次取样，并按《公路沥青路面施工技术规程》(JTG F40—2004) 中表 11.4.4 的规定进行检验。

压实的沥青路面应按《公路路基路面现场测试规程》(JTG E60—2008) 要求的方法钻孔取样，或用核子密度仪测定其压实度。

所有试验结果均应报监理人审批。

6.2.8.6　质量控制

1. 基本要求

沥青混合料的矿料质量及矿料级配应符合设计要求和施工规范的规定。应严格控制各种矿料和沥青用量及各种材料和沥青混合料的加热温度。拌和后的沥青混合料应均匀一致，无花白，无粗细料分离和结团成块现象。摊铺时应严格掌握厚度和平整度，细致找平，要注意控制摊铺和碾压温度，碾压至要求的密实度。

2. 检查项目

（1）原材料的质量检查。

原材料的质量检查项目包括沥青、粗集料、细集料、填料。

（2）混合料的质量检查。

混合料的质量检查项目包括油石比、矿料级配、稳定度、流值、空隙率、残留稳定度，混合料出厂温度、运到现场温度、摊铺温度、初压温度、碾压终了温度，混合料拌和均匀性。具体检查要求为：

检查热料仓集料稳定性，每天取热料仓各级料做筛分试验，分析每个热料仓集料颗粒组成是否变化。

检查沥青混合料拌和时间，沥青加热温度，集料加热温度沥青混合料出厂温度，运料车是否干净及保温措施是否有效。

检查回收粉尘是否废弃、矿粉添加量是否合理。每天上午和下午在运料车上或工地上取沥青混合料，一部分做抽提和筛分试验，一部分做马歇尔试验。

对沥青洒布车、沥青摊铺机、压路机等设备配套和运行状况进行检测，不符合要求的设备要清理出场。

检查施工下承面是否干净、干燥，透层是否被破坏，黏层油是否补洒。

检查沥青混合摊铺温度，松铺厚度，压路机碾压遍数，摊铺机和压路机速度。沥青混合料均匀性。

每天完工第二天应对沥青路面的压实度、厚度、渗水系数、平整度、高程、横坡度进行检查，及时发现问题。

（3）面层质量检查。

面层质量检查项目包括厚度、平整度、宽度、高程、横坡度、压实度、渗水系数、横向偏位。其中，对沥青混凝土面层检查项目及检验标准见表 6-33。

表 6-33　沥青混凝土面层实测项目

序号	检查项目		规定值或允许偏差	检查方法（每幅车道）
1	压实度/%		试验室标准密度的 97%； 最大理论密度的 93%	按 JTG F80/1—2004 附录 B 检查，每 200 m 测 1 处
2	平整度	σ/mm	1.2	平整度仪：全线每车道连续按每 100 m 计算 *IRI* 或 σ
		IRI/（m/km）	2.0	
3	弯沉值/（0.01 mm）		符合设计要求	按 JTG F80/1—2004 附录 I 检查
4	渗水系数		沥青混凝土路面 120 mL/min	渗水试验仪：每 200 m 测 1 处
5	抗滑	摩擦系数	符合设计要求	摆式仪：每 200 m 测 1 处 横向力系数车：全线连续，按 JTG F80/1—2004 评定
		构造深度		砂铺法：每 200 m 测 1 处
6	厚度/mm	代表值	总厚度：设计值的-5%； 上面层：设计值的-10%	按 JTG F80/1—2004 检查，双车道每 200 m 测 1 点
		合格值	总厚度：设计值的-10%； 上面层：设计值的-20%	
7	中线平面偏位/mm		20	经纬仪：每 200 m 测 4 点
8	纵断面高程/mm		±15	水准仪：每 200 m 测 4 断面

续表

序号	检查项目		规定值或允许偏差	检查方法（每幅车道）
9	宽度/mm	有侧石	±20	尺量：每 200 m 测 4 处
		无侧石	不小于设计值	
10	横坡/%		±0.3	水准仪：每 200 m 测 4 断面
注：① 表内压实度可选用其中的 1 个或 2 个标准评定，选用两个标准时，以合格率低的作为评定结果。 ② 表列厚度仅规定负允许偏差。其他公路的厚度代表值和合格值允许偏差按总厚度计，当总厚度≤60 mm 时，允许偏差分别为−5 mm 和−10 mm；总厚度＞60 mm 时，允许偏差分别为−8%H 和−15%H，H 为总厚度（mm）。				

3. 外观鉴定

外观鉴定内容包括：

（1）表面平整密实，无泛油、松散、裂缝和明显离析等现象。

（2）表面无明显碾压轮迹。

（3）接缝紧密、平顺、烫缝不应枯焦。

（4）面层与路缘石及其他构筑物衔接平顺，无积水现象。

（5）沥青面层内部及表面的水要排除到路面范围之外，路面无积水或漏水现象。

6.2.9 改性沥青混合料面层

6.2.9.1 一般要求

本节适用于承包人在完成并经监理人验收合格的基层或其他沥青面层上，铺筑改性沥青混合料面层，包括 SBS 改性沥青玛瑅脂碎石 SMA-13、SBS 改性沥青混凝土 AC-20C 的各项工作。

6.2.9.2 施工准备

改性沥青混合料面层施工前的技术、机械、试验检测仪器、料场与材料及作业面等各项准备分别按前列章节所述执行。

6.2.9.3 材料要求

1. 基质沥青

制造改性沥青的基质沥青应与改性剂有良好的配伍性，宜采用符合“道路石油沥青技术指标”要求的 90 号 A 级沥青，其质量应符合表 6-34 所列的技术要求。

表 6-34 道路石油 90 号 A 级沥青技术指标要求

项目		技术指标	测试方法
针入度 25（°C）/（0.1 mm）		80～100	T 0604—2011
针入度指数 *PI*		-1.5～+1.0	T 0604—2011
延度（15 °C）/cm		≥100	T 0605—2011
延度（10 °C）/cm		≥20	T 0605—2011
软化点/°C		≥44	T 0606—2011
密度（15 °C）（g/cm^3）		实测记录	T 0603—2011
含蜡量（蒸馏法）/%		≤2.2	T 0615—2011
闪点/°C		≥245	T 0611—2011
溶解度/%		≥99.5	T 0607—2011
薄膜加热试验 163 °C（5 h）	质量损失/%	（-0.8～+0.8）	T 0609—2011
	针入度比/%	≥57	T 0604—2011
	延度（10 °C）/cm	≥8	T 0605—2011

2. 改性沥青

SBS 改性沥青玛瑺脂碎石 SMA-13 及 SBS 改性沥青混凝土 AC-20C 采用成品 SBS 改性沥青，其路用性能等级应满足 SHRP 分级 PG76-22 的技术要求，符合表 6-35 所列的要求。

表 6-35 SBS 改性沥青技术指标要求

项目			技术指标	测试方法
针入度（25 °C）/（0.1 mm）		最小	50	T 0604—2011
延度（5 °C）/cm		最小	20	T 0605—2011
软化点/°C）		最小	70	T 0606—2011
运动黏度（135 °C）/（Pa·s）		最大	3	T 0625—2011
闪点/°C		最小	230	T 0611—2011
溶解度/%		最小	99	T 0607—2011
离析，软化点差/°C		最大	2.5	T 0661—2011
弹性恢复（25 °C）/%		最小	90	T 0662—2000
RTFOT 后残留物	质量损失/%	最大	±1.0	T 0610—2011
	针入度比/%	最小	65	T 0604—2011
	延度（5 °C）/cm	最小	15	T 0605—2011
SHRP 沥青结合料性能试验				
动态剪切（76 °C）$G^*/\sin\delta$/kPa		最小	1.0	T 0628—2011
RTFOT 试验后				T 0610—2011

续表

项目		技术指标	测试方法
动态剪切（76 °C）$G^*/\sin\delta$/kPa	最小	2.2	T 0628—2011
压力老化后			T 0630—2011
动态剪切（31 °C）$G^*/\sin\delta$/kPa	最大	5000	T 0628—2011
蠕变劲度（-12 °C）（MPa）*M* 值	最大	300	T 0627—2011
	最小	0.3	
路用性能分级		PG76-22	AASHTO M320-05

3. 集　料

（1）粗集料。

如图 6-50 所示，SBS 改性沥青玛瑲脂碎石 SMA-13 采用新鲜、坚硬、耐磨、洁净的玄武岩片石或辉长岩片石用大型联合碎石机（不少于三级，其中反击破不少于两级）轧制成的碎石，形状接近立方体，其技术指标符合表 6-36 的要求。

图 6-50　成乐扩容 E1 上面层玄武岩材料储备

表 6-36　粗集料技术指标要求

指标		要求	试验方法
磨光值（PSV）		≥42	T 0321—2005
压碎值/%		≤26	T 0316—2005
洛杉矶磨耗损失/%		≤28	T 0317—2005
针片状颗粒含量/%	粗集料	≤10	T 0312—2005
	粒径大于 9.5 mm 部分	≤8	
	粒径小于 9.5 mm 部分	≤12	
对沥青的黏附性/级		≥5	T 0616—1993
表观相对密度		≥2.6	T 0304—2005

续表

指标	要求	试验方法
软弱颗粒含量/%	≤3	T 0320—2000
水洗法小于 0.075 mm 的颗粒含量/%	≤1	T 0310—2005
坚固性硫酸钠/%	≤12	T 0314—2000
吸水率/%	≤2	T 0304—2005

SBS 改性沥青混凝土 AC-20C 采用新鲜、干净、坚硬、无风化、无杂质的石灰岩或卵砾石（粒径大于 8 cm）轧制的碎石，要求采用大型联合碎石机（不少于三级，其中反击破不少于两级）轧制，碎石形状应接近立方体，其技术指标应符合表 6-37 的要求。粗集料应洁净、干燥、无风化、无有害杂质，且具有一定硬度和强度，及良好的近似立方体颗粒形状。

表 6-37　粗集料质量技术要求

<table>
<tr><th colspan="2">指标</th><th colspan="2">要求</th><th>试验方法</th></tr>
<tr><td colspan="2">压碎值/%</td><td colspan="2">≤28</td><td>T 0316—2005</td></tr>
<tr><td colspan="2">洛杉矶磨耗损失/%</td><td colspan="2">≤30</td><td>T 0317—2005</td></tr>
<tr><td colspan="2">对沥青的黏附性/级</td><td colspan="2">≥5</td><td>T 0616—1993</td></tr>
<tr><td colspan="2">表观相对密度</td><td colspan="2">≥2.5</td><td>T 0304—2005</td></tr>
<tr><td colspan="2">水洗法小于 0.075 mm 的颗粒含量/%</td><td colspan="2">≤1</td><td>T 0310—2005</td></tr>
<tr><td colspan="2">坚固性硫酸钠/%</td><td colspan="2">≤12</td><td>T 0314—2000</td></tr>
<tr><td colspan="2">吸水率/%</td><td colspan="2">≤3</td><td>T 0304—2005</td></tr>
<tr><td colspan="2">软石含量/%</td><td colspan="2">≤5</td><td>T 0320—2000</td></tr>
<tr><td rowspan="3">针片状含量（混合料）/%</td><td>总含量</td><td colspan="2">≤15</td><td rowspan="3">T 0312—2005</td></tr>
<tr><td>粒径≥9.5 mm</td><td colspan="2">≤12</td></tr>
<tr><td>粒径<9.5 mm</td><td colspan="2">≤18</td></tr>
<tr><td colspan="2" rowspan="2">具有一定数量破碎面颗粒的含量/%</td><td>1 个及以上破碎面</td><td>≥95</td><td rowspan="2">T 0346—2005</td></tr>
<tr><td>2 个及以上破碎面</td><td>≥80</td></tr>
</table>

为保证沥青与集料的黏结力，提高抗水损害能力，要求采用增加沥青与集料间黏结力的措施，并掺加抗剥落剂。抗剥落剂应满足：性能优良、稳定、持久且施工易于操作。沥青中加入抗剥落剂后，应进行一定老化（薄膜烘箱中加热 96 h，有条件时可在压力老化仪 PAV 中进行），然后进行黏附性试验，经过初期老化后的混合料须进行浸水马歇尔试验、冻融劈裂试验，并满足相应技术要求。要求集料与沥青的黏附性能达到 5 级。

（2）细集料。

SBS 改性沥青玛琋脂碎石 SMA-13 细集料采用经专门设备加工的机制砂（新鲜的

硬质石灰岩轧制），SBS 改性沥青混凝土 AC-20C 采用加工粗集料时产生的部分石屑和经专门设备加工的机制砂。细集料在加工过程中应吸尘或水洗；细集料中不得含有杂物。加工时应加设 3 mm 筛，将石屑分成 3 ~ 5 mm 和 0 ~ 3 mm 两部分使用，应在破碎机上采取措施，使分得的 3 ~ 5 mm 和 0 ~ 3 mm 两种材料满足相应的规格要求。石屑用量不宜超过机制砂用量。细集料应耐嵌挤，颗粒饱满，且粉尘含量低，其技术指标及其规格应满足表 6-38 和表 6-39 的要求。

表 6-38　细集料质量技术要求

指标	要求	试验方法
表观相对密度	≥2.6	T 0329—2005
坚固性（>0.3 mm 部分）硫酸钠/%	≤12	T 0340—2005
砂当量	≥70	T 0334—2005
亚甲蓝值/（g/kg）	≤25	T 0349—2005
棱角性（流动时间）/s	≥30	T 0345—2005

表 6-39　石屑及机制砂规格要求

规格	公称粒径/mm	通过各个筛孔（mm）的质量百分率/%							
		9.5	4.75	2.36	1.18	0.6	0.3	0.15	0.075
S16	0 ~ 3	—	100	80 ~ 100	50 ~ 80	25 ~ 60	8 ~ 45	0 ~ 25	0 ~ 10

注：1. 采用水洗法筛分。

2. 关于细集料中小于 0.075 mm 颗粒含量的说明：对进场的拌和设备应事先标定经过二级除尘后各级热料仓中小于 0.075 mm 的颗粒含量是否符合要求（0 ~ 3 mm 热料仓中小于 0.075 mm 颗粒含量不得超过 3%，其余各级热料仓中小于 0.075 mm 颗粒含量不得超过 1%），如果设备之最大除尘能力仍不能满足此要求，应采取措施严格控制冷料加工过程中的粉尘含量，尤其是细集料中小于 0.075 mm 颗粒的含量，并据此确定细集料中小于 0.075 mm 颗粒含量的控制上限（将表中 0.075 mm 筛孔通过率的上限 10%下调，但不得上调）。

（3）填料。

必须采用石灰岩等憎水性石料经磨细的矿粉，原石料中的泥土杂质应除净，拌和机回收的粉料不得用于拌制沥青混合料。矿粉应干燥、洁净，能自由地从矿粉仓流出，其质量应符合《公路沥青路面施工技术规范》（JTG F40—2004）的要求，如表 6-40 所示。

表 6-40　沥青面层用矿粉质量技术要求

指标	要求	试验方法
表观密度/（t/m^3）	≥2.5	T 0352—2000
含水量/%	≤1	T 0332—1994

续表

指标		要求	试验方法
颗粒范围/%	＜0.6 mm	100	T 0351—2000
	＜0.15 mm	90 ~ 100	T 0351—2000
	＜0.075 mm	75 ~ 100	T 0351—2000
亲水系数		＜1	T 0353—2000
塑性指数/%		＜4	T 0354—2000
加热安定性		实测记录	T 0355—2000
外观		无团粒结块	观察

（4）抗剥落剂。

为保证沥青与集料间黏结力，提高抗水损害能力，要求采用增加沥青与集料间黏结力的措施，并掺加抗剥落剂。抗剥落剂应满足：性能优良、稳定、持久且施工易于操作。沥青中加入抗剥落剂后，应进行一定老化（薄膜烘箱中加热 96 h，有条件时可再在压力老化仪 PAV 中进行），然后进行黏附性试验，经过初期老化后的混合料须进行浸水马歇尔试验、冻融劈裂试验，并满足相应技术要求。沥青在添加化学抗剥落剂后针入度变化不超过-4 或+10 的范围。

抗剥落剂添加设备有专门的流体抗剥落剂加热存储保温罐，通过管道混合器在沥青进入拌和楼前与沥青同步混合，该装置能对抗剥落剂的流速测定并数显，且能进行总量累计显示，当该装置的流速设定完毕后，不能随意更改。

（5）纤维稳定剂。

采用木质素纤维，要求其吸附沥青的能力强，施工分散性好，单位质量的纤维根数多。木质素纤维应选用原木浆生产的纤维。其掺量按沥青混合料总量的质量百分率计，絮状木质素纤维的掺量不得少于 0.3%，颗粒状木质素纤维的掺量不得少于 0.4%。质量应符合表 6-41 的要求。纤维应在 250 °C 的干拌温度下不变质、不发脆。

表 6-41　木质素纤维稳定剂质量技术要求

试验项目		技术指标	试验方法
木质素纤维	纤维长度	≤6 mm	水溶液用显微镜观测
	灰分含量	18%±5%，无挥发物	高温 590 ~ 650 °C 燃烧后，测定残留物
	pH 值	7.5±1.0	水溶液用 pH 试纸或 pH 计测定
	吸油率	不小于纤维质量的 5 倍	用煤油浸泡后，放在筛上，经振敲后称量
	含水率	≤5%（质量百分比）	105 °C 烘箱 2 h 后，冷却称样
	耐热性	颜色、体积基本无变化，热失重不大于 6%	210 °C，2 h

6.2.9.4 改性沥青试验及储存

1. 改性沥青的试验

成品改性沥青应附有产品的说明书，并注明产品名称、代号、标号、运输、储放条件、使用方法、生产工艺、安全须知等。承包人使用前应取样进行检验。确认无明显分离，凝聚现象，且各项性能指标均符合上述要求，报监理人批准方可使用。

2. 改性沥青的储存

如图 6-51 所示，成品改性沥青的储存应符合规定的要求，贮存时间不得超过保质期。经检验确认已经发生离析的改性沥青不得使用。

图 6-51 沥青热拌站及沥青储料罐-改性沥青存储

6.2.9.5 混合料配合比设计

1. 混合料级配及试验指标

（1）改性沥青玛瑺脂碎石 SMA-13。

改性沥青玛瑺脂碎石 SMA-13 混合料用于路面表面层，其矿料级配以及试验指标应符合表 6-42 和表 6-43 的要求。

表 6-42 SMA-13 混合料级配范围

规格	通过各个筛孔（mm）的质量百分率/%									
	16	13.2	9.5	4.75	2.36	1.18	0.6	0.3	0.15	0.075
SMA-13	100	90 ~ 100	50 ~ 75	20 ~ 34	15 ~ 26	14 ~ 24	12 ~ 20	10 ~ 16	9 ~ 15	8 ~ 12

表 6-43 SMA-13 马歇尔试验配合比设计的技术要求

试验项目	SMA-13
击实次数/次	双面各击 75
稳定度/kN	不小于 6.0
流值/（0.1 mm）	—
空隙率/%	3 ~ 4

续表

试验项目	SMA-13
粗集料骨架间隙率 VCA_{mix}	不大于 VCA_{DRC}
沥青饱和度/%	75～85
矿料间隙率/%	不小于 17
沥青与石料的黏附性/级	不低于 5
谢伦堡沥青析漏试验结合料损失/%	不大于 0.1
肯塔堡沥青混合料飞散试验混合料损失（20 °C）/%	不大于 15
残留马歇尔稳定度（48 h）/%	不小于 85
冻融劈裂强度比/%	不小于 80
渗水系数*/（mL/min）	不大于 80
动稳定度/（次/mm）	不小于 5 000
-10 °C 弯曲试验破坏应变/με	不小于 2 500
构造深度/mm	不小于 0.8
路面空隙率/%	不大于 6

注：（1）混合料配合比设计步骤：

① 初选级配应满足 VCA_{mix}、VMA 的要求。

② 在初选级配的基础上，确定满足目标空隙率要求的最佳沥青用量。

③ 采用车辙试验、肯塔堡飞散试验、谢伦堡析漏、冻融劈裂试验（试件的成型孔隙控制在 6%±1%）和浸水马歇尔试验、低温弯曲试验对混合料配合比进行验证。如验证不合格，应调整结合料用量或调整级配组成。

（2）渗水系数的指标值同样适用于现场质量控制。

（2）中粒式改性沥青混凝土 AC-20C。

中粒式改性沥青混凝土 AC-20C 用于中面层，其矿料级配以及试验指标应符合表 6-44 和表 6-45 的要求。

表 6-44　AC-20C 混合料级配范围及沥青用量

规格	通过各个筛孔（mm）的质量百分率/%											
	26.5	19	16	13.2	9.5	4.75	2.36	1.18	0.6	0.3	0.15	0.075
AC-20C	100	90～100	74～90	62～82	50～70	32～46	22～36	16～28	10～22	6～16	4～12	3～7

表 6-45　AC-20C 混合料技术要求

试验项目	SBS 改性沥青混凝土 AC-20C
马歇尔试件击实次数	两面击实 75 次
空隙率 VV/%	3～5

续表

试验项目		SBS 改性沥青混凝土 AC-20C
矿料间隙率 *VMA*/%	设计空隙率 3%	不小于 12
	设计空隙率 4%	不小于 13
	设计空隙率 5%	不小于 14
沥青饱和度 *VFA*/%		65 ~ 80
稳定度/kN		不小于 9.0
流值/mm		2 ~ 4
车辙试验动稳定度/（次/mm）		不小于 3 000
−10 °C 弯曲试验破坏应变/με		不小于 2 500
沥青与石料的黏附性/级		不小于 5
残留稳定度（48 h）/%		不小于 85
冻融劈裂强度比/%		不小于 80
渗水系数/（mL/min）		不大于 120
路面现场空隙率/%		不大于 7

2. 混合料配合比设计要求

沥青混合料的配合比设计应按目标配合比设计、生产配合比设计和生产配合比验证三阶段进行。

承包人应在 28 d 前向监理人提交拟用的沥青混合料级配、沥青结合料用量及沥青混合料稳定度、流值、空隙率、动稳定度、残留稳定度等各项技术指标并作出书面详细说明。在承包人提交的目标配合比未经监理人批准前，不得进入生产配合比设计。

监理人应与监理试验室一起完成对承包人目标配合比、生产配合比的验证工作，在使用之前承包人应组织专家对配合比进行评审，未经监理试验室验证通过的配合比不得使用。在沥青混合料未被批准之前，不得进行下一步工序。沥青拌和温度应根据施工配合比所确定的温度或厂家推荐温度。

未经监理人认可，对已批准的沥青混合料配合比和原材料品种不得更改。如果承包人建议改变料源时，应在材料生产之前，把新的目标配合比设计报告监理人审批。审批新的工地拌和料级配时应做试验，每一次评价至少需要 14 d 时间。

3. 改性沥青玛瑞脂碎石 SMA-13 配合比设计

（1）目标配合比设计阶段。

这一阶段要确定拌和楼冷料仓的供料比例、进料速度及试拌使用。

首先，从成品料仓的各种粗细集料的不同集料、不同位置分别取有代表性样品到试验室，将样品拌和均匀，按四分法取样，洗净烘干后，进行筛分试验，确定不同规格的粗细集料的实际颗粒组成，按筛分结果分别绘出各种集料的筛分曲线。在设计级配范围内选择粗、中、细不同配合比，根据成品料的颗粒组成进行试配，确定各种规格集料的比例。

其次，测定不同粒径的集料的毛体积密度和视密度、吸水率，计算初试级配矿料的合成毛体积相对密度、合成表观密度、有效相对密度，并用捣实法测定粗集料骨架的松方毛体积相对密度，计算粗骨料混合料的平均毛体积相对密度和粗集料松装间隙率 VCA_{DRC}。根据计算方法或经验，选择初试沥青用量进行马歇尔试验。用表干法测定毛体积相对密度，计算 SMA 混合料的最大理论相对密度，其中的纤维部分的比例不得忽略。计算 SMA 马歇尔计试件的粗集料骨架间隙率 VCA_{mix}、空隙率 VV、集料间隙率 VMA、沥青饱和度 VFA 等指标。

再次，从粗、中、细 3 组初试级配中选择符合 $VCA_{\mathrm{mix}}<VCA_{\mathrm{DRC}}$ 及 $VMA>16.5\%$ 要求的级配，根据所选初试级配和初试油石比试验的空隙率结果，以 0.2%～0.4%为间隔，调整 3 个不同的油石比分别做马歇尔试验，测定试件密度并计算空隙率、沥青饱和度、矿料间隙率物理指标并进行体积分析，测定马歇尔稳定度及流值等物理力学性质，确定最佳沥青用量，并进行高温稳定性、水稳定性、低温抗裂性能检验、沥青析漏试验、肯特堡飞散试验。

最后，根据以上得到的目标配合比确定冷料仓的供料比例、进料速度和试拌使用，并根据拌和机 1 h 生产的混合料计算各冷料仓每小时供应量，通过调试冷料仓供料的转速来实供目标配合比。

（2）生产配合比阶段。

在目标配合比确定以后，根据实际施工的拌和机进行施工配合比设计，生产配合比设计的目的是确定每个热料仓的比例，使进入拌和缸和各种集料组成符合级配要求。

首先确定各热料仓矿料和矿粉的用量。按目标配合比向各冷料仓送料，集料通过烘干筒并通过二次除尘后通过拌和机筛分进入各热料仓，从各个热料仓中逐一放料到装载机斗，卸在平地上，从不同部分取样到试验室，用四分法取样品进行筛分试验。根据筛分结果，通过计算，使矿料的级配符合目标配合比设计级配和规范要求，并特别注意使 0.075 mm、4.75 mm 和 9.5 mm 的筛孔通过量控制接近 SMA-13 目标配合比设计级配。

其次确定最佳油石比。根据各热料仓集料的颗粒组成，确定生产配合比和各热料仓比例，做生产配合比的马歇尔试验，取目标配合比设计最佳油石比和±0.3%三个油石比，制备马歇尔试件，计算试件的 VMA、VCA、VV 和 VFA，确定生产配合比的最佳油石比。

最后进行生产配合比的检验。用以上生产配合比，进行沥青析漏试验、肯特堡飞散试验和残留马歇尔稳定度检验。

（3）试拌阶段。

按生产配合比确定的级配进行试拌，一般试拌 5～8 盘。然后，分析每次拌和各热料仓的质量、沥青用量、纤维稳定剂用量和设置质量差异；分析每盘设置温度和出料温度差异；每盘分别取有代表性样品做抽提筛分试验和马歇尔试验，检验混合料级配和油石比、马歇尔指标、SMA 混合料体积指标、水稳性和高温稳定性，进行沥青析漏试验、肯特堡飞散试验。

对改性沥青玛琋脂碎石进行马歇尔室内试验时，一般应按以下方法进行：

第一，配合比设计时拌制改性沥青玛琋脂碎石时需采用小型沥青混合料拌和机，以模拟生产实际情况。每组试件不少于 6 个。

第二，试件成型温度应符合表 6-46 的规定：

表 6-46　改性沥青玛琋脂碎石试拌与击实温度

矿料加热温度/°C	170 ~ 175
沥青加热温度/°C	160 ~ 170
沥青混合料拌和温度/°C	160 ~ 170
试模预热温度/°C	160 ~ 170
试件开始击实温度/°C	155 ~ 165
试件成型终了温度/°C	不低于 145

第三，用表干法测定改性沥青玛琋脂碎石试件的毛体积相对密度。

第四，每天用各原材料总量比例计算混合料最大理论相对密度并与生产配合比计算值进行验证，差值不应大于 0.005；否则应分析原因，论证后取值。

第五，试件的配料、拌和均应单个进行，以确保试验结果的一致性。

第六，改性沥青玛琋脂碎石生产检验时，从拌和机上取样后立即制备试件，不许在试样冷却后再次加热成型试件。

4. 改性沥青 AC-20C 配合比设计

（1）目标配合比设计阶段。

设计目标配合比目的是确定拌和楼冷料仓的供料比例、进料速度及试拌使用。

从成品料仓的各种粗细集料不同位置分别取有代表性样品到试验室，将样品拌和均匀，按四分法取样，洗净烘干后，进行筛分试验，确定不同规格的粗细集料的实际颗粒组成，按筛分结果分别绘出各种集料的筛分曲线。

测定不同粒径的集料的毛体积密度和视密度、吸水率。在设计级配范围内选择粗、中、细不同配合比，根据成品料的颗粒组成进行试配，确定各种规格集料的比例。

根据经验，选择沥青用量，以 0.5%间隔的油石比分别做马歇尔试验，测定试件密度并计算空隙率、沥青饱和度、矿料间隙率物理指标并进行体积分析，测定马歇尔稳定度及流值等物理力学性质，确定最佳沥青用量。

由上得到的目标配合比确定冷料仓的供料比例，进料速度和试拌使用。根据拌和机一小时生产的混合料计算各冷料仓每小时供应量，通过调试冷料仓供料的转速来实现目标配合比。对同一拌和厂两台拌和机，如果使用相同品种的矿料，可使用同一目标配合比。目标配合比需经驻地监理人审查，报总监批准后才能进行生产配合比设计。如果某种矿料产地、品种发生变化，必须重新进行目标配合比设计。

（2）生产配合比阶段。

在目标配合比确定以后，根据实际施工的拌和机进行生产配合比设计，生产配合比设计的目的是确定每个热料仓的比例，使进入拌和缸的各种集料组成符合要求的级配，每台拌和机均应进行生产配合比设计。

按目标配合比向各冷料仓送料，集料通过烘干筒并通过二次除尘后通过拌和机筛分进入各热料仓，从各个热料仓中逐一放料到装载机斗，卸在平地上，从不同部分取样到试验室，用四分法取样品进行筛分试验。

根据各热料仓集料的颗粒组成，确定生产配合比和各热料仓比例，做生产配合比的马歇尔试验，取目标配合比设计最佳油石比和±0.3%三个油石比，确定生产配合比的最佳油石比。

（3）生产配合比验证阶段。

按生产配合比确定的级配进行试拌，铺筑试验路。分析每次拌和各热料仓的质量、沥青用量和设置质量差异，并通过试拌决定拌和机的操作方式，如上料速度、拌和数量与拌和时间、拌和温度等。

分析每盘设置温度和出料温度差异。每盘分别取有代表性样品做抽提筛分试验和马歇尔试验，检验混合料级配和油石比、马歇尔指标、水稳性和高温稳定性。

6.2.9.6 改性沥青玛蹄脂碎石 SMA-13 施工要点

1. 一般要求

改性沥青混合料路面施工应符合《公路沥青路面施工技术规范》（JTG F40—2004）第 5 章的相关规定和图纸要求。在进行改性沥青玛蹄脂碎石 SMA-13 施工前，应具有下承层的“中间交工证书”，以及经监理人批准的该层沥青混合料配合比设计资料和“开工报告”，并对下承层进行彻底清扫（冲洗）干净和均匀洒布黏层沥青。

施工过程严格控制摊铺层的设计高程、厚度、平整度、横坡度和压实度，并根据气温情况严格控制混合料的施工温度。

严格控制各道工序的质量，上道工序的质量未经检验合格并签认，不得进行下道工序的施工。当气温 10 °C 以下或雨天不得进行改性沥青混合料路面施工，并且集料应有篷盖，防止被水淋湿。未压实而被雨淋的沥青混合料应铲除废弃，不得回收利用。

注意机械设备检修调试，保证其正常运转。储备够使用半月以上的经检验合格的各种材料。木质素纤维或矿物纤维必须在室内架空堆放，严格防潮，保持干燥。对木质素纤维或矿物纤维添加设备进行计量标定，纤维添加设备不得受潮。

2. 施工温度

改性沥青混合料的施工温度，应根据所用改性沥青的黏度与温度关系曲线确定，并参照《公路沥青路面施工技术规范》（JTG F40—2004）表 5.2.2-3 的规定执行。改性沥青混合料的最低摊铺温度应不低于《公路沥青路面施工技术规范》(JTG F40—2004)表 5.6.6 的规定和图纸要求。

3. 拌　和

粗、细集料应严格分类堆放和供料。不同料源即使粒径相同的集料也应分开堆放，且不能混合使用。每个料源的材料应进行抽样试验，并经监理人批准。

必须严格按批准的配合比进行配料，并应将集料充分烘干。回收的粉尘不得利用，应全部废弃在指定地点进行处理防止污染环境。

拌和楼应配备添加抗剥落剂、木质素纤维的自动添加设备，且计量系统准确。木质素纤维的分散拌匀非常重要，应采取有效措施保证纤维的干燥和充分分散拌匀。对于松散的絮状纤维应能自动打散上料，在矿料投入后喷入沥青的同时一次性喷入拌和机内，拌和时间宜延长 5 s 以上；对于颗粒状纤维则与矿料同时加入并干拌 5 ~ 10 s(应能充分分散)，再投入矿粉；湿拌时间一般较沥青混合料增加不少于 5 s，总的湿拌时间不少于 45 s。采用人工添加木质素纤维易产生由于人为因素而少加或多加的现象，从而影响 SMA 的使用品质；因此必须采用机械添加木质素纤维，且应预先进行计量标定，同时应防止输送管道堵塞。

由于沥青可能会离析，SMA 混合料不应在贮料仓里储备时间过长，改性沥青混合料储存时间不应超过 24 h。出厂的沥青混合料应逐车用经过标定的地磅称重，同时测量其温度，签发运料单，归档备查。如发现其配合比偏差过大或性能指标不合格时应立即通知停机，查明原因，予以调整。

严格控制拌和温度，不得超过 195 °C；超过时必须废弃。拌和场应逐盘打印各种材料用量及预热温度、拌和温度与时间、沥青混合料重量与出厂时间等数据资料，进行总量控制。以各仓用量及各仓筛分结果，在线检查矿料级配；计算平均施工级配和油石比，与设计结果进行校核，以每天产量计算平均厚度，与路面设计厚度进行校核；并定期对拌和楼的计量系统进行校核。

要严格控制油石比和矿料级配，避免油石比不当而产生泛油和松散现象。每台拌和机开拌后每天上午、下午各取一组混合料试样做马歇尔试验和抽提筛分试验，检验油石比、矿料级配和改性沥青玛琋脂碎石的物理力学性质，每周应检验 1 ~ 2 次残留稳定度。

4. 运　输

拌和机向运料车放料时，汽车应按车厢前、后、中的顺序装料，以减少粗集料的分离现象。宜采用较大吨位的运料车运输，但不得超载运输，或紧急制动、急转弯掉头，造成透层、封层损伤。运量应较拌和能力和摊铺速度有所富余，摊铺机前方应有 4 辆以上运料车等候卸料，以便摊铺机能按一定速度连续摊铺，不得停机待料。

运料车辆应加装保温板，以确保沥青混合料运到现场温度符合施工要求。每次使用前后必须清扫干净，在车厢板上涂一薄层防止沥青黏结的隔离剂或防黏剂，但不得有余液积聚在车厢底部。

运料车进入摊铺现场时，轮胎上不得粘有泥土等可能污染路面的脏物。连续摊铺过程中，运料车在摊铺机前 10 ~ 30 cm 处停住，不得撞击摊铺机。卸料过程中运料车应挂空挡，靠摊铺机推动前进。运料车每次卸料必须倒净，如有剩余，应及时清除，防止硬结。

5. 摊 铺

摊铺机应根据摊铺宽度配置合理长度的螺旋布料器和熨平板，布料器外侧螺旋距挡板的距离不应超过 30 cm，并调试好螺旋布料器两端的自动料位器，并使料门开度、链板送料器的速度和螺旋布料器的转速相匹配，使摊铺机处于最佳工作状态。

摊铺时螺旋布料器的料量应控制在 2/3 螺旋高度附近，使熨平板的挡料板前混合料在全宽范围内均匀分布，并在每天起步前就应将料量调整好，再实施摊铺，避免摊铺层出现离析现象；并随时分析、调整粗细料是否均匀，检测松铺厚度是否符合规定。摊铺前应将熨平板预热至规定温度（不低于 100 °C），摊铺时熨平板应采用中强夯等级，使铺面的初始压实度不小于 85%。摊铺机熨平板必须拼接紧密，不许存有缝隙，防止卡入粒料将铺面拉出条痕。

连续稳定的摊铺，是提高路面平整度最主要措施。宜采用两台摊铺机梯队摊铺，以提高摊铺层的均匀性和压实度。摊铺机的摊铺速度应根据拌和机的产量、施工机械配套情况及摊铺厚度来选择，一般按 2 ~ 3 m/min 予以调整，做到缓慢、均匀、不间断地摊铺。不应任意快速摊铺几分钟，然后再停下来等下一车料。用餐应分批轮换交替进行，切忌停铺用餐，争取做到每天收工停机一次。

常规由两台摊铺机联合作业实施摊铺，前摊铺机过后，摊铺层纵向接缝上应呈斜坡，后面摊铺机应跨缝 5 ~ 10 cm 摊铺。两台摊铺机距离不应超过 10 m。要注意两台摊铺机的横坡一致。成乐 E1 项目部在上面层 SMA-13 沥青层右幅（K63 ~ K71）段落铺筑尝试采用二次搅拌抗离析摊铺机单机摊铺，一次成型，有效解决了多横坡、多拱度、积水等顽疾，路面平整度及行车舒适性随之提高，如图 6-52 所示。

图 6-52 全断面一次性摊铺施工

上面层找平一般采用自动找平装置，可选择的有浮动式基准梁、超声波自动找平仪、激光扫描自动找平仪。摊铺机行走基面要清扫干净，以免影响自动调平精度。同时随时检测摊铺厚度，以便调整；每车需检测摊铺温度，并做好记录。

用机械摊铺的混合料未压实前，施工人员不得进入踩踏。一般不用人工不断地整修，只有在特殊情况下，需在现场主管人员指导下，允许用人工找补或更换混合料，缺陷较严重时应予铲除，并调整摊铺机或改进摊铺工艺。

要注意摊铺机接料斗的操作程序，以减少粗细料离析。摊铺机集料斗应在刮板尚未露出，尚有约 10 cm 厚的热料时，下一辆运料车即开卸料，做到连续供料，并避免粗料集中。

摊铺应选择在当日高温时段进行，路表温度低于 15 °C 时不宜摊铺。摊铺遇雨时，立即停止施工，并清除未压实成型的混合料。遭受雨淋的混合料应废弃，不得卸入摊铺机摊铺。在摊铺过程中应随时观察摊铺机的工作状态和摊铺层的外观质量，出现异常且调节无效时，应立即停机查明原因，进行调整。对不合格的摊铺层经过整修仍不达标时，应铲除重铺。

在摊铺过程中应跟踪检测质量，发现缺陷应“趁热”修补；修补不好的应刨除重铺。在没有其他负面影响的前提下，应将熨平板的振频振幅调整到摊铺层的压实度达到 85%，且以高频低幅为宜。

6. 压　实

沥青混合料的压实是保证面层质量的重要环节，混合料摊铺后无明显质量缺陷时，应随即通过试验段确定的压实设备和工艺进行碾压，防止因降温而影响压实密度。改性沥青 SMA 混合料的碾压设备一般采用大吨位的双钢轮振动压路机，为保证连续压实，建议不宜少于 5 台。遵循“紧跟、慢压、高频、低幅”的碾压方式。通常可采用如下的碾压组合：钢轮静压 1 遍+钢轮振压 4 遍+钢轮静压收迹 1 ~ 2 遍。改性沥青混合料一般应在温度降至 120 °C 前结束碾压作业。

初压应尽量在较高温度下进行，复压应紧跟初压。在初压和复压过程中，宜采用同型号压路机并列成梯队压实，不宜采用首尾相接的纵列方式。采用振动压路机压实改性沥青 SMA 混合料时，压路机轮迹重叠宽度不应超过 20 cm，当采用静载压路机时，压路机的轮迹应重叠 1/3 ~ 1/4 碾压宽度。当出现黏轮现象时，不得向压路机涂油或油水混合液，必要时可喷涂清水或皂水。

压路机应以缓慢而均匀的速度碾压，压路机适宜的碾压速度随初压、复压、终压及压路机的类型而别，可通过试铺确定。一般情况下，初压 2 ~ 4 km/h，复压 3 ~ 5 km/h。为避免碾压时混合料推挤产生拥包，碾压时应将驱动轮朝向摊铺机；碾压路线及方向不应突然改变；压路机起动、停止必须减速缓行，不准刹车制动。压路机折返时应呈梯形，不应处在同一横断面上。

为便于司机辨认，应对初压、复压、终压段落设置明显标志。对松铺厚度、碾压顺序、压路机组合、碾压遍数、碾压速度及碾压温度应设专岗管理和检查，使面层做到既不漏压也不超压。改性沥青 SMA 混合料的施工温度应满足表 6-47 的要求。

表 6-47　改性沥青玛瑞脂碎石施工温度

项目	指标
矿料加热温度/°C	180～200
沥青加热温度/°C	165～175
沥青混合料出厂温度/°C	175～185，超过 195 废弃
运到现场温度/°C	不低于 165
摊铺温度/°C	不低于 165，低于 140 废弃
初压温度/°C	不低于 160
复压温度/°C	140～150
终压温度/°C	不低于 120

在压实度达到马歇尔密度的 98%，或者路面现场空隙率不大于 6%后，不再作过度碾压。如碾压过程中发现有沥青玛瑞脂上浮或集料压碎、棱角明显磨损等过碾现象时，应停止碾压。

改性沥青混合料碾压较困难，需要更多的压实功，应尽可能提高碾压温度和振动频率，在其不稳定温度区以上获得足够的密度。如果在规定温度内还未压实，则应改用轮胎压路机碾压，不能用钢轮碾，更不能起振，防止推移破坏。在碾压过程中应密切注意压实度的变化情况，既要达到压实标准，又要防止过度碾压而破坏集料的棱角嵌挤，或出现弹簧现象。碾压时，压路机不得中途停留、转向或紧急制动。当压路机来回交替碾压时，前后两次停留地点应相距 10 m 以上，并应驶出压实起始线 3 m 以外。

SMA 路面宜采用振动压路机或钢筒式压路机碾压，振动压路机的碾压应遵循“高温、紧跟、匀速、慢压、高频、低幅、先边、后中”的原则，如图 6-53 所示。除试验证明采用轮胎压路机碾压有良好效果外，SMA 路面不宜采用轮胎压路机碾压，以防止将沥青结合料搓揉挤压上浮。

图 6-53　上面层 SMA-13 碾压

改性沥青 SMA 混合料在碾压过程中，可以发现混合料能在高温状态下用振动压路机碾压而不产生推拥，碾压成型后表面有足够的构造深度又基本上不透水。在当天碾压的尚未冷却的沥青混凝土层面上，不得停放压路机或其他车辆，并防止矿料、油料和杂物散落在沥青层面上。压实完成 12 h 后，方能允许施工车辆通行。

7. 油斑处理

在 SMA 路面摊铺、碾压成型过程中，路面可能会出现油斑。产生油斑的原因有以下几点：

（1）运输距离较远，SMA 混合料中骨料与沥青产生离析。

（2）SMA 混合料温度过高，改性沥青发生老化。

（3）纤维掺加剂拌和不均匀。

（4）拌和时间太短，SMA 混合料拌和不够充分。

（5）用油量过高。

（6）压路机碾压遍数过多，使路面超压。

（7）拌和料（特别是纤维掺加剂）及路表含有一定的水分。

（8）摊铺机等料时间过长及运料车积压过多，发生沥青析漏。

摊铺中出现的油斑应及时铲除并用热料填补，碾压中出现的油斑，应及时在油斑区域洒机制砂。

8. 施工接缝的处理

（1）纵向施工缝。

对于采用两台摊铺机成梯队联合摊铺方式的纵向接缝，应在前部已摊铺混合料部分留下 10 ~ 20 cm 宽暂时不碾压作为后高程基准面，并有 5 ~ 10 cm 左右的摊铺重叠，以热接缝形式在最后作跨缝碾压清除缝迹。上中层纵缝应错开 15 cm 以上，并避开轮迹带。

（2）横向施工缝。

每天施工结束前，摊铺机在摊铺最后路面时，尽量把沥青混合料摊铺在一个断面上，并铺以人工修整齐断面，压路机碾压完毕后，用 3 m 直尺沿沥青路面纵向放置，找出平整度变化点，一个断面测 4 ~ 5 个点，选择最后一点位置垂直于纵向用 3 m 直尺画线，用切割机沿划线切割，并将此部分料铲除、清扫。第二次施工在横向接缝处人工均匀洒黏结油，接缝要保持干燥、干净，不得有水和杂物。横向接缝碾压，先用钢轮横向碾压，压路机主机位于已施工完的沥青路面上，伸入新铺沥青混合料层 15 ~ 20 cm，碾压一遍后，检查平整度，看是否补料或打除一部分料，处理完毕后再进行碾压。每碾压一遍，压路机向新铺路面移动 20 ~ 30 cm，直到压路机全部在新铺路面上为止。

6.2.9.7 改性沥青 AC-20C 施工要点

1. 拌　和

拌和时，宜控制每盘沥青混合料的质量使其大致保持一致，误差以不超过 15%为宜，同时每种规格的集料、矿粉和沥青都必须按批准的生产配合比准确计量，其计量误差应控制在规定的范围内。

严格掌握沥青和集料的加热温度以及沥青混合料的出厂温度。集料温度应比沥青温度高 10 ~ 15 °C，热混合料成品在贮料仓储存后，其温度下降不应超过 10 °C。沥青混合料的施工温度控制范围：改性沥青混合料的矿料温度 180 ~ 200 °C，沥青温度为 165 ~ 175 °C，混合料出厂温度为 175 ~ 185 °C，初碾温度不低于 160 °C，终压温度钢轮压路机不低于 120 °C。废料温度控制：改性沥青混合料温度高于 195 °C 应废弃。表面碾压终了温度不低于 90 °C。热拌沥青混合料必须自然冷却，温度低于 50 °C 方可摊铺上层或开放交通。

拌和楼控制室要逐盘打印沥青及各种矿料的用量和拌和温度，并定期对拌和楼的计量和测温进行校核；没有材料用量和温度自动记录装置的拌和机不得使用。拌和时间由试拌确定。必须使所有集料颗粒全部裹覆沥青结合料，并以沥青混合料拌和均匀为度。

要注意目测检查混合的均匀性，及时分析异常现象。如混合料有无花白、冒青烟和离析等现象。如确认是质量问题，应作废料处理并及时予以纠正。在生产开始以前，有关人员要熟悉本项目所用各种混合料的外观特征，这要通过细致地观察室内试拌的混合料而取得。

每台拌和机每天上午、下午各取一组混合料试样做马歇尔试验和沥青燃烧试验或抽提筛分试验，检验油石比、矿料级配和沥青混凝土的物理力学性质。油石比与设计值的允许误差为−0.2%至+0.3%，矿料级配与生产设计标准级配的允许差值如表 6-48 所示。

表 6-48　矿料级配与生产设计标准级配的允许差值

矿料级配/mm	允许差值/%
0.075	±2
≤2.36	±4
≥4.75	±5

每天作业结束后，用拌和楼打印的各料数量，进行总量控制。以各仓用量及各仓筛分结果，在线抽查矿料级配；计算平均施工级配和油石比，与设计结果进行校核；以每天产量计算平均厚度，与路面设计厚度进行校核。同时对照表 6-49 检查计算沥青混合料的允许偏差。材料的规格或配合比发生改变时，都应根据室内试验资料进行试拌。试拌时必须抽样检查混合料的沥青含量、级配组成和有关指标，并报请监理人批准。

表 6-49　热拌沥青混合料允许偏差

项目		检查频率及单点检验评价方法	允许偏差	试验方法
矿料级配/mm	0.075	逐盘在线检测	±2%	计算机采集数据计算
	≤2.36		±4%	
	≥4.75		±5%	

续表

项目		检查频率及单点检验评价方法	允许偏差	试验方法
矿料级配/mm	0.075	逐盘检查，每天汇总一次取平均值评定	±1%	JTG F40—2004 附录 G 总量检查
	≤2.36		±2%	
	≥4.75		±2%	
	0.075	每台拌和机，每天 1~2 次，以 2 个点试样平均值评定	±2%	T0725 抽提筛分与标准级配比较的差
	≤2.36		±4%	
	≥4.75		±5%	
沥青用量		逐盘在线检测	±0.3%	计算机采集数据计算
		逐盘检查，每天汇总 1 次取平均值评定	±0.1%	JTG F40—2004 附录 F 总量检查
		每台拌和机，每天 1~2 次，以 2 个点试样平均值评定	±0.3%	T 0722、T 0721

2. 运　输

采用数字显示插入式热电耦温度计检测沥青混合料的出厂温度和运到现场温度。插入深度要大于 150 mm。在运料卡车侧面中部设专用检测孔，孔口距车厢底面约 300 mm。

拌和机向运料车放料时，汽车应前后移动，分几堆装料，以减少粗集料的分离现象。已经离析或结成团块或在运料车辆卸料时滞留于车上的混合料，以及低于规定铺筑温度或被雨水淋湿的混合料都应废弃。

沥青混合料运输车的运量应较拌和能力和摊铺速度有所富余，摊铺机前方应有 5 辆运料车等候卸料。运至铺筑现场的混合料，应在当天或当班完成压实。

运料车应有良好的篷布覆盖设施，卸料过程中继续覆盖直到卸料结束取走篷布，以资保温或避免污染环境。

连续摊铺过程中，运料车在摊铺机前 10 ~ 30 cm 处停住，不得撞击摊铺机。卸料过程中运料车应挂空挡，靠摊铺机推动前进。

3. 摊　铺

半刚性基层沥青路面的基层与沥青层宜在同一年内施工，以减少路面开裂。在清扫干净的基层上，可先做下封层，以防止基层干缩开裂，同时保护基层免遭施工车辆破坏，宜在铺设下封层后的 10 ~ 30 d 内开始铺筑沥青面层的底面层。在经监理人验收合格的基层上，方可铺筑沥青混合料。摊铺必须均匀、缓慢、连续不断地进行，是提高路面平整度最主要的措施。摊铺机的摊铺速度应根据拌和机的产量、施工机械配套情况及摊铺厚度、摊铺宽度，按 2 ~ 4 m/min 予以调整选择，做到缓慢、均匀、不间断地摊铺。严禁任意快速摊铺几分钟，然后再停下来等下一车料。用餐应分批轮换交替进行，切忌停铺用餐。争取做到每天收工停机一次，并在摊铺面层时必须采取措施防止层面之间被污染。

用机械摊铺的混合料未压实前，施工人员不得进入踩踏。一般不用人工不断地整修，只有在特殊情况下，如局部离析，需在现场主管人员指导下，允许用人工找补或更换混合料，缺陷较严重时应予铲除，并调整摊铺机或改进摊铺工艺。

中面层摊铺厚度采用走雪橇方式控制高程。钢丝为扭绕式，直径不小于 6 mm，钢丝拉力大于 800N，每 5 m 设一钢丝支架。采用两台摊铺机实施摊铺施工，靠中央分隔带侧摊铺机在前，左侧架设钢丝，摊铺机上安装横坡仪控制摊铺层横坡；后面摊铺机右侧架设钢丝，左侧在摊铺好的层面上走“雪撬”。两台摊铺机摊铺层的纵向接缝，应采用斜接缝，避免出现缝痕。通常应采用两台或两台以上摊铺机组成梯队联合摊铺，两台摊铺机前后的距离，一般为 10 ~ 20 m。前后两台摊铺机轨道重叠 30 ~ 60 mm。

沥青混合料的摊铺温度应符合《公路沥青路面施工技术规范》（JTG F40—2004）表 5.6.6 的要求并应随沥青的标号及气温的不同通过试验确定。

摊铺机应调整到最佳工作状态，调好螺旋布料器两端的自动料位器，并使料门开度、链板送料器的速度和螺旋布料器的转速相匹配。螺旋布料器内混合料表面以略高于螺旋布料器 2/3 为度，使熨平板的挡板前混合料的高度在全宽范围内保持一致，避免摊铺层出现离析现象。

沥青混合料摊铺过程中要注意摊铺机接料斗的操作程序，以减少粗细料的离析，并避免运料车卸料时撞击摊铺机。

如图 6-54 所示，摊铺机熨平板必须拼接紧密，不许存有缝隙，防止卡入粒料将铺面拉出条痕。摊铺时应调整好摊铺机熨平板的激振强度，使各块熨平板激振力相一致。以避免激振强度强弱不均使铺层粗、细料在表面和铺层下部分布不均，摊铺的初压实度≥85%。并随时检查其宽度、厚度、平整度、路拱及温度，对不合格之处应及时进行调整。对外形不规则、路面厚度不同、空间受到限制以及人工构造物接头等摊铺机无法工作的地方，经监理人批准可以采用人工铺筑混合料。对于铺面上所出现洞眼，应在碾压前用人工及时填入适量热沥青混合料，以达到平整。

图 6-54　沥青中面层铺筑

4. 压　实

混合料摊铺后应立即进行压实作业。压实分初压、复压和终压（包括成型）三个阶段，为保证压实度和平整度，初压应在混合料不产生推移、开裂等情况下尽量在摊铺后较高温度下进行。初压严禁使用轮胎压路机，以确保面层横向平整度。每阶段的碾压速度应符合表 6-32 的要求。

为避免碾压时混合料推挤产生拥包，碾压时应将驱动轮朝向摊铺机；碾压路线及方向不应突然改变；压路机起动、停止必须减速缓行，不准刹车制动。压路机折回不应处在同一横断面上。压路机不得在未碾压成型和未冷却的路段上转向、制动或停留，每天摊铺结束时施工机械应停放于已经冷却的路面上。同时，应采取有效措施，防止油料、润滑脂、汽油或其他杂质在压路机操作或停放期间落在路面上。

压路机的碾压温度，应按试验路确定的碾压温度进行碾压，并应符合《公路沥青路面施工技术规范》（JTG F40—2004）表 5.2.2 的要求，并根据混合料种类、压路机、气温、层厚等情况经试压确定。在不产生严重推移和裂缝的前提下，初压、复压、终压都应在尽可能高的温度下进行。同时不得在低温状况下作反复碾压，以防石料棱角磨损、压碎、破坏集料嵌挤。碾压中应注意压路机的黏轮现象，对于钢轮压路机和轮胎压路机应分别采用与各自相适应的措施进行处理。

为便于司机辨认，宜对初压、复压、终压段落设置明显标志。对松铺厚度、碾压顺序、压路机组合、碾压遍数、碾压速度及碾压温度应设专岗管理和检查，使面层做到既不漏压也不超压，保持全路段压实均匀。

沥青混合料施工应按试验室标准密度和最大理论密度双控指标进行控制，即 AC-20C 压实度应大于试验室标准密度的 97%，并大于最大理论密度的 93%（对应现场空隙率为 7%，实际现场空隙率应控制在 4% ~ 7%）。

在压路机压不到的其他地方，应采用小型振动压路机或振动夯板把混合料充分压实。已经完成碾压的路面，不得修补表皮。桥面铺装不得采用振动碾压，应使用振荡式压路机。

5. 气候条件

沥青混合料的摊铺应避免在雨季进行。当路面滞水或潮湿时，应暂停施工。当施工气温低于 10 °C 时，不得进行沥青面层施工。

未经压实即遭雨淋的沥青混合料应全部清除，更换新料。所发生的一切费用由承包人负担。

6. 路面平整度的控制

各面层平整度的质量缺陷应及时得到弥补，否则将会影响上一级面层的平整度。应特别注意清除表面污染，保证表面清洁；应按规定做好桥头搭板前后、面层施工接缝和桥梁接缝等位置衔接。

必须严格控制面层集料最大粒径的含量和级配的准确性，以减少压实系数的波动，从而保证路面平整度。

注意机械设备的调试和日常检修，应采用具有自动调整摊铺厚度装置（接触式或非接触式平衡梁）的摊铺机进行沥青面层施工；应注意减少压路机初压产生的推挤现象，保证平整度。

合理确定拌和、运输的生产能力并和摊铺能力相匹配，以保证均匀、连续不断地摊铺。

7. 施工接缝的处理

（1）纵向施工缝。

采用两台摊铺机成梯队联合摊铺方式的纵向接缝，应采用斜接缝。在前部已摊铺混合料部分留下 10 ~ 20 cm 宽暂不碾压作为后高程基准面，并有 5 ~ 10 cm 左右的摊铺层重叠，以热接缝形式在最后作跨接缝碾压以消缝迹。如果两台摊铺机相隔距离较短，也可做一次碾压。上下层纵缝应错开 15 cm 以上。

（2）横向施工缝。

全部采用平接缝。用 3 m 直尺沿纵向位置，在摊铺段端部的直尺呈悬臂状，以摊铺层与直尺脱离接触处定出接缝位置，用锯缝机割齐后铲除；继续摊铺时，应将摊铺层锯切时留下的灰浆擦洗干净，涂上少量黏层沥青，摊铺机熨平板从接缝处起步摊铺；碾压时用钢筒式压路机进行横向压实，从先铺路面上跨缝逐渐移向新铺面层。

8. 取样和试验

沥青混合料应按《公路工程沥青及沥青混合料试验规程》（JTG E052—2011）规定的方法取样，以测定矿料级配、沥青含量。混合料的试样，每台拌和机应在每天进行 1 ~ 2 次取样，并按《公路沥青路面施工技术规程》（JTG F40—2004）中表 11.4.4 的规定进行检验。

压实的沥青路面应按《公路路基路面现场测试规程》（JTG E60—2008）要求的方法钻孔取样，或用核子密度仪测定其压实度。所有试验结果均应报监理人审批。

6.2.9.8 质量控制

1. 基本要求

基质沥青及改性剂和各种集料均应符合图纸及规范要求，改性沥青混合料级配及各项技术指标应符合图纸和规范要求。

拌和后的混合料均匀一致，无花白、离析和结团现象。

改性沥青混合料碾压后达到规定的压实度要求。

2. 检查项目

（1）原材料的质量检查。

检查项目包括沥青、粗集料、细集料、填料、木质素纤维或矿物纤维、抗剥落剂等。

（2）混合料的质量检查。

检查项目包括油石比、矿料级配、稳定度、流值、空隙率、残留稳定度、动稳定度、冻融劈裂、析漏、分散，混合料出厂温度、运到现场温度、摊铺温度、初压温度、碾压终了温度，混合料拌和均匀性。

（3）面层质量检查。

检查项目包括厚度、平整度、宽度、横坡度、压实度、横向偏位，摊铺的均匀性，同时还应进行构造和摆式摩擦系数的跟踪检测。

3. 检查方法

施工压实度的检测以钻孔法为准，用核子仪检查时应通过以钻孔密度的标定关系进行换算，标定关系须经总监办批准。钻孔检测频率按设计要求规定取样。芯样可由监理组、施工单位共用，分别进行相关试验检测。

面层混合料的离析包括沥青混合料的温度离析和沥青混合料的级配离析。离析可以暂时作如下控制：

（1）施工过程中采用红外温度探测器检测的温度差不应超过 20 °C。

（2）构造深度的大值与平均值之比不应超过 1.5。

6.2.10 水泥混凝土面层

6.2.10.1 一般要求

承包人应根据图纸、机械设备、施工条件及摊铺方式拟定混凝土路面施工方案及施工工艺流程，编制详细的施工组织计划，在开工前 28 d 报请监理人批准。

水泥混凝土面层应采用强制搅拌楼集中拌和、滑模摊铺机摊铺的施工工艺，当条件受限时，可采用三辊轴机组方式施工。在滑模摊铺机和三辊轴机组无法作业的局部位置，应采用小型机具施工。

水泥混凝土面层施工前，必须进行混凝土配合比设计，配合比设计过程包括试验室配合比、施工配合比以及施工配合比微调与控制。

在正式施工前，必须铺筑试验段，对施工工艺进行总结，试验段的质量检查频率应是正常路段的两倍。混凝土拌和物应满足可摊铺性、匀质性和质量的稳定性，利于施工。

水泥混凝土面层施工如遇下述条件之一，不得施工：现场降雨；风力大于 6 级，风速在 10.8 m/s 以上的强风天气；现场气温高于 40 °C 或拌和物摊铺温度高于 35 °C；摊铺现场连续 5 昼夜平均气温低于 5 °C；最低气温低于−3 °C。

在浇筑水泥混凝土面层前，应将监理人认可的基层表面上的浮土及杂物予以清除干净，并进行必要的修整，且在施工开始前应对进场的材料进行检验，检验项目及检验频率按相关规范进行。

6.2.10.2 施工准备

1. 基准线设置

滑模摊铺混凝土面层的施工应设置基准线。基准线设置形式有单向坡双线式、单向坡单线式和双向坡双线式三种。基准线宽度除应保证摊铺宽度外，应满足两侧 650 ~ 1 000 mm 横向支距的要求。基准线桩纵向间距：直线段不应大于 10 m，竖、平曲线路段视曲线半径大小应加密布置，最小 2.5 m。

线桩固定时，基层顶面到夹线臂的高度宜为 450 ~ 750 mm。基准线桩夹线臂夹口到桩的水平距离宜为 300 mm。基准线桩应钉牢固。单根基准线的最大长度不宜大于 450 m。基准线拉力不应小于 1 000 N。

基准线设置后，严禁扰动、碰撞和振动。一旦碰撞变位，应立即重新测量纠正。多风季节施工时，应缩小基准线桩间距。

2. 下卧层准备

摊铺水泥混凝土之前，应再次检查下卧层的标高，对超出允许范围的部分应削除并重做沥青下封层；低于允许范围的部分不得使用其他材料填补。水泥混凝土面层摊铺施工之前，应清扫下卧层的表面并检查其裂缝情况。当出现有不规则的严重裂缝时，应将该段基层切割废弃，重新铺筑基层；废弃段基层的切缝断面应整齐，且应与路线中线垂直；基层的单条裂缝可进行灌缝处理，并骑缝布设加筋玻纤格栅；对布设的加筋玻纤格栅应采用热沥青粘贴，并采用 U 形钢钉将玻纤格栅钉牢于基层表面。

当基层上存在有横向人为切缝时，该切缝应采用合适的填缝料灌满，铺筑的水泥混凝土路面板上应设一条横向缩缝与基层上的人为切缝对齐。

3. 设备准备

施工前必须对机械设备、测量仪器、基准线或模板、机具工具及各种试验仪器等进行全面的检查、调试、标定、维修和保养。对主要施工机械的易损零部件应有适量储备。不同摊铺方式所要求的搅拌楼最小生产容量应满足《公路水泥混凝土路面施工技术细则》（JTG/T F30—2014）的规定。一般可配备 2 ~ 3 台搅拌楼，最多不宜超过 4 台。搅拌楼的规格和品牌尽可能统一。

搅拌楼的配备应符合《公路水泥混凝土路面施工技术细则》（JTG/T F30—2014）的规定。应优先选配间歇式搅拌楼，也可使用连续式搅拌楼。连续式搅拌楼应配备两个或一个长度足够的搅拌锅，并应在搅拌锅上配备电视监控设备。

6.2.10.3 材料要求

1. 水　泥

施工应采用旋窑生产的道路或普通硅酸盐水泥。水泥的物理性能和化学成分应符合图纸要求和《通用硅酸盐水泥》（GB 175—2007）、《道路硅酸盐水泥》（GB 13693—

2005）的规定，并符合《公路水泥混凝土路面施工技术细则》（JTG/T F30—2014）的规定。

当采用机械化铺筑时，宜选用散装水泥，散装水泥的夏季出厂温度应符合《公路水泥混凝土路面施工技术细则》（JTG/T F30—2014）的规定。水泥进场时，应附有产品合格证及化验单。承包人应对品种、强度等级、包装、数量、出厂日期等进行检查验收，并报监理人审批。

2. 粗集料

粗集料的级配范围应符合表 6-50 的要求。

表 6-50　碎石级配范围

粒径/mm	通过下列方孔筛（mm）的质量百分率/%						
	31.5	26.5	19.0	16.0	9.50	4.75	2.36
4.75 ~ 26.5	100	95 ~ 100	60 ~ 75	30 ~ 50	10 ~ 30	0 ~ 10	0 ~ 5

粗集料采用坚硬、耐磨、洁净的石灰岩或卵石轧制成的碎石，形状接近立方体，针片状颗粒含量不大于 15%，水洗法＜0.075 mm 的颗粒含量不大于 1%，其压碎值不得大于 24%，软弱颗粒含量不大于 3%。当怀疑有碱活性集料或夹杂有碱活性集料时，应进行碱集料反应检验，确认无碱集料反应后，方可使用。

在含碱环境中（如盐碱地、含碱工业废水侵蚀）的混凝土，不得使用含有活性成分的集料。当粗集料中含有活性二氧化硅或其他活性成分时，水泥中碱的含量不应大于 0.6%，并应按照《公路工程集料试验规程》（JTG E42—2005）的规定进行试验，确认对混凝土质量无有害影响方可施工。

3. 细集料

细集料采用粗集料加工过程中形成的石屑以及由专门设备加工的机制砂或天然砂，细集料的技术指标应符合图纸要求。

砂按细度模数分为粗砂、中砂、细砂。路面用天然砂宜为中砂，细度模数宜在 2.5 以上。同一配合比用砂的细度模数变化范围不应超过 0.3，否则，应分别堆放，并调整配合比中的砂率后使用。

当怀疑有碱活性集料或夹杂有碱活性集料时，应进行碱集料反应检验，确认无碱集料反应后，方可使用。

4. 水

混凝土搅拌和养护用水应清洁，宜采用饮用水。对水质有疑问或使用非饮用水时，应进行检验，并符合下列规定：

（1）硫酸盐含水量（按 SO_4^{2-} 计）不得超过 2 700 mg/L。

（2）含盐量不得超过 5 000 mg/L。

（3）pH 值不得小于 4。

（4）不得含有油污、泥和其他有害杂质。

（5）海水不得作为混凝土拌和用水。

5. 钢　筋

钢筋应符合图纸及《钢筋混凝土用钢 第 2 部分：热轧带肋钢筋》（GB 1499.2—2007）和《钢筋混凝土用钢 第 1 部分：热轧光圆钢筋》（GB 1499.1—2008）的要求，并保持顺直，不得有裂缝、断伤、刻痕、表面油污和颗粒状或片状锈蚀。

6. 缝材料

胀缝板宜选用沥青纤维板、泡沫橡胶板或泡沫树脂板等材料。其技术要求应符合图纸及《公路水泥混凝土路面施工技术细则》（JTG/T F30—2014）的要求和图纸要求。

填缝料可选用聚氨酯，其技术要求应符合《公路水泥混凝土路面施工技术细则》（JTG/T F30—2014）的规定和图纸要求。

7. 其他材料

用于混凝土路面养护的养生剂、用于防裂缝修补的材料和传力杆套（管）帽、沥青及塑料薄膜等材料的技术性能及物理力学性能应符合《公路水泥混凝土路面施工技术细则》（JTG/T F30—2014）的规定。

6.2.10.4　配合比设计

普通混凝土配合比设计适用于滑模摊铺机、轨道摊铺机、三辊轴机组和小型机具四种施工方式。配合比设计在兼顾经济性的同时应满足弯拉强度、工作性、耐久性等三项技术要求。三项技术要求应符合图纸要求及《公路水泥混凝土路面施工技术细则》（JTG/T F30—2014）的有关规定。

路面混凝土满足耐久性要求的最大水灰比和最小水泥用量应符合表 6-51 的规定。

表 6-51　混凝土满足耐久性要求的最大水（胶）灰比和最小单位水泥用量

<table>
<tr><td colspan="2">公路等级</td><td>高速公路（收费站）</td></tr>
<tr><td colspan="2">最大水（胶）灰比</td><td>0.44</td></tr>
<tr><td colspan="2">抗冰冻要求最大水（胶）灰比</td><td>0.42</td></tr>
<tr><td colspan="2">抗盐冻要求最大水（胶）灰比</td><td>0.40</td></tr>
<tr><td rowspan="2">最小单位水泥用量/（kg/m³）</td><td>42.5 级</td><td>300</td></tr>
<tr><td>32.5 级</td><td>310</td></tr>
<tr><td rowspan="2">抗冰（盐）冻时最小单位水泥用量/（kg/m³）</td><td>42.5 级</td><td>320</td></tr>
<tr><td>32.5 级</td><td>330</td></tr>
<tr><td rowspan="2">掺粉煤灰时最小单位水泥用量/（kg/m³）</td><td>42.5 级</td><td>260</td></tr>
<tr><td>32.5 级</td><td>280</td></tr>
</table>

续表

公路等级	高速公路（收费站）
抗冰（盐）冻掺粉煤灰最小单位水泥用量（42.5 级水泥）/（kg/m^3）	280
注：① 掺粉煤灰，并有抗冰（盐）冻性要求时，不得使用 32.5 级水泥。 ② 水灰（胶）比计算以砂石料的自然风干状态计（砂含水量≤1.0%，石子含水量≤0.5%）。 ③ 处在除冰盐、海风、酸雨或硫酸盐等腐蚀性环境中，或在大纵坡等加减速车道上，最大水灰（胶）比可比表中数值降低 0.01～0.02。	

外加剂的掺量应由混凝土试配试验确定。在夏季高温下施工时，混凝土拌和物的初凝时间不得小于 3 h，小于 3 h 时应采取缓凝或保塑措施；低温和负温施工时的终凝时间不得大于 10 h，大于 10 h 时，应采取必要的促凝或早强措施。

水泥混凝土路面普通混凝土配合比参数的计算和配合比计算及配合比调整等均按《公路水泥混凝土路面施工技术细则》（JTG/T F30—2014）的有关规定进行。承包人应将计划用于铺筑水泥混凝土面层的各层材料，至少在用于工程之前 28 d，通过试验进行混合料组成配合比设计，这些设计应包括材料标准试验、混凝土弯拉强度、集料级配、水灰比、坍落度、水泥用量、质量控制等，承包人应及时提供所有设计、试验报告单和详细说明，报监理人批准。混凝土的试配强度按设计强度提高 10%～15%。

承包人应按上述混合料的设计通过混凝土的试拌，检验混凝土混合料的配合比，报监理人审批，并在整个施工过程中，按照质量管理要求对混凝土的质量和混合料配合比进行自检。已批准的混凝土混合料的生产方法和材料，未经监理人的同意不得改变。如确需改变时，承包人应重新做试拌试验报批。

6.2.10.5　施工要点

1. 混合料拌和、运输

水泥混凝土路面板的拌和、运输，应按照《公路水泥混凝土路面施工技术细则》（JTG/T F30—2014）的有关规定办理。

（1）混合料拌和。

每台搅拌楼在投入生产前，必须进行标定，并试拌正常。在标定有效期满或搅拌楼搬迁安装后，均应重新标定。施工中应每 15 d 校验一次搅拌楼计量精确度。搅拌过程中，拌和物质量检验与控制应符合表 6-52 和表 6-53 的规定。低温或高温天气时施工，拌和物出料温度宜控制在 10～35 °C，并应测定原材料温度、拌和物的温度、坍落度损失率和凝结时间等。

表 6-52　混凝土原材料的检测项目和频率

材料	检查项目	检查频度
水泥	抗折强度、抗压强度、安定性	机铺 1 500 t 一批
	凝结时间、标稠需水量、细度	机铺 2 000 t 一批

续表

材料	检查项目	检查频度
水泥	f-GaO、f-MgO、SO_3、铝酸三钙、铁铝酸四钙含量，干缩率、耐磨性、碱度、混合材料种类及数量	每标段不少于3次，进场前必测
	温度、水化热	冬、夏季施工随时检测
粉煤灰	活性指数、细度、烧失量	机铺1 500 t一批
	需水量比、SO_3含量	每标段不少于3次，进场前必测
粗集料	针片状、超径颗粒含量、级配、表观密度、堆积密度、空隙率	机铺2 500 m^3一批
	含泥量、泥块含量	机铺1 000 m^3一批
	坚固性、岩石抗压强度、压碎指标	每种粗集料每标段不少于2次
	碱集料反应	怀疑有碱活性集料进场前测
	含水量	降雨或温度变化随时测
砂	细度模数、表观密度、堆积密度、空隙率、级配	机铺2 000 m^3一批
	含泥量、泥块、石粉含量	机铺1 000 m^3一批
	坚固性	每种砂每标段不少于3次
	云母含量、轻物质与有机物含量	目测有云母或杂质时测
	含盐量（硫酸盐，氯盐）	必要时测，淡化海砂每标段3次
	含水量	降雨或湿度变化随时测
外加剂	减水剂减水率、液体外加剂含固量和相对密度粉状外加剂的不溶物含量	机铺5 t一批
	引气剂引气量、气泡细密程度和稳定性	机铺2 t一批
钢纤维	抗拉强度、弯折性能、长度、长径比、形状	开工前或有变化时，每标段3次
	杂质、质量及其偏差	机铺50 t一批
养生剂	有效保水率、抗压强度比、耐磨性、耐热性、膜水溶性	开工前或有变化时，每标段3次
	含固量、成膜时间	试验路段测，施工每5 t测1次
水	pH值、含盐量、硫酸根及杂质含量	开工前和水源有变化时
注：① 开工前，所有原材料项目均应检验；当原材料规格、品种、生产厂、来源变化时，必检。 ② 机铺指滑模、轨道、三辊轴机组和碾压混凝土摊铺，数量不足一批时，按一批检验。		

表6-53 混凝土拌和物的质量检验项目和频率

检查项目	检查频度
	高速、一级公路
水灰比及稳定性	每500 m^3抽检1次，有变化随时测
坍落度及其均匀性	每工班测3次，有变化随时测

续表

检查项目	检查频度
	高速、一级公路
坍落度损失率	开工、气温较高和有变化随时测
振动黏度系数	试拌、原材料和配合比有变化时测
钢纤维体积率	每工班测 2 次，有变化随时测
含气量	每工班测 2 次，有抗冻要求不少于 3 次
泌水率	必要时测
视密度	每工班测 1 次
温度、凝结时间水化发热量	冬、夏季施工，气温最高低时，每工班最少测 1~2 次
离析	随时观察
VC 值及稳定性、压实度、松铺系数	碾压混凝土作复合式路面底层时，检查频率与其他公路相同
注：① 混凝土拌和物振动黏度系数试验方法见《公路水泥混凝土路面滑模施工技术规程》（JTJ 0.37.1—2000）附录 A。 ② 钢纤维混凝土拌和物钢纤维体积率试验方法见《公路水泥混凝土路面施工技术细则》（JTG/T F30—2014）。	

（2）混合料运输。

混合料运输应根据施工进度、运量、运距及路况，选配车型和车辆总数。总运力应比总拌和能力略有富余。确保新拌混凝土在规定时间内运到摊铺现场。

运输到现场的拌和物必须具有适宜摊铺的工作性。不同摊铺工艺的混凝土拌和物从搅拌机出料到运输、铺筑完毕的允许最长时间应符合表 6-54 的规定。不满足时应通过试验、加大缓凝剂或保塑剂的剂量。

表 6-54　混凝土拌和物运输、铺筑完毕允许最长时间

施工气温*/°C	运输允许最长时间/h		铺筑完毕允许最长时间/h	
	滑模、轨道	三轴、小机具	滑模、轨道	三轴、小机具
5~9	2.0	1.5	2.5	2.0
10~19	1.5	1.0	2.0	1.5
20~29	1.0	0.75	1.5	1.25
30~35	0.75	0.50	1.25	1.0
注：*指施工时间的日间平均气温，使用缓凝剂延长凝结时间后，本表数值可增加 0.25~0.5 h。				

2. 滑模机械铺筑

（1）滑模摊铺的机械设备。

滑模摊铺混凝土路面宜选配能一次摊铺 2 ~ 3 个车道宽度（7.5 ~ 12.5 m）的滑模摊铺机。硬路肩的摊铺宜选配中、小型多功能滑模摊铺机，并宜连体一次摊铺路缘石。可按《公路水泥混凝土路面施工技术细则》（JTG/T F30—2014）的要求选择滑模摊铺机。

滑模摊铺路面时，承包人应根据路面结构、工期要求、公路等级及监理要求配齐摊铺机、搅拌机、搅拌站、运输车辆、布料设备、抗滑构造施工设备、切缝设备等。机械配套可参照《公路水泥混凝土路面施工技术细则》（JTG/T F30—2014）的要求进行。

滑模摊铺施工应设置基准线。基准线形式、基准线器具、基准线设置及基准线的施工要求应符合《公路水泥混凝土路面施工技术细则》（JTG/T F30—2014）的有关规定。

（2）滑模摊铺准备。

滑模摊铺混凝土路面开始前，承包人的所有施工设备和机具应全部就位，且处于良好状态。基层、封层表面及履带行走部位应清扫干净。摊铺面板位置应洒水湿润，并不得积水。

横向连接摊铺时，前次摊铺路面纵缝的溜肩胀宽部位应切割顺直。侧边拉杆应校正扳直，缺少的拉杆应钻孔锚固置入。纵向施工缝的上半部缝部应满涂沥青。

（3）混凝土布料。

滑模摊铺机前的正常料位高度应在螺旋布料器叶片最高点以下，亦不得缺料。卸料、布料应与摊铺速度相协调。当坍落度在 10 ~ 50 mm 时，布料松铺系数宜控制在 1.08 ~ 1.15 之间。布料机与滑模摊铺之间施工距离宜控制在 5 ~ 10 mm。摊铺钢筋混凝土路面、桥面或搭板时，严禁任何机械开上钢筋网。

（4）滑模摊铺机作业。

滑模摊铺机的施工参数设定、校准和摊铺操作技术要领及摊铺中问题的处置等参照《公路水泥混凝土路面施工技术细则》（JTG/T F30—2014）中的规定执行。摊铺过程中应采用自动抹平板装置进行抹面。对少量局部麻面和明显缺料部位，应在挤压板后或搓平梁前补充适量拌和物，由搓平梁或抹平板机械修整。滑模摊铺的混凝土面板在下列情况下，可用人工进行局部修整：第一，用人工操作抹面抄平器，精整摊铺机后表面的小缺陷，但不得在整个表面加薄层修补路面标高；第二，对纵缝边缘出现的倒边、塌边、溜肩现象，应顶侧模或在上部支方铝管进行边缘补料修整；第三，对起步和纵向施工接头处，应采用水准仪抄平并采用大于 3 m 的靠尺边测边修整。

滑模摊铺结束后，应丢弃端部的混凝土和摊铺机振动仓内遗留下的纯砂浆，两侧模板应向内各收进 20 ~ 40 mm，收口长度宜比滑模摊铺机侧模板略长，并宜在第二天硬切横向施工缝，也可当天软作施工横缝。施工缝部位应设置传力杆，并应满足图纸要求的路面平整度、高程、横坡和板长要求。当天施工作业结束，必须及时清洗滑模摊铺机，并进行当日保养，如加油加水、打润滑油等。

3. 模板架设与拆除

公路混凝土路面板、桥面板和加铺层的施工模板应采用刚度足够的槽钢、轨模或钢制边侧模板，不应使用木模板、塑料模板等其他易变形的模板。模板的精确度及尺寸要求应符合《公路水泥混凝土路面施工技术细则》（JTG/T F30—2014）的规定。

横向施工缝端模板应按图纸规定的传力杆直径和间距设置传力杆插入孔和定位套管。模板或轨模数量应根据施工进度和施工气温确定，并应满足拆模周期内周转需要。

模板架设和安装及拆除的技术要求及允许偏差应符合《公路水泥混凝土路面施工技术细则》（JTG/T F30—2014）的规定。

4. 三辊轴机组铺筑

（1）三辊轴机组设备要求。

三辊轴整平机的主要技术参数应满足施工需要。当板厚 200 mm 以上时宜采用直径 168 mm 的辊轴，桥面铺装或厚度较小的路面可采用直径为 219 mm 的辊轴。轴长宜比路面宽度长出 600 ~ 1 200 mm。

三辊轴机组铺筑混凝土面板时，必须同时配备一台安装插入式振捣棒组的排式振捣机。当铺装桥面厚度小于 150 mm 时，可采用振捣梁。当面板厚度较大和坍落度较低时，宜使用 100 Hz 以上的高频振捣棒。当一次摊铺双车道路面时应配纵缝拉杆插入机，并配有插入深度控制和拉杆间距调整装置。

其他施工辅助配套设备承包人可根据施工需要选配。

（2）三辊轴机组铺筑。

三辊轴机组铺筑面层工艺流程宜按《公路水泥混凝土路面施工技术细则》（JTG/T F30—2014）的规定顺序施工，并应有专人指挥车辆均匀卸料。布料应与摊铺速度相适应，不适应时应配备适当的布料机械。坍落度为 10 ~ 40 mm 的拌和物，松铺系数为 1.12 ~ 1.25。

混凝土拌和物布料长度大于 10 m 时，可开始振捣作业。密排振捣棒组间歇插入振实时，每次移动距离不宜超过振捣棒有效作用半径的 1.5 倍，并不得大于 500 mm，振捣时间宜为 15 ~ 30s。排式振捣机连续拖行振实时，作业速度宜控制在 4 m/min 以内。

面板振实后，应随即安装纵缝拉杆。单车道摊铺的混凝土路面，在侧模预留孔中应按设计要求插入拉杆；一次摊铺双车道路面时，除应在侧模孔中插入拉杆外，还应在中间纵缝部位，使用拉杆插入机在 1/2 板厚处插入拉杆，插入机每次移动的距离应与拉杆间距相同。

（3）三辊轴整平机作业。

三辊轴整平机按作业单元分段整平，作业单元长度宜为 20 ~ 30 m，振捣机振实与三辊轴整平两道工序之间的时间间隔不宜超过 15 min。三辊轴滚压振实料位高差宜高于模板顶面 5 ~ 20 mm，过高时应铲除，过低应及时补料。

三辊轴整平机在一个作业单元长度内，应采用前进振动、后退静滚方式作业，宜分别滚压 2 ~ 3 遍。最佳滚压遍数应经过试铺确定。在三辊轴整平机作业时，应有专人处理轴前料位的高低情况，过高时，应辅以人工铲除，轴下有间隙时，应使用混凝土找补。

滚压完成后，将振动辊轴抬离模板，用整平轴前后静滚整平，直到平整度符合要求，表面砂浆厚度均匀为止。表面砂浆厚度宜控制在（4±1）mm，三辊轴整平机前方表面过厚、过稀的砂浆必须刮除丢弃。

应采用 3 ~ 5 m 刮尺，在纵、横两个方向进行精平饰面，每个方向不少于两遍。也可采用旋转抹面机密实精平饰面两遍。刮尺、刮板、抹面机、抹刀饰面的最迟时间不得迟于规定的铺筑完毕允许最长时间。

5. 轨道摊铺机铺筑

（1）轨道摊铺设备。

轨道摊铺机的选型应根据路面车道数或设计宽度按轨道摊铺机的技术参数选择。最小摊铺宽度不得小于单车道 3.75 m。其他设备根据施工需要配套采用。

（2）轨道摊铺机铺筑、振实及整平

使用轨道摊铺机前部配备的螺旋布料器或上下左右移动的刮板布料，这两种布料方式均要求料堆不得过高过大，亦不得缺料，可使用挖掘机、装载机或人工辅助布料。螺旋布料器前应保持面板以上 100 mm 左右的拌和物，布料器后宜配备松铺高度控制刮板。

轨道摊铺时的适宜坍落度按振捣密实情况宜控制在 20 ~ 40 mm 之间。不同坍落度时的松铺系数 *K* 可参考《公路水泥混凝土路面施工技术细则》（JTG/T F30—2014）确定，并按此计算出松铺高度。

当施工钢筋混凝土路面时，宜先用（两台）箱型轨道摊铺机分两层两次布料，可在第一层布料完成后，将钢筋网片安装好，再进行表面第二层布料，然后一次振实；也可两次布料两次振实，中间安装钢筋网。

轨道摊铺机应配备振捣棒组，振捣方式及混凝土表面振捣和修整等应按《公路水泥混凝土路面施工技术细则》（JTG/T F30—2014）的有关规定执行。

面板整平及饰面应符合下列要求：

第一，往复式整平滚筒前的混凝土堆积物应涌向横坡高的一侧，保证路面横坡高端有足够的料找平。

第二，及时清理因整平推挤到路面边缘的余料，以保证整平精度和整平机械在轨道上的作业行驶。

第三，轨道摊铺机上宜配备纵向或斜向抹平板。纵向抹平板随轨道摊铺机作业行进可左右贴表面滑动并完成表面修整；斜向修整抹平板作业时，抹平板沿斜向左右滑动，同时随机身行进，完成表面修整。

6. 小型机具铺筑

承包人的小型机具性能应稳定可靠、操作简易、维修方便，机具套应与工程规模、施工进度相适应。选配的成套机械、机具应符合《公路水泥混凝土路面施工技术细则》（JTG/T F30—2014）的要求。

（1）摊铺。

承包人在混凝土拌和物摊铺前，应对模板的位置和支撑稳固情况及传力杆、拉杆的安设等进行全面检查。修复破损基层，并洒水润湿。用厚度标尺板全面检测板厚，与设计值相符，方可开始摊铺。

专人指挥自卸车尽量准确卸料。人工布料应用铁锹反扣，严禁抛掷和楼耙。人工摊铺混凝土拌和物的坍落度应控制在 5 ~ 20 mm 之间，拌和物松铺系数宜控制在 K=1.10 ~ 1.25，料偏干时取较高值，反之取较低值。因故造成 1 h 以上停工或达到 2/3 初凝时间，致使拌和物无法振实时，应在已铺筑好的面板端设置施工缝，废弃不能被振实的拌和物。

（2）振实。

当采用插入式振捣棒振实时，在待振横断面上，每车道路面应使用 2 根振捣棒，组成横向振捣棒组，沿横断面连续振捣密实，并应注意路面板底、内部和边角处不得欠振和漏振。振捣棒的振捣方法及注意事项宜按《公路水泥混凝土路面施工技术细则》（JTG/T F30—2014）的有关规定执行。

当采用振动板振实时，在振捣棒已完成振实的部位，可开始振动板纵横交错两遍全面提浆振实，每车道路面应配备 1 块振动板。振动板移位时，应重叠 100 ~ 200 mm，移位控制以振动板底部和边缘泛浆厚度（3±1）mm 为限。缺料的部位，应辅以人工补料找平。

当采用振动梁振实时，每车道路面宜使用 1 根振动梁。振动梁应具有足够刚度和质量，底部应焊或安装深度 4 mm 左右的粗集料压实齿，保证（4±1）mm 的表面砂浆厚度。振动梁应垂直于路面中线，沿纵向拖行，往返 2 ~ 3 遍，使表面泛浆均匀平整。在振动梁拖振整平过程中，缺料处应使用混凝土拌和物填补，不得用纯砂浆填补；料多的部位应铲除。

（3）整平饰面。

每车道路面应配备 1 根滚杠（双车道两根）。振动梁振实后，应拖动滚杠往返 2 ~ 3 遍提浆整平。多余水泥浆应铲除。托滚后的表面宜采用 3 m 刮尺，纵横各 1 遍整平饰面，或采用叶片式或圆盘式抹面机往返 2 ~ 3 遍压实整平饰面。抹面机配备每车道路面不宜少于 1 台。

在抹面机完成作业后，应进行清边整缝，清除黏浆，修补缺边、掉角。应使用抹刀将抹面机留下的痕迹抹平，当烈日暴晒或风大时，应加快表面的修整速度，或在防雨篷遮阴下进行。精平饰面后的面板表面应无抹面印痕，致密均匀，无露骨，平整度应达到规定要求。

7. 接缝施工

（1）纵缝施工。

当一次铺筑宽度小于路面和硬路肩总宽度时，应设置纵向施工缝，位置应避开轮迹，并重合或靠近车道线，构造可采用平缝加拉杆型。

当所摊铺的面板厚度≥260 mm时，也可采用插拉杆的企口形纵向施工缝。采用滑模施工时，纵向施工缝的拉杆可采用摊铺机的侧向拉杆装置插入。采用固定模板施工方式时，应在振实过程中，从侧模预留孔中手工插入拉杆。

当一次铺筑宽度大于4.5 m时，应采用假缝拉杆型纵缝，即锯切纵向缩缝，纵缝位置应按车道宽度设置，并在摊铺过程中用专用的拉杆插入装置插入拉杆。桥面与搭板纵缝拉杆可由横向钢筋延伸穿过接缝代替。

插入或置入的侧向拉杆应牢固，不得松动、碰撞或拔出。若发现拉杆松脱、拔出或未插入，应在横向相邻路面摊铺前，钻孔重新置入拉杆。当发现拉杆可能被拔出时，宜进行拉杆拔出力（握裹力）检验，混凝土与拉杆握裹力试验方法可参照《公路水泥混凝土路面施工技术细则》（JTG/T F30—2014）。

（2）横向施工缝。

每天摊铺结束或摊铺中断时间超过30 min时，应设置横向施工缝。其位置宜与胀缝或缩缝重合，确有困难不能重合时，施工缝应采用设螺纹传力杆的企口缝形式。横向施工缝应与路中心线垂直。横向施工缝在缩缝处采用平缝加传力杆型。

（3）横向缩缝施工。

普通混凝土路面横向缩缝宜等间距布置。不宜采用斜缩缝和不等间距缩缝。不得不调整板长时，最大板长宜不大于6.0 m，最小板长不宜小于板宽。

在中、轻交通的公路混凝土路面上，横向缩缝可采用不设传力杆假缝型。在特重和重交通公路、收费广场、邻近胀缝或路面自由端的3条缩缝应采用假缝加传力杆型。钢筋支架应具有足够的刚度，传力杆应准确定位，摊铺之前应在基层表面放样，并用钢钎锚固，宜使用手持振捣棒振实传力杆高度以下的混凝土，然后机械摊铺。

（4）胀缝设置与施工。

普通混凝土路面的胀缝应按图纸要求和《公路水泥混凝土路面施工技术细则》（JTG/T F30—2014）的规定设置。

拉杆、胀缝板、传力杆及其套帽、滑移端设置精确度应符合《公路水泥混凝土路面施工技术细则》（JTG/T F30—2014）的要求。

贫混凝土基层、各种混凝土面层、加铺层、格面和搭板的纵、横向缩缝均应采用切缝法施工。切缝作业应按《公路水泥混凝土路面施工技术细则》（JTG/T F30—2014）的规定执行。

8. 填 缝

混凝土面板所有接缝凹槽都应按图纸规定，用填缝料填缝。填缝材料和填缝方法应经监理人批准。缝槽应在混凝土养生期满后及时填缝，填缝前必须保持缝内干燥清洁，防止砂石等杂物掉入缝内。填缝前应经监理人检查。

填缝料应与混凝土缝壁黏附紧密，其灌注深度宜为缝宽的 2 倍，当深度大于 30 ~ 40 mm 时，可填入多孔柔性衬底材料。在夏季应使填缝料灌至与板面齐平；在冬季则应稍低于板面。在开放交通前，填缝料应有充分的时间硬结。

9. 混凝土路面养生

混凝土路面铺筑完成或软作抗滑构造完毕后应立即开始养生。机械摊铺的各种混凝土路面、桥面及搭板宜采用喷洒养生剂同时保湿覆盖的方式养生。在雨天或养生用水充足的情况下，也可采用覆盖保湿膜、土工毡、土工布、麻袋、草袋、草帘等洒水湿养生方式。不宜使用围水养生方式。

混凝土路面采用喷洒养生剂养生和覆盖物保温养生应按《公路水泥混凝土路面施工技术细则》（JTG/T F30—2014）的有关规定执行。

10. 特殊气候条件下的施工

（1）一般要求。

承包人应根据图纸提供的当地气象资料及承包人收集的月、旬、日天气预报资料，遇有影响混凝土路面施工质量的天气时，应暂停施工或采取必要的防范措施，制订特殊气候的施工方案。

混凝土路面施工如遇下述条件之一者，必须停工：

第一，现场降雨；

第二，风力大于 6 级，风速在 10.8 m/s 以上的强风天气；

第三，现场气温高于 40 °C 或拌和物摊铺的温度高于 35 °C；

第四，摊铺现场连续 5 昼夜平均气温低于 5 °C，夜间最低气温低于-3 °C。

（2）雨天施工。

当降雨影响路表面质量时应停止施工。雨季施工时应准备足够的防雨篷或塑料薄膜，对被暴雨冲刷后，路面平整度严重劣化的部位，应尽早铲除重铺。

（3）刮风天施工。

在日照较强，空气干燥的多风季节或经常刮风的地区，为防止路面发生塑性收缩而产生开裂，应采取《公路水泥混凝土路面施工技术细则》（JTG/T F30—2014）的相应措施。

（4）高温季节施工。

当现场气温高于 30 °C，应避开中午高温时段施工，若不能避开应采取相应的降温技术措施。无论在什么情况和条件下，混凝土拌和物的出料温度均不宜超过 35 °C。夏季高温气候施工时，应随时加测气温和水泥、拌和水、拌和物及路面温度。必要时要加测混凝土水化热。

（5）低温季节施工。

冬季负温施工，当最低温度为−3 °C 以下时，应采用路面保温覆盖措施施工。最低气温在−10 °C 以下时，应同时采用保温覆盖和加防冻剂的冬季负温施工方法。搅拌机出料温度不得低于 10 °C，摊铺混凝土温度不得低于 5 °C。否则应采用热水拌和混凝土。冬季负温施工覆盖保温养生的最少天数不得少于 21 d。养生方式为先洒养生剂，加塑料薄膜保湿，再盖保温材料保温。

11. 混凝土面板的移除及更换

凡不符合规定要求的混凝土面板应根据监理人指示予以凿除并重新摊铺，其费用由承包人负担。

凿除范围应是横向接缝间的全部混凝土，并将基底清理干净，经监理人验收合格后，再进行混凝土摊铺。

12. 取样和试验

施工单位应随时对施工质量进行自检。混凝土路面的原材料、拌和物自检项目和频率应按表 6-55 的规定进行。当施工、监理、监督人员发现异常情况时，应加大检测频率，找出原因，及时处理。应利用计算机实行动态质量管理。其方法见《公路水泥混凝土路面施工技术细则》（JTG/T F30—2014）的规定。

表 6-55　混凝土路面的检验项目、方法和频率

项次	检查项目	检查方法和频率	
		高速公路、一级公路	其他公路
1	弯拉强度	每班留 2～4 组试件，日进度＜500 m 取 2 组，≥500 m 取 3 组，≥1 000 m 取 4 组，测 f_{cs}、f_{min}、C_v	每班留 1～3 组试件，日进度＜500 m 取 1 组，≥500 m 取 2 组，≥1 000 m 取 3 组，测 f_{cs}、f_{min}、C_v
	钻芯劈裂强度	每车道每 3 km 钻取 1 个芯样，硬路肩为 1 个车道，测平均 f_{cs}、f_{min}、C_v、板厚 h	每车道每 3 km 钻取 1 个芯样，硬路肩为 1 个车道，测平均 f_{cs}、f_{min}、C_v、板厚 h
2	板厚度	路面摊铺宽度内每 100 m 左右各 2 处，连接摊铺每 100 m 单边 1 处，参考芯样	路面摊铺宽度内每 100 m 左右各 1 处，连接摊铺 100 m 单边 1 处，参考芯样
3	3 m 直尺平整度	每半幅车道 100 m 2 处 10 尺	每半幅车道 200 m 2 处 10 尺
	动态平整度	所有车道连续检测	所有车道连续检测
4	抗滑构造深度	铺砂法：每幅 200 m 2 处	铺砂法：每幅 200 m 1 处
5	相邻板高差	尺测：每 200 m 纵横缝 2 条，每条 3 处	尺测：每 200 m 纵横缝 2 条，每条 2 处

续表

项次	检查项目	检查方法和频率	
		高速公路、一级公路	其他公路
6	连接摊铺纵缝高差	尺测：每 200 m 纵向工作缝，每条 3 处，每处间隔 2 m 3 尺，共 9 尺	尺测：每 200 m 纵向工作缝，每条 2 处，每处间隔 2 m 3 尺，共 6 尺
7	接缝顺直度	20 m 拉线测：每 200 m 6 条	20 m 拉线测：每 200 m 4 条
8	中线平面偏位	经纬仪：每 200 m 6 点	经纬仪：每 200 m 4 点
9	路面宽度	尺测：每 200 m 6 处	尺测：每 200 m 4 处
10	纵断高程	水准仪：每 200 m 6 点	水准仪：每 200 m 4 点
11	横坡度	水准仪：每 200 m 6 个断面	水准仪：每 200 m 4 个断面
12	断板率	数断板面板块占总块数比例	数断板面板块占总块数比例
13	脱皮裂纹露石缺边掉角	量实际面积，并计算与总面积比	量实际面积，并计算与总面积比
14	路缘石顺直度和高度	20 m 拉线测：每 200 m 4 处	20 m 拉线测：每 200 m 2 处
15	灌缝饱满度	尺测：每 200 m 接缝 6 处	尺测：每 200 m 接缝 4 处
16	切缝深度	尺测：每 200 m 6 处	尺测：每 200 m 测 4 处
17	胀缝表面缺陷	每条观察填缝及啃边断角	每条观察填缝及啃边断角
18	胀缝板连浆	每条胀缝板安装时测量	每条胀缝板安装时测量
	胀缝板倾斜	尺测：每块胀缝板每条两侧	尺测：每块胀缝板每条两侧
	胀缝板弯曲和移位	尺测：每块胀缝板每条 3 处	尺测：每块胀缝板每条 3 处
19	传力杆偏斜	钢筋保护层仪：每车道 4 根	钢筋保护层仪：每车道 3 根
注：路面钻芯劈裂强度应换算为实际面板弯拉强度进行质量评定。			

浇筑完成的混凝土板，应检查实际强度，可现场钻取圆柱试件，进行圆柱劈裂强度的试验，以圆柱劈裂强度推算小梁弯拉强度。如果试件表明混凝土的 28 d 强度不能达到规定的强度，则承包人可以从相应龄期地点的混凝土构件中切取样品，对照其强度。切取样品的尺寸和切取试件的部门均由监理人决定，取件后由承包人负责修复孔穴，其费用由承包人承担。

6.2.10.6　质量控制

1. 基本要求

路线符合图纸要求。混凝土的摊铺、捣实、整平与混凝土面板养护符合规范要求。接缝的位置、规格、尺寸和传力杆、拉力杆的设置以及面板补强钢筋的布设等符合图纸和规范要求。路面的平整度和构造深度符合规范要求。

2. 路面铺筑质量

公路混凝土路面铺筑质量要求见表 6-56。

表 6-56　公路混凝土路面铺筑质量要求

项次	检查项目		允许值
1	弯拉强度/MPa		百分之百符合《公路水泥混凝土路面施工技术细则》（JTG/T F30—2014）的规定
2	板厚度/mm		代表值≥-5，极值≥10；C_v 值符合设计要求
3	平整度	σ/mm	≤1.2
		IRI/（m/km）	≤2.0
		3 m 直尺最大间隙 Δh/mm	3.0（合格率应≥90%）
4	抗滑构造深度/mm		0.70 ~ 1.10
5	相邻板高差/mm		≤2
6	连接摊铺纵缝高差/mm		平均值≤3，极值≤5
7	接缝顺直度/mm		≤10
8	中线平面偏位/mm		≤20
9	路面宽度/mm		±20
10	纵断高程/mm		±10
11	横坡率/%		±0.15
12	断板率/‰		≤2
13	脱皮印痕裂纹露石缺边掉角/‰		≤2
14	路缘石顺直度和高度/mm		≤20
15	灌缝饱满度/mm		≤2
16	切缝深度/mm		≥50
17	胀缝表面缺陷		不应有
18	胀缝板连浆/mm 胀缝板倾斜/mm 胀缝板弯曲和移位/mm		≤20 ≤20 ≤10
19	传力杆偏斜/mm		≤10
注：路面钻芯劈裂强度应换算为实际面板弯如强度进行质量评定。			

3. 外观鉴定

混凝土板表面脱皮、印痕、裂纹、露石、蜂窝、麻面、缺边、掉角等有缺陷的面积不得超过受检面积的 2‰。混凝土的断裂块数不得超过评定路段混凝土板总块数的 2‰。

路面边线直顺、曲线圆滑。接缝填缝料饱满密实、黏结牢固、缝缘清结整齐。

6.2.11 水泥混凝土桥面沥青铺装层

6.2.11.1 一般要求

如图 6-55 所示，在桥面水泥混凝土顶面洒布专用防水黏结层。

图 6-55 桥面沥青铺装结构示意图

水泥混凝土桥面在防水黏结层施工前，应进行桥面板处理，并应经过验收合格。桥头搭板黏结层应与桥面防水黏结层同步施工，技术要求与桥面防水黏结层相同。

桥面防水黏结层宜在干燥和气温较高的天气施工，应避免雨、雾等影响。气温低于 10 °C 时，不得进行施工。为避免桥梁结构其他部位遭受污染，应采用塑料薄膜和胶黏带事先覆盖。

桥面防水黏结层应在桥面沥青铺装层施工前 1～2 d 内进行施工，不宜过早。桥面防水黏结层施工结束后，立即进行封闭管理，杜绝后期污染。

6.2.11.2 桥面板处理

1. 施工准备

按不同的工艺配备相应的机械设备。抛丸工艺应配备抛丸机，精铣刨工艺应配备铣刨机、自卸车等。

桥面板处理施工前应对水泥混凝土桥面进行检查与验收，如有脱空、破损、开裂等问题，应及时处理。

正式施工前，应选择一段桥面进行试验段施工，确定相应的处理工艺。

2. 施工要点

桥面板处理推荐采用抛丸、精铣刨两种方式，处理后应满足水泥混凝土桥面处理质量控制标准。如原桥面板提浆过多无法满足抛丸露骨率要求时，应采用精铣刨进行处理。

（1）抛丸施工。

抛丸机按照试验段确定的行走速度匀速行驶。多台抛丸机作业采用并行直线连续抛丸方式，两台机械作业宽度重叠 1～5 cm，使搭接的部位保持平整。

抛丸露骨率应不小于 20%，若达不到规定的露骨率时应进行二次抛丸。抛丸处置后的表面应有均匀的粗糙度和良好的清洁度。抛丸无法处置的边角等部位，可采用手推式打磨机补充处置。抛丸处置后应尽快进行防水黏结层的施工，减少二次污染。

桥面应平整，钢筋头突起物应凿除，以免影响抛丸设备出现漏砂等现象。油污、锈迹、杂物、尘土应清理、清扫干净，防止施工过程中污染。对抛丸处置后，桥面暴露出来的裂缝、孔洞等缺陷，应采用水泥浆或环氧树脂等修复。若桥面出现严重龟裂，应返工处理。

（2）精铣刨施工。

按照设备型号确定适宜的工作宽度，铣刨机行走速度按试验段确定的方案执行。一般铣刨深度 3 ~ 5 mm，作业面重叠宽度 10 ~ 20 cm，搭接部分应保持平整。

由于桥面不平整造成漏白部分宜采用窄幅铣刨机补铣刨，或用抛丸机进行处置。铣刨渣清扫，自卸车随铣刨机行驶，同步进行接料清理。等铣刨面干燥后，用小型清扫机和人工进行清扫，用空压机强风吹净，保证界面清洁、干净。

桥面应平整，突出物应凿除，不使铣刨机发生空刀。油污、锈迹、养护剂、尘土应清理干净，防止施工过程中二次污染。对铣刨处置后所暴露出来的裂缝、孔洞等缺陷，应采用水泥浆或环氧树脂等修复。若出现严重龟裂，应返工处理。

3. 质量控制

经处理后的混凝土桥面应洁净、干燥并具有一定粗糙度，满足表 6-57 的规定。

表 6-57　水泥混凝土桥面处理质量控制标准

检查项目	质量控制标准	检查方法和频率
平整度/mm	没有明显突起或下凹，3 m 直尺最大间隙不大于 5、高程偏差不大于 15	需要时
清洁度	指触无明显灰尘	目测
露骨率（限抛丸）/%	＞20	随机检测，露骨率采用标准板法

6.2.11.3　桥面防水黏结层施工

1. 材料要求

桥面防水黏结层涂料采用二阶反应型防水黏结材料，其技术指标应满足表 6-58 的要求。

表 6-58　桥面防水涂料常规技术指标要求

项目	指标	试验方法
外观	黑色液体	目测
含水率/%	＜0.3	卡氏滴定法（KF）
渗透深度/mm	2 ~ 5	见注
延伸性/mm	≥6	GB/T 16777—1997
低温柔韧性（−25 °C±2 °C）	无断裂纹	GB/T 16777—1997

续表

项目		指标	试验方法
黏结强度/MPa	25 °C	≥0.6	参照 JC/T 975—2005，拉拔力试验仪，拉伸速度 0.1 MPa/s
	50 °C	≥0.4	参照 JC/T 975—2005，拉拔力试验仪，拉伸速度 0.1 MPa/s
剪切强度/MPa	25 °C	≥0.6	参照 JC/T 975—2005，夹角 40 °C，温度 25 °C
	50 °C	≥0.4	参照 JC/T 975—2005，夹角 40 °C，温度 50 °C
干燥性（25 °C）/h	表干	≤2	GB/T 16777—1997
	实干	≤4	GB/T 16777—1997
不透水性（0.3 MPa）		30 min 不渗水	GB/T 16777—1997
耐热性		160±2 °C，无流淌和滑动	JC/T 975—2005
抗冻性（-20 °C）		20 次不开裂	JC 408—1991
抗刺破及渗水		暴露轮碾试验（0.7 MPa，100 次）后，0.3 MPa 水压下不渗水	GB/T12952—1991
注：在干燥、粗糙的水泥混凝土试件上涂刷二阶反应型防水黏结材料，待干燥后，将试件从中间劈开，在劈开面上洒水或将整个试件浸水 3～5 min 进行饱水处理，最后，观察试件劈开面的颜色变化，采用卡尺测量劈开面的干燥区域尺寸即二阶反应型防水黏结材料的渗透深度。			

2. 施工要点

在干燥、洁净、经喷砂打毛处理的水泥混凝土顶面均匀涂刷用量为 0.3 ~ 0.6 kg/m^2 的专用防水涂料（推荐用量 0.4 kg/m^2），形成防水黏结层，防水层必须全断面满布，达到无破洞、漏洒、脱开及起皮现象的要求。

雨天禁止施工，气温低于 5 °C 时不宜进行施工。

专用防水涂料施工完成 2 ~ 4 h 后，即可进行下一工序的施工，不能及时实施下一工序时，应封闭道路，禁止一切车辆通行，避免损坏防水层。

6.2.11.4 桥面沥青铺装层施工

1. 材料要求

桥面沥青铺装层施工材料要求满足热拌沥青混合料相关规定。

2. 施工准备

桥面沥青铺装层施工前的技术、机械、试验检测仪器、料场与材料及作业面准备按前列章节所述执行。

3. 施工要点

桥面沥青铺装层施工工艺与同一路段沥青面层基本相同。为确保桥面沥青铺装层的压实度及密水效果，摊铺速度以正常路面段的80%为宜。

桥面伸缩缝预留槽下部应采用碎石填塞、上部采用沥青混合料进行摊铺压实，标高应与桥面板一致。

桥面沥青铺装下层施工，应按设计做好桥面碎石盲沟的预留，保证桥面排水系统的完善。

桥面铺装的复压宜采用轮胎压路机或钢轮压路机进行，经试验或经验证明不致损坏桥梁结构时，也可采用水平振荡压路机碾压。桥面沥青铺装层施工时，严禁运输车辆在桥面上掉头、紧急制动，避免破坏桥面防水黏结层。

4. 质量控制

桥面沥青铺装层原材料、混合料、施工质量控制应按前列沥青混合路面章节所述执行。施工过程中随时进行外观（色泽、油膜厚度、表面空隙等）检查，发现铺装层局部渗水、严重离析时，必须采取补救措施。

桥面沥青铺装层施工过程中如发现“油斑”或局部光面时，应检查油石比、矿料级配是否偏离设计，拌和是否均匀，有无纤维、矿粉结团和用量偏离设计等情况，严重者应予铲除，并调整配合比。

桥面沥青铺装层与路面连接部位应连接平顺，并重点对桥面沥青铺装层压实度和渗水系数进行检查，其中渗水系数检测频率应为正常路面段的两倍。在铺筑桥面沥青铺装层过程中需对桥面防水黏结层的效果进行评定，确认防水黏结层完整不透水，与桥面板黏结良好。

6.2.12 安全生产与文明施工

6.2.12.1 一般要求

参与路面施工与管理的单位，均应设置安全生产管理机构，并配备专职安全员。项目经理、副经理、项目总工及专职安全员须取得相应安全生产考核合格证书，持证上岗。在施工准备过程中，应建立安全管理、文明施工制度，明确安全、文明施工管理措施和要求。专职安全员应参与工程施工组织设计和重大方案的决策，应对施工各环节、安全措施进行验收和日常检查，建立健全安全管理档案。

施工区域应封闭管理，在进出口处设置禁行标识，禁止与施工无关人员进入施工作业区。在挖方、取土坑、电力设备等危险区域，应设置危险警示标志，必要时采取围挡措施。

路面工程施工过程中，应采取措施，避免对已完成的桥梁、隧道等工程造成损坏，引发安全事故。

6.2.12.2 安全生产

1. 安全生产基本要求

路面施工应贯彻“安全第一、预防为主、综合治理”的方针。施工前应对各种安全危险源进行辨识和评估，并应在施工过程中有针对性地采取各种有效措施，预防事故发生；对危险性较大的工程应编制专项方案；对存在重大安全事故危险源的工程，应预先建立重大事故应急预案，开展应急预案的演练。

正式施工前，应对所有参与拌和、运输、摊铺、碾压、检测等施工作业人员，进行安全培训。每日须进行工前安全交底，使作业人员掌握安全操作规程。作业过程中，须有专职安全员检查监督，严禁违规作业。

路面施工期间，为利于施工安全与污染控制，承包人应对负责的施工断面采取封闭措施并安排专人进行管理，必须对通行车辆建立发卡、登记制度。

2. 施工场地安全要求

路面工程施工场地的规划和临时设施的设置应满足安全施工的要求，并应符合下列规定：

（1）拌和场地、临时驻地、临时道路等的选址，应避开容易发生自然灾害或易受施工影响诱发地质灾害的地点。

（2）在炸药库、燃料库、沥青储存罐等危险源附近，应按规定设置安全警告标志牌，并配备相应的灭火器材。

（3）施工区域内的临时道路应保持畅通，临时码头、栈桥和便桥的位置应按批准的设计选址，并应设置相应的交通安全标志。出入口处应有专人管理，并应设置相应的交通安全标志。边通车边施工的路段，应进行交通导流方案设计，并应设置交通防护、警示和引导的标志；必要时，应取得交警部门支持实施交通管制。

（4）专职安全员应按安全生产规定，对炸药、燃料等易燃易爆物品的存放和使用进行管理，并定期进行安全检查，做好检查记录，确保施工安全。

（5）水泥罐、沥青罐、拌和楼等独立、突出设施应有避雷设施。

3. 临时用电安全要求

施工现场的临时用电安全应符合下列规定：

（1）应编制临时用电施工组织设计，内容包括确定电源进线、总配电箱、分配电箱的位置及线路定向，负荷计算，选择变压器容量和导线截面，制定安全用电技术措施和电气防火措施等。

（2）应严格按照临时用电施工组织设计与拌和场平面布置图进行电力线架设和管理，且动力和照明线必须分开架设。

（3）配电房（室）变压器等固定电力设备均设置安全防护屏障或网栅围栏，高度不低于 2.5 m，应设置明显的禁止、警告标志。

（4）施工现场临时用电应符合现行《施工现场临时用电安全技术规范》（JGJ 46—2005）的规定。工程专用的电源中性点、直接接地的 220/380 V 低压电力系统等，必须采用 TN-S 接零保护系统，并做到三级配电两级保护和“一机一箱一闸一漏”。

（5）电力作业人员必须持证上岗，按规定正确穿戴、使用劳动防护用品。

（6）配电箱内多路配电应有标记，配电箱应有门、锁和防雨措施，铁壳开关箱必须接地。所有电气设备必须完整、无破损、性能良好。必须使用安装带有漏电保护器的插座。漏电保护器应定期试验，确保性能可靠。严禁使用铜丝、铁丝等金属代替保险丝。严禁在一个开关上连接多台电动设备。

（7）夜间施工时，现场应设有满足施工安全要求的照明设施，且照明设施应加设网罩防护，严禁使用简易碘钨灯。所有作业人员必须穿反光背心，如图 6-56 所示。

图 6-56　路面中面层夜间施工现场

4. 石灰消解与拌和作业安全要求

石灰消解、拌和作业的施工安全应符合下列规定：

（1）石灰场应选择远离居民区、庄稼和易燃物的空旷场地，周围应设护栏，不得堆放在道路上，并应注意洒水防尘。

（2）消解石灰时，不得在浸水的同时投料、翻拌。从事石灰消解的作业人员必须穿戴规定的防护服装及设备。

（3）石灰消解和拌和时，作业人员应在上风向操作，并应采取防尘措施。

（4）拌和石灰时应轻拌、轻翻，严禁扬撒。

5. 混合料拌和作业安全要求

混合料拌和作业时的施工安全应符合下列规定：

（1）拌和机的各种机电（包括微电脑控制进料）设备，在运转前均需由机工、电工、电脑操作人员进行全面检查。

（2）拌和机运行中，严禁进行保养和调试工作。拌和设备内需要清理时，必须停机，人员进入工作时，设备外应有专人监护。

（3）拌和机生产过程中，严禁人员靠近沥青及加热管道，或在料斗下工作、通行。

（4）油罐区应远离生活区，油罐区内禁止存放危险品、爆炸品和其他易燃物资。

6. 运输作业安全要求

（1）运输车辆驾驶人员须持照上岗，并应通过相关运输作业培训。严禁驾驶人员疲劳作业。

（2）运输车辆进入施工现场前应检查其车况，尤其应对刹车、自卸系统进行检查，保证车斗密封、后挡板牢固等，确保其在运输及卸料过程中不出现故障及漏油现象。

（3）运输过程中，车辆不得超载、超速行驶，应遵守交通法规。

7. 混合料摊铺作业安全要求

（1）摊铺机驾驶台及作业现场应视野开阔，清除一切有碍工作的障碍物。作业时无关人员不得在驾驶台上停留。驾驶员不得擅离岗位。

（2）运料车向摊铺机卸料时，应有专人指挥协调，同步进行，防止互撞。

（3）驾驶应尽量平稳，不得急剧转向。弯道作业时，熨平装置的端头与路缘石的间距不得小于 10 cm，以免发生碰撞。

（4）用柴油清洗摊铺机时，不得接近明火。

8. 路面碾压作业安全要求

（1）压路机作业前，应检查所有操作部件、仪表、制动器及转向机构，确保一切正常后方可进行操作。压路机开动前应确认压路机前后无障碍或人员后，方可启动。

（2）压路机须配置视频倒车雷达，且有语音提示器，如图 6-57 和图 6-58 所示。

图 6-57　SG2-LM 压路机视频倒车雷达

图 6-58　SX-LM1 压路机视频倒车雷达

（3）压路机在各种路段上作业时应与路基边缘保持一定的安全距离。

（4）碾压作业时，应严格按照安全操作规定执行，听从施工人员的统一指挥。

（5）压路机因故临时停车时，应立即将压路机置于制动状态。作业后，应集中停放在平坦坚实的地方，使压路机处于制动状态，不得停放在路边缘及斜坡上，也不应停放在妨碍交通的地方。

6.2.12.3 文明施工

路面施工驻地建设、标志标牌设置等，应按前列工地建设章节所述执行。

在正式施工前，对所有进场工作人员进行环保教育，增强环保意识。施工作业人员应统一着装，佩戴安全帽。

为推行路面施工“零”污染目标，路面工程施工中，应处理好与机电、房建、绿化、安全设施、防护等工程交叉施工的协调，减少对路面和其他已完工程的污染。当房建、绿化等工程的施工车辆无法避免与路面工程交叉施工时，必须在进出口处设置轮胎冲洗设施。

各种机械设备应停放整齐，砂石料分类堆放整齐。严禁在路面结构层上堆放砂石、拌和砂浆，必须要堆放时，应采取隔离措施。施工材料运输车辆应采取有效的封闭措施，防止材料沿途泄漏和扬尘。施工便道、场区道路应洒水，保持湿润，避免扬尘。

严格控制机械设备废气、粉尘的排放，使其符合国家规定的环保标准。施工废料、废水和生活垃圾应指定地点堆放、排放，避免污染环境。对环境有污染的设施和材料应设置在远离人员居住的较为空旷的地点。在邻近村镇、居民区的施工区域，应减少夜间施工。应处理好与当地群众的关系，树立施工企业和工程项目的良好形象。

6.3 路面施工总结

6.3.1 水稳拼接阶段

项目部在参观学习成彭路施工经验后，首先考虑采用人工切割加 90 破碎机辅助施工原成乐高速公路水稳搭接处破除施工。但使用后发现：该方法成本高、效率低、线形差、表面光滑不利于层间黏结，而且破除后界面粗糙，不利于压实，存在一定的质量隐患，同时也有较大的安全隐患。为此，经多方咨询铣刨设备方、相关单位、专家后，采用微创新技术，改造铣刨工艺，使用铣刨机对旧路搭接处进行铣刨施工作业。该方法有效解决了拼接质量问题，大大提高了生产效率、降低了生产成本，大量减少了作业工人，消除了较大安全隐患。

原成乐高速公路底基层为级配砂砾石，在老路搭接处铣刨过后，采用压路机和液压夯进行补强处理，造成了老路路基有脱空情况出现。经现场实践，把老路级配砂砾预留部分呈 45°角斜坡，再与新拼宽的底基层同步压实，该方法有效解决了新老路底基层拼接质量通病问题，并取得了设计认可，在后期出正式图纸予以补充。

在施工底基层和基层过程中，设置专人处理接缝的拼接位置，此举主要解决边部离析和搭接顺适问题，并在碾压完成后撒布水泥净浆处理，增强新老路的黏结质量。

6.3.2 沥青面层拼接阶段

项目部从经济性、实用性考虑，以原成乐高速公路标高控制新路标高最为直接有效，但原成乐高速公路沥青面层多次罩面、多次挖补后，路面的纵坡、横坡都有较大的变化。再者，因为原成乐高速公路经过多年不均匀沉降的影响较大，会出现纵横坡不顺适偏差过大，造成局部积水等问题。为了达到成乐公司品质工程的要求，经项目部多次讨论研究后决定采用设计标高来控制老路高程的方案。

为满足设计和便于施工的原则，项目部把原设计中基层顶面的防裂贴调整到沥青下面层中间位置，有效解决了接缝位置高低不平，影响使用效果的问题。

原成乐高速公路运营多年，多次养护罩面后，在应急车道处均未进行罩面处理。由于老路不均匀沉降，造成在新老路拼接中面层位置高低不平。为解决该问题，项目部采取了如下措施：对于老路行车道与老路应急车道沥青面层顶面标高高差低于 1.5 cm 的情况，铣刨老路应急车道沥青面层 2 cm 左右，保证最薄处在 3 cm 以上，应采用小型摊铺机用 AC-13 作预铺处理；对于高差大于 10 cm 的情况，应进行多次找平处理。

由于抢抓工期，各工序交叉作业严重，甚至出现工序倒置情况。本项目桥涵结构物密集，造成多处桥涵接头位置沥青面层厚度不均情况。项目部铺筑中面层时，在桥涵前后端 15 ~ 20 m 采取走钢线方式找平，确保平整度顺适。

在铺筑老路中面层前，项目部先以新路中面层的标高进行对比测量，现场采取 5 m×5 m 方格网加 6 m 直尺检测，再进行精铣刨工作，符合规定后再进行下道工序。

对于原成乐高速公路中面层铺筑前病害处理顺序问题，项目部最先为了保证施工进度而采用老路病害修补与新路铺筑同步的施工方法，但在实践中证明该方法不可取。由于老路多次修补和不均匀沉降的影响，标高低了的还要找补，高于标高的必须铣刨，造成材料的浪费。发现该问题后，项目部决定调整施工方法，待新路中面层铺筑完后，根据拟合后的老路标高，进行精铣刨后再进行修补老路病害工作。

原成乐高速公路中面层铺筑的找平控制措施：在准备工作处理完后，铺筑老路中面层时，现场靠中分带内侧根据设计标高用走钢线方式找平（每 5 m 设置高程控制桩），而靠新路侧用滑靴方式找平。通过该方式能够解决新老路面横坡、纵坡和厚度不一致的问题。

新路拼宽侧的找平方式：下面层第一层走钢线找平，第二层走平衡梁找平。

沥青上面层施工前的准备：首先组织测量人员对中面层进行纵横向检测（标高+6 m 直尺），发现不符合要求时的部位，主要在纵、横向接缝和桥涵结构物的位置，采用精铣刨进行预处理，再铺设上面层。

路面施工设备的选择：在沥青上面层 SMA-13 摊铺设备上，项目部采用三种组合：其一是福格勒 2100-3L+福格勒 1880（伸缩板）；其二是福格勒 2100-3L+福格勒 2100-3L；其三是中大 DT-2300 型大宽度摊铺机。项目部经过对三种组合摊铺机现场试铺检测其平整度，发现其平整度标准差结果为：0.77、0.59、0.58。从技术指标、灵活性和经济性综合考虑，2 台福格勒 2100-3L 更具有优势。对于沥青上面层 SMA-13 压路机选择全驱全振宝马格 12 t 双钢轮压路机、酒井全驱全振荡压路机。

在使用不同摊铺设备时，对施工配合比和碾压工艺进行微调，以适应不同摊铺机达到最佳铺筑效果。本项目路面施工经历 9 台 6 种型号的摊铺机型，先后采取了调整施工方法、集料粗细级配、摊铺机螺旋架高度和设置前挡板等。

现场温度和沥青面层碾压方式组合的调整方法：下承层表面温度在 30 °C 以上时更易保证质量，本项目所在地区施工每分钟温度下降 2 ~ 3 °C，成型时间在 10 min 内。下承层温度在 20 °C 以下时，每分钟下降 5 ~ 7 °C。因此项目部在低温施工时把碾压工序作了微调。从原来的“2 初压+4 复压+1 终压”碾压组合改为“4 初压+3 复压+1 终压”碾压组合，有效解决了低温压实的问题。

6.3.3 材料管理

2017 年国家环保综合督查后，砂石材料价高量少质次，原材料的管理应提前预判，超前介入，真正做到“家中有粮，心中不慌”的态势。

材料利用率的问题，也一直是困扰项目部的心病。眉山地处于岷江河中下游，砂砾石粒径普遍偏小，其中天然砂石占比 30% ~ 40%，大于 3 cm 的 30% ~ 35%，有效利用率低。加工模式和原材料的选择对质量管控和经济管控极具战略性，根据不同的施工阶段项目部分别采取了外购成品料、代加工、合作加工等模式，各有优劣。其中：直接外购成品料受市场影响大、价高、料源点多，质量控制难度大；代加工的价格、总量、质量均受控，劣势在加工费测算中分歧大，主要是环保后采用水洗法加工，废弃物比例测算问题；合作加工在价格合理情况下质量可控，数量可控，仅存在考虑材料不匹配问题。主要矛盾点是备料款的垫付问题。

有关玄武石控制问题。因本项目路面施工周期短，材料集中需求大，材料环保难度大（主要原因是环保后大部分玄武石加工厂关停），左幅完工后 1#料紧缺、2#料富余情况出现（主要是 1#料内含部分 2#料造成）。在右幅施工后期为平衡沥青上面层 SMA-13 配方匹配，需采购 1#料来补充调节，因大部分玄武石供应商均按 1∶1 比例出售，单一 1#料需增加成本 8 万元左右。

第 7 章　EPC 模式下的设计管理与优化

7.1　联合体模式下的 EPC 模式管理

单一公司的管理是个老生常谈的问题，联合体模式两个公司的融合管理更是一个复杂、综合的管理问题，加之高速公路改扩建双方均无设计、建设经验，在初步设计范围内总价包干的 EPC 模式下，为不降低初步设计标准，控制造价，满足建设单位、地方政府诉求，做到设计、施工高度融合，更是需要各管理方在实施过程中深入研究探索。

实施 EPC 模式，必须加强初步设计精度，对施工设计图方案、设计预算具有更精确的指导意义。对于第一版实施性施工设计图，各方（建设单位、设计院、施工单位、审查单位、地方政府等）要深入理解、尊重该模式的规则，严格按照初步设计方案，在不降低标准、控制造价的基础上，由设计、施工进行充分优化；设计院应革新设计思维，充分尊重初步设计方案，即便初步设计方案有所遗憾，可在下一步通过过程变更调整实施；建设单位及地方政府或行业主管部门若有更新更高的要求，应避免在第一版实施性施工图中体现，可在过程变更中调整。

EPC 模式必须加强设计过程及后期服务。特别是改扩建项目，因前期调查限制以及运营的不间断，现场技术处置不是根据施工设计图就能一蹴而就的，各方均应增强综合管理能力，遇到新问题，及时采取处置措施，及时完善设计变更程序。

7.2　施工图设计过程中的设计管理与优化

四川省交通建设集团股份有限公司参与的联合体中标后，积极组织四川省公路规划勘察设计研究院研读 EPC 合同，研究初步设计方案，踏勘现场，在不降低初步设计设计标准的前提下，进行了以下几个方面的优化：

（1）路基工程优化。

原初步设计为路床 120 cm 范围内的砂砾石填料，除低填浅挖段落，全部变更为页岩、级配良好的砾类土、砂类土填筑；施工图设计时考虑到沿线水系发达，增加了从原地面到以上 60 cm 范围内的透水性填料（砂砾石），并增设了土工格室和冲击碾压。初步设计中挖台阶数量作为弃方处理，原成乐路采用砂砾石填筑，该挖台阶数量可作利用填方，可节约土石混合填料 186 090 m³。眉山服务区场坪填筑为砂砾石填筑，在对现场进行查勘后，优化为将加减速车道砂砾石填筑不变，场坪砂砾石填筑可优化为借土石混合料填筑，设计砂砾石调整方量为 6 万立方米。

（2）挡防及排水工程优化。

初步设计中，部分段落的边坡支撑良好，设置的挡防工程进行优化取消；原排水工程设计为预制梯形沟，施工图优化为矩形边沟，虽增加了部分工程造价，但节约了永久用地。

（3）桥涵工程优化。

根据运营养护以及检测资料，对部分梁板及涵板重新进行结构验算，采取加固方案，优化了初步设计中大跨径换板方案。

7.3 施工过程中的设计管理与优化

在实施过程中，参建各方根据实际情况，对原设计及管理进一步作了优化：

（1）涵洞及人行天桥提前调查摸排，优化减少工程数量。

成乐 E1 试验段项目在进场施工初期已对全线 28 km 内的涵洞及人行天桥所属村镇政府进行调查摸排，确定以上结构物的排水及通行状况。当明确部分涵洞及人行天桥无排水、无通行需求时，由地方村镇提出取消诉求报眉山市交通局，眉山市交通局审批通过并发文，建设单位组织四方变更取消的变更流程。通过此流程，成乐 E1 试验段共取消圆管涵 6 座、盖板涵 5 座和人行天桥 12 座。鉴于该项目为 EPC 总承包模式，我项目部通过变更优化减少工程量，起到了优化工期，节约造价成本的显著效果。

（2）最大化利用原桥结构物。

试验段施工设计图纸要求拆除重建的桥台、锥坡、承台以及梁板等结构物，邀请设计负责人、业主、监理工程师到场仔细勘察，转变设计单位以往的保守设计思维，重新验算承载力，满足规范要求的通过四方变更予以保留。通过此种方式，优化设计 8 m 跨径小桥梁板保留，K48+505 小桥中墩保留，K67+640 小桥桥台保留，豆渣堰小桥桥台保留，眉州大道中桥中墩保留，对小跨径桥梁取消伸缩缝方案等。

（3）根据工程进度及交通组织方案，进一步优化路面级配垫层设计、老路中面层油面设计，优化了新老路基、路面搭接位置设计。

（4）根据改扩建特点，鉴于安全形势和工期压力，优化了路面施工阶段交通组织方案。

参考文献

[1] 交通部公路科学院．公路土工试验规程：JTG E40—2007．北京：人民交通出版社，2007.

[2] 交通部公路科学研究院．公路工程集料试验规程：JTG E42—2005．北京：人民交通出版社，2005.

[3] 中交第二公路勘察设计研究院．公路工程岩石试验规程：JTG E41—2005．北京：人民交通出版社，2005.

[4] 交通部公路科学研究院．公路工程沥青及沥青混合料试验规程：JTG E20—2011．北京：人民交通出版社，2011.

[5] 交通部公路科学研究院．公路工程水泥及水泥混凝土试验规程：JTG E30—2005．北京：人民交通出版社，2005.

[6] 交通部公路科学研究院．公路工程质量检验评定标准：JTG F80/1—2004．北京：人民交通出版社，2004.

[7] 交通运输部公路局，中交第一公路勘察设计研究院有限公司．公路工程技术标准：JTG B01—2014．北京：人民交通出版社，2014.

[8] 交通部公路科学研究院．公路路基路面现场测试规程：JTG E60—2008．北京：人民交通出版社，2008.

[9] 中国建筑科学研究院．普通混凝土配合比设计规程：JGJ 55—2011．北京：中国建筑工业出版社，2011.

[10] 交通运输部公路科学研究院．公路水泥混凝土路面施工技术细则：JTG/T F30—2014．北京：人民交通出版社，2014.

[11] 中国建筑材料联合会．用于水泥和混凝土中的粉煤灰：GB/T 1596—2017．北京：中国标准出版社，2017.

[12] 中国水利水电科学研究院．粉煤灰混凝土应用技术规范：GB/T 50146—2014．北京：中国计划出版社，2014.

[13] 全国混凝土标准化技术委员会．预应力筋用锚具、夹具和连接器：GB/T 14370—2015．北京：中国标准出版社，2015.

[14] 全国水泥标准化技术委员会．通用硅酸盐水泥：GB 175—2007．北京：中国标准出版社，2017.

[15] 全国钢标准化技术委员会．钢筋混凝土用钢材试验方法：GB/T 28900—2012．北京：中国标准出版社，2017.

[16] 全国钢标准化技术委员会．钢筋混凝土用钢　第 1 部分：热轧光圆钢筋：GB/T

1499.1—2017. 北京：中国标准出版社，2017.
[17] 全国钢标准化技术委员会. 钢筋混凝土用钢　第 2 部分：热轧带肋钢筋：GB/T 1499.2—2018. 北京：中国标准出版社，2018.
[18] 全国钢标准化技术委员会. 金属材料拉伸试验　第 1 部分：室温试验方法：GB/T 228.1—2010. 北京：中国标准出版社，2010.
[19] 全国钢标准化技术委员会. 金属材料弯曲试验方法：GB/T 232—2010. 北京：中国标准出版社，2010.
[20] 中国建筑科学研究院. 钢筋机械连接技术规程：JGJ 107—2016. 北京：中国建筑工业出版社，2016.
[21] 陕西省建筑科学研究院，陕西建工集团总公司. 钢筋焊接接头试验方法标准：JGJ/T 27—2014. 北京：中国建筑工业出版社，2014.
[22] 陕西省建筑科学研究院. 建筑砂浆基本性能试验方法标准：JGJ/T 70—2009. 北京：中国建筑工业出版社，2009.
[23] 陕西省建筑科学研究院，浙江八达建设集团有限公司. 砌筑砂浆配合比设计规程：JGJ/T 98—2010. 北京：中国建筑工业出版社，2010.
[24] 广州大学，华鑫博越国际土木建筑工程技术（北京）有限公司. 现浇泡沫轻质土技术规程：CECS 249—2008. 北京：中国计划出版社，2008.
[25] 陕西省建筑科学研究院，浙江海天建设集团有限公司. 回弹法检测混凝土抗压强度技术规程：JGJ/T 23—2011. 北京：中国建筑工业出版社，2011.
[26] 交通部公路科学研究院. 公路工程无机结合料稳定材料试验规程：JTG E51—2009. 北京：人民交通出版社，2009.
[27] 中交第一公路工程局有限公司. 公路桥涵施工技术规范：JTG/T F50—2011. 北京：人民交通出版社，2011.
[28] 中交集团第一公路工程局有限公司. 公路路基施工技术规范：JTG F10—2006. 北京：人民交通出版社，2006.
[29] 交通运输部公路科学研究院. 公路路面基层施工技术细则：JTG/T F20—2015. 北京：人民交通出版社，2015.
[30] 交通部公路科学研究所. 公路沥青路面施工技术规范：JTG F40—2004. 北京：人民交通出版社，2004.
[31] 交通部公路科学研究院. 公路交通安全设施施工技术规范：JTG F71—2006. 北京：人民交通出版社，2006.
[32] 中国交通建设股份有限公司，中交第四公路工程局有限公司. 公路工程施工安全技术规范：JTG F90—2015. 北京：人民交通出版社，2015.
[33] 遂广遂西高速公路有限责任公司. 遂广遂西高速公路施工标准化实施管理办法. 内部资料，2015.

[34] 四川省交通运输厅工程质量监督局. 高速公路施工标准化技术指南：DB51/T 2428—2017. 四川：西南交通大学出版社，2017.

[35] 徐强，等. 高速公路改扩建工程路基、路面和桥涵结构物拼接技术. 北京：人民交通出版社，2011.

[36] 陈君朝，等. 高速公路改扩建工程关键技术探索与实践. 北京：人民交通出版社股份有限公司，2014.